# LE HAVRE



**ALBERT DUBOSC**

1877

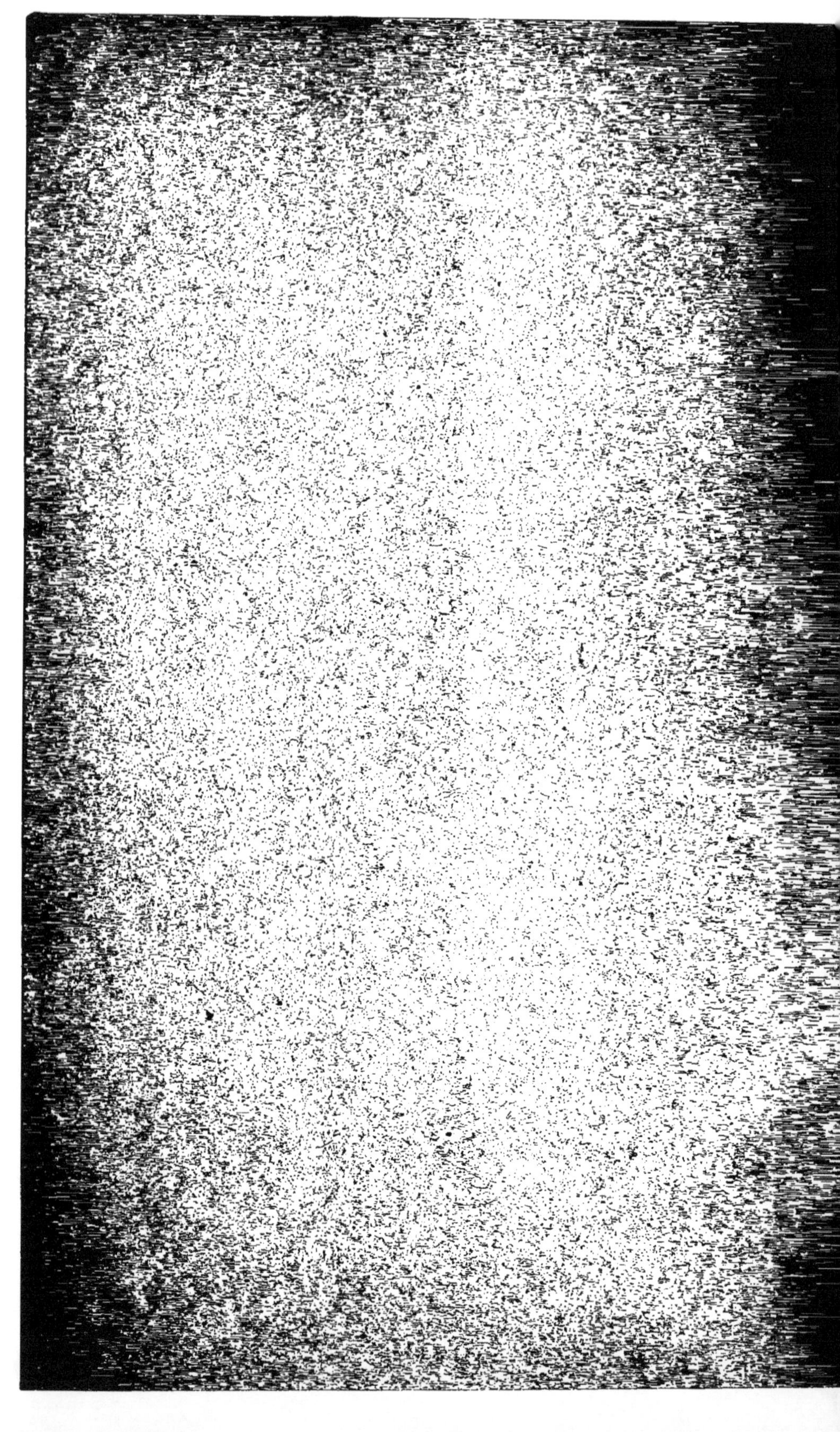

# LE HAVRE

## ET

## LA SEINE-INFÉRIEURE

### Pendant la Guerre de 1870-1871

# ALBERT LE ROY

# LE HAVRE

## ET

## LA SEINE-INFÉRIEURE

### PENDANT LA

## GUERRE DE 1870-1871

Havre. — Imp. L. ROQUENCOURT. rue Madame-Lafayette, 12.

# LE HAVRE

## ET

## LA SEINE-INFÉRIEURE

Pendant la Guerre de 1870-1871

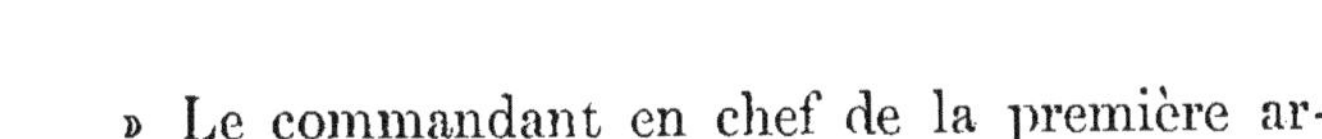

» Le commandant en chef de la première ar-
» mée jugera si Le Havre peut être enlevé par
» un coup de main. »

*(Instructions de* M. DE MOLTKE,
9 *décembre* 1870.*)*

En ce qui concerne Le Havre, le doute ne fut
pas longtemps permis ; la ville était occupée par
des forces très considérables et protégée du côté de
la terre par de solides fortifications, les unes per-
manentes, les autres de construction récente... C'est

pourquoi le général von Gœben prit la résolution
de poursuivre sans retard sa marche vers la
Somme.

*(Général* von Gœben, — *Gazette
militaire de Darmstadt, 1872.)*

———

# INTRODUCTION

Rien n'a encore été publié sur le rôle joué
par la ville du Havre pendant la guerre de 1870-
1871.

Dans son ouvrage intitulé : *La Guerre dans
l'Ouest*, M. le commandant Rolin a consacré quelques chapitres à la défense de cette ville et de son
arrondissement ; mais il s'en est tenu à la relation
des mouvements de troupes et des quelques faits
d'armes auxquels a donné lieu cette défense. L'auteur n'a pas parlé de l'attitude de la population et
de la conduite des autorités civiles, obligées par la
force des choses à prendre une part active à l'œuvre
de la résistance.

Quant à l'Enquête parlementaire sur les évènements qui ont suivi le 4 Septembre, elle est fort
réservée sur la Normandie et à peu près muette en
ce qui concerne Le Havre. Quelques dépêches officielles d'une insignifiance absolue sont tout ce qu'elle
a cru devoir mettre au jour, entre tous les docu-

ments d'une réelle valeur historique qui en sont restés.

Cependant, Le Havre a joué un rôle considérable à cette époque. Après avoir été l'un des premiers entrepôts maritimes de l'armement national, presque isolé du reste du pays et du gouvernement, dont toute l'attention était concentrée sur la Loire, il a pu échapper à l'invasion par le patriotisme de ses citoyens, le dévouement et l'énergie de sa municipalité, l'activité de son administrateur civil et de son commandant supérieur, unis ensemble par la commune passion de la résistance.

Témoin de la plupart des évènements qui ont eu Le Havre pour théâtre pendant la guerre, l'auteur a entrepris de préparer, pour l'histoire future de cette mémorable époque, la page spéciale que mérite d'y avoir cette noble cité.

En outre, élargissant le cercle de ses souvenirs, il a essayé de reconstituer succinctement l'histoire politique, administrative et militaire de la Seine-Inférieure entre le 4 Septembre 1870 et le 8 Février 1871. Il s'est, du reste, borné, sous ce dernier rapport, à ajouter aux détails déjà connus quelques autres qui rectifient ou complètent les récits précédemment publiés sur ce sujet.

L'historique de ces évènements, appuyé sur des documents et des renseignements sûrs, sera encore de nature, l'auteur ose l'espérer, à intéresser ceux qui se rappellent les émotions de ces temps troublés, déjà si loin de nous.

Jusqu'ici, d'ailleurs, il était difficile d'évoquer les souvenirs de cette époque, sans froisser nombre de préjugés et de personnes. Maintenant le temps a calmé les passions, mûri les réflexions, formé les jugements, et il ne s'agit plus de ressusciter de vieilles polémiques ou de faire l'apologie des uns pour humilier les autres : la justice et la vérité peuvent se faire entendre.

En préparant le travail qu'il offre aujourd'hui au public, l'auteur, ainsi qu'il l'a déjà dit, n'a eu d'autre prétention que de faire un essai d'histoire locale. Si, plus tard, cette étude peut servir à ceux qui écriront l'histoire générale de ce temps, il s'estimera trop heureux de s'être rendu utile, et, quel que soit l'accueil qui attende actuellement cet ouvrage, il ne regrettera ni les soins ni le temps qu'il y a consacrés.

Paris, le 20 Septembre 1876.

# LIVRE PREMIER

---

## ORGANISATION DE LA DÉFENSE DU HAVRE

---

## CHAPITRE PREMIER

La déclaration de guerre. — Les premiers désastres. — Elections municipales. — Administration municipale provisoire. — Insuffisance du système défensif du Havre. — Premières mesures prises pour l'armement et la défense de la ville. — Révolution du 4 Septembre. — La municipalité constituée. — Déclaration de l'état de siége. — Premier emprunt de 300,000 fr. — M. Ramel, sous-préfet de la défense nationale.

La précipitation avec laquelle l'empire se jeta dans la guerre. en Juillet 1870, produisit une impression profonde dans tous les centres d'affaires. Mais les relations commerciales que la place du Havre entretenait avec l'Allemagne, lui avait permis de se rendre compte, mieux que partout ailleurs, de la puissance militaire des vainqueurs de Sadowa, et cette connaissance y rendait plus vives les appréhensions patriotiques et l'alarme des intérêts.

On connaît les luttes soutenues par la minorité du Corps Législatif pour empêcher cette guerre imprudente. La Seine-Inférieure était représentée dans cette minorité courageuse par les députés de Rouen et du Havre, MM. Desseaux et Le Cesne. Rien ne put arrêter l'aveugle entraînement du gouvernement impérial. La guerre fut déclarée.

Désormais chacun oublia ses craintes, et, sous l'influence de l'amour de la patrie, ne voulut prévoir d'autre issue au conflit engagé que le succès de nos armes. D'ailleurs 1814 et 1815 avaient laissé des traces; la vengeance gonflait encore le cœur des Français contre les descendants de Blücher. Dans le pays de Casimir Delavigne, en particulier, on se rappelait les cris de douleur que l'arrogance prussienne avait arrachés au poète des *Messéniennes*. N'était-il pas arrivé le temps qu'il avait évoqué, où :

> ................ Un autre Germanicus
> Viendrait demander compte aux Germains d'un autre âge
> De la défaite de Varus?

L'illusion, hélas! fut de courte durée.

Le dimanche 7 Août on apprit la nouvelle des défaites de Reischoffen et de Forbach. En vingt-quatre heures, notre armée était vaincue, le sol national envahi, la sécurité et l'honneur de la France à tout jamais compromis.

Le pays tout entier fut saisi d'une poignante émotion. Mais on ne se trompa, presque nulle part, sur celui qui devait porter la responsabilité du désastre. La conscience publique accusa l'empire.

Ce jugement populaire se traduisit immédiatement au Havre par une imposante manifestation électorale.

On procédait, en effet, le 7 Août, au renouvellement des conseils municipaux en France.

La liste du Comité Démocratique du Havre passa avec plus de mille voix de majorité (1).

---

(1) Les trente-six conseillers municipaux qui eurent l'honneur de représenter les intérêts de la ville du Havre pendant la guerre furent : MM. Bazan, Bellanger, Brostrom. Dailly. Dufour (J.-P.). Faure (Félix).

Il en fut de même dans presque toutes les villes de France. Dans quelques-unes, cependant, le contre-coup des événements produisit un résultat absolument contraire.

Ainsi, à Rouen, où l'opposition démocratique avait triomphé aux élections législatives de 1869 du candidat agréable au gouvernement, et avait rallié, lors du plébiscite du 8 Mai 1870, une majorité hostile au gouvernement de l'empire, près de la moitié des électeurs ne prit point part au vote, et la liste municipale, soutenue par l'administration, l'emporta d'un grand nombre de voix.

Les jours suivants, la grandeur et la croissance du péril augmentèrent l'agitation.

Le Havre, en raison de la richesse de son port et de l'envie dont il était depuis longtemps l'objet de la part de ses concurrents du bassin de l'Elbe, pensa qu'il était désigné comme une des victimes expiatoires de la guerre.

Aussi, réclamait-on de tous les côtés de la ville qu'on la mit en état de défense. Mais à qui revenait l'initiative des mesures à prendre ?

Au chef-lieu du département de la Seine-Inférieure, M. Ernest Le Roy exerçait depuis tantôt vingt ans les fonctions préfectorales. Tout sénateur que l'empire l'avait rendu, c'était un homme qui s'était plutôt fait remarquer par ses qualités administratives que par un zèle intempestif pour le régime impérial. Il avait su imposer silence aux adversaires de son gouvernement, non en les tracassant, mais en les comblant d'égards et en les décorant.

Quand il avait été consulté sur l'effet produit dans son département par le langage provocateur du duc de Grammont, lors

---

Fauvel, Ferrère, Flamant, Gardye, Guerrand, Guillemard, Joily, Hamon, Jumeau, Le Breton, Lainé, Lechevallier, Lefrançois, Lepicard, Letellier (Alfred), Lotellier-Férard, Letessier, Louer (Jacques), Marical, Marion, Peulevey, Peulvé (Jules), Piéton aîné, Prévost, Reine (Henri), Rispal jeune, Siegfried (Jules), Tardif, Tastayre, Trocmé.

de l'interpellation au Corps Législatif sur l'incident Hohenzollern, sa réponse avait été celle d'un habile, voulant contenter tout le monde :

« Comme l'attitude prise par le cabinet, disait-il, paraît le plus sûr moyen *d'arriver à une solution pacifique* du différend espano-prussien, l'opinion a applaudi sans réserves aux déclarations si catégoriques de M. le ministre des affaires étrangères. » 9 Juillet 1870 (1).

Cependant, M. le préfet Le Roy, malgré la modération de son caractère, avait certaines antipathies qu'il ne pouvait surmonter. Ainsi, il n'avait jamais pu vivre en bons rapports avec la population havraise. Soit à cause de l'attitude indépendante et quelquefois frondeuse de celle-ci envers son administration, soit à cause des efforts plusieurs fois tentés par la seconde ville du département pour devenir le chef-lieu d'une nouvelle circonscription départementale, il était notoire que la ville du Havre n'avait jamais pu compter sur lui pour la protection de ses intérêts ou la satisfaction de ses vœux. Dans les circonstances présentes, avec la désorganisation qui régnait dans tous les services gouvernementaux, elle devait moins compter que jamais sur un appui efficace de sa part.

A plus forte raison, en était-il de même du sous-préfet de l'arrondissement, M. de Bassoncourt. fonctionnaire aimable et courtois, mais entièrement effacé derrière la personnalité de son supérieur hiérarchique.

Quant à la municipalité, les élections du 7 Août venaient de lui fermer la porte de l'Hôtel-de-Ville. Non réélue, elle avait sur l'heure donné sa démission.

La nouvelle administration municipale, aux termes d'une loi votée au cours de la dernière session des Chambres, devait

---

(1) Enquête parlementaire sur le 4 Septembre. Rapport Saint-Marc Girardin sur les origines de la guerre; pièces justificatives; correspondance préfectorale.

être choisie par le gouvernement parmi les élus du conseil municipal. Or, tous les élus du 7 Août étaient républicains, et grande était la peine de M. le préfet Le Roy de prendre parmi eux une municipalité, de laquelle il ne devait attendre aucune complaisance. Il se résigna cependant à nommer une administration provisoire composée des cinq premiers élus de la liste, qui avaient fait partie de l'ancien conseil, MM. Brostrom, Bazan, Guillemard, Peulevey et Guerrand.

M. Guillemard en fut nommé président (10-16 Août).

Ce fut cette administration provisoire qui entreprit d'organiser la défense du Havre.

Aussitôt installée, elle invita tous les citoyens, de toutes les conditions, aptes à manier les armes, à venir se faire inscrire sur les contrôles de la garde nationale sédentaire, que les Chambres, convoquées extraordinairement, venaient, dès leur première séance, de rétablir par toute la France. Elle organisa le service du recensement et fit procéder aux élections des officiers. En même temps, elle encouragea la formation des corps volontaires de francs-tireurs et de canonniers-marins.

Un nombre considérable d'Allemands établis au Havre continuaient à y résider, malgré l'exaspération produite contre eux par nos premiers revers. C'était une armée toute prête pour l'espionnage, et, dans le cas où les opérations militaires viendraient à se rapprocher du Havre, le péril qu'ils pouvaient faire courir à la ville était évident. L'administration municipale les invita à partir.

Ces Allemands ne se décidèrent à obéir qu'avec la plus grande peine, et, à plusieurs reprises, ne manquèrent pas de faire du scandale.

Ainsi, l'on vit un jour, à la sortie du steamer anglais *Balbec*, les émigrants allemands qu'il emportait se réunir sur le pont et pousser les cris de : « *Vive la Prusse! à bas la France! à bas Le Havre!* » Ce qui eût pour effet d'exciter une vive irritation parmi les habitants.

Aussi, jamais l'on ne vit pareille explosion de défiance contre les prétendus *espions prussiens*. On organisa dans la ville une véritable chasse à l'Allemand. Malheur à celui dont la physiono-mie, l'accent, la tournure faisaient croire à une origine tudesque. Avant qu'il eût pu se justifier et établir sa véritable nationalité, il était entouré, bousculé, lacéré, quelquefois battu, finalement traîné au poste, où il était enfin reconnu pour un excellent ci-toyen français, hollandais, suisse ou américain.

A côté des manifestations contre les Allemands, il y eût aussi, à cette époque, les manifestations contre les fonctionnaires accusés de faiblesse en présence de l'ennemi. Le maire d'Epernay, révoqué par le gouvernement impérial, fut l'objet, lors de son passage au Havre, d'un tel tumulte, que l'administration muni-cipale crut devoir l'inviter à s'embarquer au plus vite pour l'An-gleterre.

Le Havre tenait à cœur d'éviter le sort de Nancy et de Châ-lons, ces malheureuses villes que quelques uhlans avaient trouvé abandonnées sans armes et sans défense, et qu'ils avaient occu-pées sans coup férir. Mais pour résister avec quelque chance à une attaque vigoureuse, il fallait au moins compléter le système défensif de la place.

Or, à cette heure, il était aussi insuffisant du côté de la mer que du côté de la terre.

Du côté de la mer, le port n'était défendu que par d'an-ciennes fortifications nullement en rapport avec les progrès de l'artillerie moderne, ou par des batteries maritimes, construites depuis quelques années par le colonel Guillemaut (1), mais dé-pourvues d'un armement sérieux.

Il est vrai que le danger du côté de la mer n'était pas consi-dérable. La flotte de l'amiral Bouët-Willaumez croisait dans la mer du Nord et bloquait dans leurs ports les vaisseaux alle-mands. Cependant la rumeur publique voulait que les Allemands,

---

(1) Aujourd'hui général et sénateur.

si nombreux dans l'Amérique du Nord, se disposassent à armer
en course des paquebots de leur nation et à renouveler contre les
ports ouverts du littoral français les exploits des corsaires américains, dont Le Havre avait pu voir quelques échantillons pendant la guerre de sécession.

Quelque navire de guerre prussien, trompant la vigilance de
nos croiseurs, ne pouvait-il d'ailleurs venir exercer la portée de
ses canons Krupp sur l'artillerie lisse des batteries havraises?

La chambre de commerce avait soumis ces considérations
au ministre de la marine dès la fin de Juillet. Le gouvernement
impérial y répondit avec autant d'empressement que de générosité, en chargeant, vers le milieu du mois d'Août, le garde-côte
cuirassé *le Taureau* de faire la police du littoral... de Cherbourg
à Dunkerque !

Quoiqu'il en soit, le vrai péril était du côté de la terre. Mais
là tout était à faire.

Les deux forts de Sainte-Adresse et de Tourneville pouvaient
servir de base à une ligne de défense, mais ils laissaient absolument découverte l'entrée du Havre par la route de Normandie
et ne pouvaient empêcher ni l'occupation des plateaux dominants
de Graville et de l'Orcher, ni, par conséquent, le bombardement de
la ville et le leur.

Quant à la garnison, elle était à peu près nulle. Elle se
composait des compagnies de dépôt de deux régiments de ligne,
le 19e et le 62e, de quelques soldats d'artillerie du 10e régiment
et de la garde mobile.

Celle-ci formait, pour l'arrondissement du Havre, un bataillon d'infanterie et deux batteries d'artillerie, l'infanterie armée
de fusils à tabatière, l'artillerie sans canons, et le tout dans un
état d'organisation tellement rudimentaire que, pour fournir à ces
malheureux jeunes gens les choses indispensables à leur équipement, leurs officiers durent prendre dès le mois d'Août l'initiative
d'une souscription publique.

2

Encore la garde mobile ne fut-elle pas maintenue tout entière au Havre. L'artillerie fut envoyée à Douai pour s'y armer (3 Septembre).

Il appartenait à l'autorité militaire de prendre les mesures nécessaires pour compléter l'armement de la place. Mais celle-ci, sous le coup des revers écrasants qui venaient d'accabler nos armées, était comme frappée de paralysie.

L'administration municipale provisoire, voyant les militaires rester absolument inactifs, prit les devants et invita les colonels directeurs des fortifications et de l'artillerie à une conférence sur la défense de la ville (25 Août).

On décida de couvrir les approches du Havre par de nouveaux ouvrages qui seraient reliés aux forts de Sainte-Adresse et de Tourneville. Mais il fallait l'approbation et le concours du ministre de la guerre. Celui-ci était alors le général de Palikao, qui, tout entier à l'organisation de la dernière armée de l'empire avec des tronçons et des débris de toute sorte, et à l'exécution du fameux plan de Sédan, ne prêtait qu'une attention distraite aux demandes se rapportant à la défense locale.

L'administration municipale lui délégua deux de ses membres, MM. Brostrom et Peulevey, auxquels se joignit, à Paris, M. Le Cesne, député du Havre. Leurs démarches furent suivies d'un commencement d'exécution. Le ministre ordonna les travaux demandés et promit d'envoyer des hommes, des fusils, des canons.

En même temps, un comité de défense de la ville et de l'arrondissement du Havre fut institué à la sous-préfecture pour aviser aux moyens d'exécuter promptement les travaux jugés nécessaires et centraliser les propositions utiles à la défense générale. A ce comité furent appelés les principaux fonctionnaires de l'arrondissement, les agents supérieurs des divers services administratifs, le président de l'administration municipale provisoire et deux membres du conseil municipal délégués par leurs collègues (29 Août).

Deux jours après, le conseil municipal, dont le préfet avait jusqu'ici retardé l'installation avec une mauvaise volonté évidente, se réunit pour la première fois et vota les premiers crédits nécessaires à l'équipement et à l'armement de la garde nationale, aux travaux de défense et aux besoins créés à la population indigente par l'état de guerre.

Telle était la situation lorsqu'arriva la révolution du 4 Septembre.

La déchéance de l'empire fut accueillie au Havre comme un bienfait public et la population acclama la République avec enthousiasme.

Le peuple y voyait le retour des jours glorieux de 1792 et d'une convention décrétant la victoire. La bourgeoisie espérait que la chute de Napoléon III, le seul auteur de la guerre, suffirait pour y mettre un terme, selon une parole formelle sortie de la bouche du roi de Prusse, lorsqu'il franchissait les frontières de la France.

Mais ces illusions se dissipèrent vite, lorsqu'on vit l'armée victorieuse à Sédan se diriger précipitamment sur Paris, sans que la France, dont une armée tout entière venait d'être prise à Sédan et dont l'autre était bloquée sous Metz, ne pût opposer un soldat à sa marche triomphale.

La grandeur du péril provoqua pendant quelques jours une réaction violente dans les esprits. Les propositions les plus extraordinaires surgirent.

Ainsi, les Docks du Havre, par suite de la suspension générale des affaires, s'étaient remplis de marchandises et notamment de denrées alimentaires, tels que : cafés, riz, sucres, etc. Des patriotes exaltés, dans la crainte que ces denrées ne servissent à approvisionner l'ennemi, demandèrent qu'on livrât aux flammes les Docks et leurs marchandises. Des pétitions circulèrent dans les quartiers ouvriers réclamant cet acte de sauvage désespoir. Mais les journaux protestèrent, les consuls des puissances étrangères intervinrent, et la municipalité fit comprendre à la population que la mesure qu'elle réclamait était absolument contraire à ses intérêts.

Toutefois, l'autorité prescrivit aux négociants français d'enlever des Docks les marchandises dont ils étaient propriétaires et qui pouvaient éventuellement servir au ravitaillement de l'ennemi. L'évacuation de ces denrées sur les ports étrangers, en donnant pendant plusieurs jours une activité extraordinaire à toutes les industries qui vivent du travail du port, calma l'effervescence populaire.

D'autre part, les mesures de défense s'accentuèrent.

Dans la soirée du 4 Septembre, le général Trochu avait envoyé au Havre un de ses aides-de-camp, M. Lafitte de Canson, chef d'escadron d'état-major des gardes nationales de la Seine, pour s'enquérir de la situation de la place du Havre, qui paraissait avoir une grande importance aux yeux du gouverneur de Paris, comme tête de la vallée de la Seine (1). Cet officier reconnut la nécessité de hâter l'exécution des travaux projetés, et, sur son rapport, le Gouvernement de la Défense Nationale mit l'arrondissement du Havre en état de siége (7 Septembre).

Cette mesure avait pour but de concentrer la direction des travaux de défense aux mains de l'autorité militaire et de faciliter l'expropriation des terrains revendiqués par le génie pour l'exécution de ces travaux. M. le colonel du génie Massu, directeur des fortifications du Havre, fut investi du commandement supérieur de l'arrondissement.

En outre, une division navale, forte de deux avisos, deux canonnières à vapeur et deux batteries flottantes, vint occuper la

---

(1) D'après le plan exposé par le général Trochu à la tribune de l'Assemblée Nationale, le 19 Juin 1871, l'armée de Paris devait sortir par la rive droite de la Basse-Seine. se porter sur Rouen, qui devait devenir son centre d'approvisionnement, avec Le Havre et la mer pour base d'opération.

rade, et le ministre de la guerre fit diriger sur Le Havre plusieurs bataillons de mobiles de l'Oise, du Pas-de-Calais et des Basses-Pyrénées, qui devaient compléter dans la ville leur instruction et coopérer aux travaux de défense.

Enfin, le conseil municipal, s'inspirant de la gravité des circonstances et de la volonté de jour en jour plus nettement accusée par la population d'essayer une défense sérieuse, votait un premier emprunt de 300,000 fr. au taux d'intérêt de 5 0/0, remboursable en cinq ans (8 Septembre).

L'emprunt, ouvert le 14, fut entièrement souscrit le 16, au matin.

Cet empressement à couvrir l'emprunt témoignait éloquemment du patriotisme de la bourgeoisie havraise.

Mais il convient encore d'ajouter qu'à la même époque, la souscription en faveur des blessés et des victimes de la guerre, ouverte dans toute la France, sous le patronage de la société internationale de secours, réunissait pour la ville du Havre seulement plus de cent vingt mille francs ; et que d'autres souscriptions patriotiques pour l'équipement des mobiles, pour l'équipement des gardes nationaux indigents, pour l'équipement et l'armement des compagnies de francs-tireurs et d'éclaireurs à cheval, pour l'achat de mitrailleuses et de canons, pour les victimes de l'invasion en Alsace-Lorraine, réunissaient des sommes considérables.

Cet exemple était suivi par les localités diverses de l'arrondissement. Fécamp, Bolbec, Lillebonne, Montivilliers, Goderville avaient des comités pour les souscriptions et réclamaient des armes, une garde nationale, l'organisation des milices communales.

Le Havre, en ces circonstances, désirait plus que jamais devenir le foyer de l'agitation patriotique du pays environnant et se transformer en chef-lieu de département. La presse et le conseil municipal formulaient les vœux les plus énergiques en faveur de cette mesure. Un membre du conseil, M. Dufour, fut même délégué à Paris pour obtenir du gouvernement provisoire l'acte législatif impatiemment réclamé.

Mais quoique, dans la séance du 15 Septembre, M. Guillemard eût annoncé au conseil, sur la foi d'une dépêche de M. Le Cesne, que la création du département de la Seine-Maritime, avec Le Havre pour chef-lieu, fût chose décidée, le décret ne parût pas. M. Émile Ramel, nommé par décret du 12 Septembre sous-préfet de l'arrondissement du Havre, vint à ce titre prendre possession de ses fonctions. Néanmoins il paraît certain que le décret faisant du Havre une préfecture, était prêt, et que l'investissement de Paris en ajourna seul la signature.

Quelques jours auparavant, M. Desseaux, qui avait remplacé M. le baron Le Roy à la préfecture de la Seine-Inférieure, ratifiant les choix faits à la dernière heure par son prédécesseur pour constituer régulièrement l'administration municipale du Havre, avait fait procéder à l'installation de M. Guillemard, comme maire, avec MM. Jules Siegfried, Marion, Félix Faure et Jacques Louer, pour adjoints.

M. Guillemard, un vétéran de la cause libérale et démocratique, ancien commissaire de la République en 1848, et membre depuis plusieurs années du conseil municipal et du conseil d'arrondissement du Havre, devait la haute fonction qui lui était confiée à sa grande popularité et à son ardent patriotisme.

L'administration départementale avait été guidée dans le choix de ses collaborateurs par leurs qualités personnelles et leurs aptitudes spéciales. La haute situation de M. Jules Siegfried comme négociant, financier et économiste, le désignait naturellement pour être le premier adjoint au maire du Havre. M. Marion, comme notaire et jurisconsulte ; M. Faure, comme négociant : M. Jacques Louer, comme industriel, complétaient la réprésentation des intérêts havrais dans le conseil d'administration de la ville.

# CHAPITRE II

Comité exécutif. — Travaux de défense. — Les compagnies de marche de la garde nationale. — Négociations de Ferrières; leur échec. — Deuxième emprunt d'un million ; appel aux volontaires. — Sous-Comité de défense. — Réveil des populations rurales ; modifications dans le personnel administratif. — Difficultés que rencontrent l'armement et la constitution de la garde nationale mobilisée. — Mesures prises pour venir en aide aux indigents. — Réorganisation du service médical de guerre ; les ambulances étrangères. — Progrès de l'invasion. —. Impopularité des chefs militaires. — Le capitaine de vaisseau Mouchez remplace le colonel Massu. — Le sous-préfet demande la levée de l'état de siége. — Troubles a l'occasion de l'exportation des denrées.

En prenant possession de ses fonctions, le nouveau sous-préfet, M. Ramel, adressa un appel énergique aux sentiments patriotiques des habitants de l'arrondissement (1). Les jours

---

(1) Aux habitants de l'arrondissement du Havre :

« Citoyens.

» Les évènements qui se précipitent ne laissent plus le temps aux paroles.

» L'envahisseur est à nos portes. Des actes seulement, aujourd'hui : des actes virils.

» La patrie menacée demande des vengeurs.

» Soldat de la démocratie, je suis appelé par le gouvernement de la défense nationale à un rôle militant, à un poste de combat.

» Je l'accepte avec empressement, parce qu'il me fournit l'occasion de seconder une généreuse et patriotique population, qu'une communauté d'aspirations m'a appris à aimer depuis longtemps, et qui est un exemple.

» Je l'accepte, avec le désir de servir utilement mon pays, et avec l'ambition, une fois cette redoutable crise terminée, les institutions républicaines définitivement fondées et ma mission accomplie, d'emporter votre estime et votre sympathie.

» En échange d'un dévouement sans bornes, je demande le concours

suivants, il se rendit au sein des comités qui s'étaient formés en vue des élections législatives, et où les intérêts de la défense s'agitaient non moins ardemment que les intérêts civiques. Là, il affirma qu'il serait le représentant résolu du gouvernement de la défense nationale, et que tous ses efforts tendraient à imprimer à l'armement et aux travaux de fortification l'élan vigoureux que chacun désirait.

Cette attitude lui attira sur le champ la confiance de la population et calma l'inquiétude qui s'était emparée d'elle, au sujet des préparatifs de guerre. En effet, les deux pouvoirs en présence depuis l'état de siége, la municipalité et le commandant supérieur, étaient à leur sujet en complet désaccord.

Le colonel Massu était un ingénieur distingué, mais déjà d'un certain âge, et profondément imbu de cette idée que les choses de la guerre sont absolument inaccessibles à l'esprit de ceux qui ne sont pas militaires. Or, pour lui comme pour la plupart des vieux officiers de ce temps, on ne pouvait raisonnablement compter sur un retour de la fortune dû au dévouement et aux sacrifices du pays. Il voyait donc avec peine la population havraise vouloir avec ardeur une défense sérieuse, et il était convaincu que cette énergie patriotique n'aurait d'autre résultat que d'amener un désastre, dans lequel serait engagée la responsabilité du commandement militaire. De là, une lenteur décourageante apportée aux travaux des nouvelles fortifications.

La municipalité, au contraire, s'inspirant des sentiments de

---

de tous ceux qui sentent battre dans leur poitrine un cœur français, c'est-à-dire de vous tous.

» Citoyens, debout !

» Soyons prêts quand arrivera l'heure des mâles énergies et du sacrifice.

» Comme les héroïques défenseurs de Toul, de Laon et de Strasbourg, jurons tous de faire notre devoir, et ayons tous une même pensée : vaincre ou mourir sous le drapeau de la République, comme de dignes enfants de 92.

» *Vive la France ! vive la République !*

» Le sous-préfet, E. RAMEL »

ses électeurs, avait foi dans un réveil national et pensait qu'avec une ferme résolution on pouvait mettre la ville à l'abri de toute atteinte. Mais pour cela, elle aurait voulu qu'on sautât par dessus la routine traditionnelle, les règlements surannés, et qu'on agît, non comme au milieu des loisirs de la paix, mais comme si l'invasion était déjà aux portes.

Justement ému de ce manque d'harmonie qui paralysait l'activité de la défense, le sous-préfet entreprit de rétablir l'unité d'action des pouvoirs.

C'est pourquoi il proposa au colonel commandant l'état de siége la formation d'un *comité exécutif* (20 Septembre) (1).

Ce comité se composait de trois membres : le commandant militaire, le sous-préfet et le maire du Havre. Il devait se réunir tous les jours à la sous-préfecture et arrêter en commun les mesures intéressant la défense. Dans sa première réunion, il rédigea une proclamation aux habitants de la ville du Havre, dans laquelle il invitait tous les citoyens à s'armer de pelles et de pioches pour terminer la nouvelle enceinte (22 Septembre) (2).

---

(1) Voir pièces justificatives, n° 1.

(2) Aux habitants de la ville du Havre :
    « Citoyens !

» L'ennemi est sous Paris ; il considère notre département et notre ville comme un centre de ravitaillement, nécessaire à sa subsistance ; à nous de lui préparer de sanglantes déceptions !

» Le département de la Seine-Inférieure se défendra énergiquement : jurons tous que le Havre, qui a donné l'exemple de l'initiative patriotique, donnera également l'exemple de la résistance à tout prix !

» Notre comité local de défense, depuis qu'il est constitué, a vaillamment rempli sa tâche. Les divers corps d'éclaireurs et les compagnies de marche de la garde nationale sédentaire sont armés de fusils perfectionnés ; prochainement la garde civique tout entière aura des armes de précision ; d'abondantes munitions et une imposante artillerie permettront de répondre comme il convient à toutes les tentatives de l'ennemi. Enfin, des travaux de défense importants et bien conçus sont, depuis plusieurs semaines, en bonne voie d'exécution.

» Telle a été, jusqu'à présent, l'œuvre du comité de défense.

» Aujourd'hui, le moment est venu de faire rapidement des actes

Toute la population laborieuse se présenta.

Des chefs d'atelier, d'usine et d'entreprise, se rendirent aux travaux de défense à la tête de leurs ouvriers. Des terrassiers, des maçons, des charpentiers, que leurs travaux de la semaine empêchaient de se rendre quotidiennement aux tranchées, demandèrent à y être envoyés le dimanche.

A partir du **27 Septembre**, les compagnies de la garde nationale furent appelées à tour de rôle, et suivant leur ordre de numéro, à prendre part, six heures par jour, à la corvée patriotique.

Enfin, pour suppléer au manque de troupes spéciales, le

---

virils. A côté du comité de défense vient de se constituer un *comité exécutif*, composé du commandant de l'état de siége, du maire de la ville et du sous-préfet.

» Citoyens!

» Le *comité exécutif* fera son devoir.

» Faites le vôtre, en vous associant de toute votre âme et de toutes vos forces aux mesures patriotiques qu'il prendra.

» Hâtons-nous, tout d'abord, de terminer l'enceinte défensive. Le temps presse et l'ennemi n'attend pas! Prenons tous des pelles, des pioches; réunissons-nous immédiatement aux nombreuses escouades de travailleurs volontaires. La pelle et la pioche sont des armes aussi meurtrières que les fusils.

» Pendant les six premiers jours de la semaine, nous le savons, un grand nombre de citoyens ne pourraient, sans nuire au sort de leur femme et de leurs enfants, se consacrer à ce travail patriotique. Que ceux-là se rendent aux ateliers de défense dès qu'ils auront quelque loisir ; qu'ils y aillent surtout dimanche après avoir déposé leur vote dans les urnes électorales !

» Que dimanche on puisse contempler le majestueux spectacle d'une cité, unanime dans ses aspirations, contribuant au salut de la patrie par son cœur et ses bras, au salut de la République par l'élection d'une représentation municipale uniquement composée de démocrates et de patriotes.

» Havre, le 22 Septembre 1870.

» *Le comité exécutif :*

» Colonel MASSU,      GUILLEMARD.      E. RAMEL.

» *Commandant supérieur.*      *Maire.*      *Sous-préfet.* »

comité exécutif prescrivit la formation dans la garde nationale d'une compagnie du génie.

La garde nationale du Havre était déjà dans un état d'organisation avancé au milieu de Septembre, lorsqu'un décret du gouvernement nomma M. Estancelin, ancien député de Dieppe, commandant général des gardes nationales de la Seine-Inférieure, de la Manche et du Calvados. Le quartier général fut porté à Rouen (15 Septembre).

Trois jours après sa nomination, le commandant général Estancelin se rendit au Havre pour se rendre compte de l'état d'organisation dans lequel se trouvait la force armée, placée sous ses ordres. Quatre mille gardes nationaux armés, rangés sur le boulevard de Strasbourg, de la mer à la gare du chemin de fer, furent passés en revue (18 Septembre).

Quoique un grand nombre de soldats-citoyens ne fussent pas encore revêtus de l'uniforme, M. Estancelin put constater à leur tenue et à leur zèle que son action aurait peu d'influence au Havre.

Chacun rivalisait de bon vouloir. Les employés de commerce demandaient à être autorisés à n'arriver à leurs bureaux qu'à neuf heures du matin, afin de pouvoir suivre régulièrement les exercices de la garde nationale. Dans le même but, les ouvriers du port réclamaient la suspension temporaire d'un vieil usage de la place, la cloche qui réglait les heures de travail. Toutes ces mesures furent adoptées administrativement, après avis favorable de la chambre de commerce.

Puis vint l'arrêté du commandant général Estancelin, prescrivant, dans tous les bataillons de garde nationale déjà organisés dans l'étendue de son commandement, la formation de compagnies détachées au service actif, dites compagnies de marche, d'un effectif de cent hommes chacune, et qui devaient être composées avec des volontaires ou des gardes nationaux célibataires de vingt à trente-cinq ans (19 Septembre).

En cinq jours, on forma, dans chacune des vingt-quatre compagnies de la garde nationale, un peloton de marche comprenant les hommes atteints par l'arrêté du commandant général, plus une compagnie entière de volontaires, avec son cadre d'officiers au complet. Le sous-préfet fit donner aux hommes des compagnies de marche des fusils Snider en échange des fusils à percussion (24 Septembre).

De même, dans l'arrondissement, le sous-préfet entreprit vigoureusement l'organisation des gardes nationales rurales. Elle avait été déjà ébauchée dans les chefs-lieux de canton, par l'initiative des autorités locales et des habitants. A Fécamp, à Bolbec, dans la commune de Sanvic, des corps de francs-tireurs étaient en formation. Mais la plupart des petites communes attendaient l'intervention de l'administration supérieure.

Le sous-préfet invita les maires de l'arrondissement à procéder sur le champ à l'inscription des hommes de leur commune appelés à faire partie du service de la garde nationale, à la formation des cadres, à l'élection des officiers et à un commencement d'instruction élémentaire.

M. Arnaudtizon, officier de l'état-major de la garde nationale du Havre, fut chargé de visiter toutes les communes, de veiller à l'exécution de ces ordres et de stimuler le zèle des gardes nationaux. Au milieu de ces préparatifs de guerre, on crut un instant au rétablissement de la paix.

Dès les premiers jours de son existence, le Gouvernement de la Défense Nationale avait appelé le suffrage universel à nommer une Assemblée Nationale constituante (8 Septembre).

Il espérait ainsi désarmer les ennemis de la France, en leur faisant voir que son avènement au pouvoir n'avait eu d'autre but que de remettre le pays en possession de lui-même et lui permettre de se prononcer souverainement sur la question de la guerre ou de la paix.

Pour donner plus de recueillement aux opérations électorales, le Gouvernement de la Défense Nationale chercha à négocier un armistice avec le roi de Prusse. Tel fut l'objet des négociations de Ferrières entre MM. Jules Favre et de Bismark (20-21 Septembre).

Mais la Prusse ne voulait pas mettre bas les armes avant d'avoir humilié et mutilé la France. La République ne pouvait sans honte souscrire de bonne volonté aux préliminaires de paix qu'on voulut lui imposer.

Le 24 Septembre, une proclamation du gouvernement apprit au pays que les négociations étaient rompues et qu'il devait se préparer à soutenir une lutte à outrance contre l'invasion impitoyable.

Malheureusement, le gouvernement crut devoir, en même temps, ajourner les élections jusqu'après la guerre, alors que, dans huit jours à peine, le scrutin national allait s'ouvrir dans tous les départements, moins une douzaine au plus (2 Octobre), et que partout l'on se préparait à ce grand acte avec autant de résolution que de calme. L'Assemblée Nationale qui fut sortie de ces élections eût évité peut-être au pays d'immenses désastres et à la République de terribles déchirements qui la mirent plus tard à deux doigts de sa perte.

Quoiqu'il en soit, la déclaration de guerre à outrance provoqua au Havre un soulèvement de patriotisme.

A la première nouvelle de l'échec des négociations, le conseil municipal se réunit et prit la délibération suivante :

« Appel est fait à tous les hommes en état de porter les armes, pour voler à la défense de Paris et de la France ;

» Les volontaires seront équipés et armés de fusils perfectionnés aux frais de la ville ;

» La ville prendra à sa charge les familles des volontaires qui auront besoin de secours ;

» Un emprunt d'un million, à l'intérêt de cinq pour cent,

sera émis pour faire face aux dépenses nécessitées par les évènements ;

» Des bureaux seront ouverts à l'Hôtel-de-Ville pour recevoir
les enrôlements volontaires et les souscriptions à l'emprunt. »

Les résolutions du conseil furent portées le lendemain à la
connaissance du public par une proclamation du maire, empreinte
du plus ardent patriotisme (1).

---

(1) Voici les termes de cette proclamation en entier :

« RÉPUBLIQUE FRANÇAISE. — VILLE DU HAVRE.

» Havre, 25 Septembre 1870.

» Citoyens,

» La France républicaine n'avait pas la guerre à se reprocher.

» Voulant épargner au monde civilisé de nouvelles horreurs plus
sanglantes et plus terribles encore, elle a offert loyalement à la Prusse de
faire la paix.

» Mais pour que cette paix fut durable, il fallait que l'honneur de la
France restât intact.

» A nos ouvertures, la Prusse a répondu en nous demandant la Lorraine et l'Alsace !

» Citoyens ! Voulez-vous abandonner ainsi deux de nos provinces,
dont le patriotisme et le courage ont toujours fait la gloire de la France ?

» Voulez-vous laisser périr Strasbourg et Metz, dont la défense
héroïque fait l'admiration du monde ?

» Non ! vous ne le voulez pas.

» Aujourd'hui, le droit est pour nous ! Car nous combattons pour
notre nationalité.

» Votre conseil municipal s'est réuni cette nuit, et s'inspirant de
l'élan patriotique qui a sauvé la France eu 1792, a pris les résolutions
suivantes :

» 1° Appel est fait à tous les hommes en état de porter les armes
pour voler à la défense de Paris et de la France ;

» 2° Tous les volontaires qui en feront la demande seront équipés,
armés de fusils perfectionnés, et formés immédiatement en corps francs,
aux frais de la municipalité.

» La ville prendra à sa charge les familles de ceux des engagés
volontaires qui auraient besoin de secours ;

» 3° Un emprunt de UN MILLION, à l'intérêt de cinq pour cent,
est émis pour faire face à ces dépenses.

» Dès aujourd'hui, à partir de deux heures, des bureaux sont ouverts

« Citoyens ! disait-il, le moment actuel est solennel.

» La France n'en a jamais eu de plus grave.

» Pour elle, il s'agit de vie ou de mort.

» Que chacun fasse son devoir et la patrie sera sauvée. »

S'adressant de son côté aux habitants de l'arrondissement, le sous-préfet les provoquait à une levée en masse en ces termes :

« La France trahie a pu être un moment vaincue, jamais elle ne consentira à être déshonorée !

» Aux armes !

» Citoyens, nos pères de 1792, comme nous, d'abord abandonnés de la fortune, ont sauvé la France ; imitons leur héroïsme. Ainsi qu'eux, donnons le grand exemple d'un peuple qui refuse d'être esclave !

» Aux armes !

» Le canon tonne ; l'heure décisive, l'heure du sacrifice a sonné ; tous, debout devant l'Europe attentive, montrons que nous sommes toujours les enfants de la grande nation !

« Vive la patrie intacte ! » (1).

Ces paroles eurent un noble écho.

---

à l'Hôtel-de-Ville, pour recevoir les enrôlements volontaires et les souscriptions à l'emprunt.

  » Citoyens !
» Le moment actuel est solennel.
» La France n'en a jamais vu de plus grave.
» Pour elle, il s'agit de vie ou de mort.
» Que chacun fasse son devoir, et la patrie sera sauvée.
» *Vive la France ! Vive la République !*
   » Le maire, U. GUILLEMARD.

(1) Voici le texte complet de cette proclamation :
« Aux habitants de l'arrondissement du Havre :
  » Citoyens,
» Notre ennemi veut la guerre à outrance, la guerre sans merci !
» Il entend nous arracher l'Alsace et la Lorraine.
» Avant même de consentir à une suspension des hostilités, il

Le nouvel emprunt d'un million de la ville fut couvert dès le 5 Octobre, à deux heures et demie.

Le même jour, près de quatre cents volontaires étaient inscrits à l'Hôtel-de-Ville, et le nombre en eût été beaucoup plus considérable, sans le décret par lequel la délégation de Tours avait mobilisé tous les Français, appelés au service de la garde nationale, célibataires et veufs sans enfants de 20 à 40 ans. Ce décret rendait inutile les enrôlements volontaires (29 Septembre).

---

exige Strasbourg, Toul, le mont Valérien, principal rempart de la capitale.

» Il veut nous faire signer notre humiliation, notre honte !

» La France trahie a pu être un moment vaincue, jamais elle ne consentira à être déshonorée !

» *Aux armes !*

» Luttons jusqu'à la mort.

» Que tous les citoyens, inspirés du même souffle patriotique, se lèvent et courent au suprême combat !

» Entourons l'ennemi d'un cercle de poitrines viriles, étouffons-le sous nos étreintes !

» Par un grand effort, nous pouvons encore relever la France de l'abîme où elle se débat si héroïquement.

» Assez de ruines ! assez d'humiliations !

» Levons-nous tous, et que l'ennemi disparaisse du sol de la patrie !

» La victoire ou la mort !

» *Aux armes !*

» Levons-nous tous pour défendre nos foyers, nos familles, nos biens, notre honneur national ?

» Que dans chaque commune, dans chaque hameau, les municipalités fassent immédiatement un appel à leurs concitoyens ; que sur la place publique s'enrôlent sur-le-champ les hommes de courage et de résolution.

» Citoyens !

» Nos pères de 1792, comme nous d'abord abandonnés par la fortune, ont sauvé la France ; imitons leur héroïsme. Ainsi qu'eux, donnons le grand exemple d'un peuple qui refuse d'être esclave !

» *Aux armes !*

» Le canon tonne ; l'heure décisive, l'heure du sacrifice a sonné ; tous, debout devant l'Europe attentive, montrons que nous sommes les enfants de la grande nation !

» *Vive la patrie intacte ! Vive la République !*

» Le sous-préfet du Havre, E. RAMEL. »

Le procureur de la République, M. Froissart, avait demandé au ministre de la justice l'autorisation de s'engager comme volontaire, et, de son côté, le sous-préfet avait sollicité du gouvernement l'honneur de se joindre à la première colonne qui marcherait sur Paris.

Le dimanche 2 Octobre, une grande manifestation militaire eut lieu.

Par ordre du commandant supérieur, la garde nationale, les gardes mobiles en garnison au Havre, les compagnies de dépôt de la ligne, les fusiliers-marins des équipages de la division navale prirent les armes.

Ces forces formant une masse de dix mille hommes environ, partagées en cinq colonnes, exécutèrent un grand mouvement de concentration du Havre sur Octeville. Cette manœuvre s'exécuta avec beaucoup d'ordre et de précision, sous la direction du colonel Massu et sous les yeux des autorités civiles, au milieu d'un enthousiasme général.

L'administration n'épargnait aucun moyen de stimuler l'ardeur des citoyens pour la défense. Elle ferma les spectacles, les cabarets mal famés, et un arrêté du maire défendit, sous des peines sévères, l'ivresse publique (4 Octobre).

D'autre part, le comité exécutif avait décidé la formation d'un sous-comité de défense qui se constituerait en permanence pour recueillir et condenser les propositions utiles à l'œuvre commune, émanant de l'initiative privée. Le sous-préfet groupa, dans ce sous-comité, les citoyens les plus marquants par leur esprit d'initiative et leur intelligence des besoins de la situation, quel que fût d'ailleurs leur origine.

C'est ainsi qu'il appela à y prendre part, sans distinction d'opinions, à côté des principaux fonctionnaires de l'arrondissement, des membres du conseil municipal, du conseil général, des officiers de la garde nationale, les rédacteurs en chef des trois grands journaux politiques du Havre, des commerçants, des ouvriers délégués par les comités démocratiques (5 Octobre) (1).

Le réveil patriotique se fit également sentir dans les campagnes de l'arrondissement du Havre.

Là, comme ailleurs, quelques municipalités s'étaient tout d'abord montrées récalcitrantes, et encore attachées au régime néfaste qui avait perdu la France et était tombé le 4 Septembre sans qu'aucune voix ne s'élevât en sa faveur, n'exécutaient qu'avec la plus mauvaise grâce les instructions des fonctionnaires de la Défense Nationale.

Mais le gouvernement avait armé les préfets du moyen de réagir contre ces résistances.

Lorsqu'il songeait à faire les élections législatives, il avait prescrit le renouvellement des conseils municipaux, élus sous l'empire, afin de rendre aux électeurs la plénitude de leur indépendance et de leur responsabilité (2). Puis, lorsqu'il avait ajourné les élections, il avait dissous ces mêmes conseils, laissant aux préfets le pouvoir de maintenir les maires et les conseils, ou de les remplacer par des maires et des commissions provisoires, se-

---

(1) Le sous-comité de défense était composé de la façon suivante :

« MM. le sous-préfet, *président ;* le maire du Havre ; Hérard, ingénieur en chef ; Ch. Lecoq, président de la chambre de commerce : N. Froissart, procureur de la République ; Dufour, conseiller municipal ; Peulevey, conseiller général ; Libert, capitaine des canonniers-marins ; Santallier, rédacteur en chef du journal *Le Havre ;* Lécureur, rédacteur du *Journal du Havre ;* Mouttet, rédacteur en chef du *Courrier du Havre ;* Bisson, commerçant ; Roquencourt, imprimeur ; Carel, Martin, Lefebvre, délégués des comités démocratiques ; Riduet, *secrétaire.* »

M. Peulevey, avocat, membre du conseil municipal du Havre et du conseil général de la Seine-Inférieure, ne put siéger à cette commission. Par décret du 6 Octobre, il fut nommé procureur général près la Cour de Rouen, en remplacement de M. de Leffemberg, démissionnaire.

(2) Voir pièces justificatives, n° 2.

lon les nécessités que commandait la crise extraordinaire traversée par le pays.

Dans la Seine-Inférieure, M. le préfet Desseaux n'usa du droit de nommer des commissions municipales qu'avec une réserve extrême, mais il fut obligé de changer un certain nombre de maires.

Généralement, les nouveaux maires furent choisis parmi les hommes signalés par l'opinion publique de leurs communes pour l'indépendance de leur caractère et leur dévouement à la patrie. Presque tous, plus tard, furent maintenus dans leurs fonctions par le vote de leurs concitoyens, ce qui témoigna en faveur des préférences de l'administration du 4 Septembre. L'un d'eux, dans l'arrondissement du Havre, a laissé un souvenir ineffaçable de sa conduite pendant la guerre : ce fut M. Guillet, maire de Bolbec.

Parmi les conseils municipaux qui furent remplacés par une commission se trouva celui de Fécamp (5 Octobre).

Les nouvelles municipalités contribuèrent puissamment à ranimer le zèle des populations rurales, mais l'administration se heurta à un obstacle plus redoutable encore que l'esprit de parti : le manque d'armes.

Depuis le commencement de la guerre, la rareté des armes en France avait contraint les départements et les villes aussi bien que l'Etat à s'adresser aux manufactures de l'Angleterre et de l'Amérique.

Ainsi, le conseil municipal du Havre avait décidé de faire acheter en Angleterre plusieurs milliers de fusils Chassepot, des cartouches, ainsi que des matrices et douilles propres à faire des cartouches, pour les céder aux gardes nationaux qui en feraient la demande, à prix coûtant, ou en armer gratuitement les francs-tireurs et les gardes nationaux volontaires. (Délibération du 11 Septembre.)

Mais ces achats s'exécutaient difficilement, et ils étaient de-

venus l'objet d'une spéculation ruineuse sur les marchés étrangers. Les demandes de l'Etat, des communes et des particuliers
se faisaient une déplorable concurrence et étaient exploitées au-
dacieusement par des chevaliers d'industrie de toute espèce.

C'est pourquoi le Gouvernement de la Défense Nationale avait
institué la commission d'armement qui devait centraliser dans
ses mains les achats et la fabrication des armes et des munitions
de guerre en France et à l'étranger. Le président de cette commission était M. Le Cesne, qui fut complètement à la hauteur de
l'immense tâche qu'on lui avait confiée et à qui ses adversaires
politiques eux-mêmes ont été obligés de rendre un solennel
hommage (10 Septembre).

Les arrivages d'armes achetées par ses soins à l'étranger
commencèrent à se faire à partir du 17 Septembre. Le 22, il arriva d'un seul coup 12,000 fusils Snider au Havre, venant d'Angleterre. Le sous-préfet voulait les garder, mais le gouvernement
ordonna de les envoyer à Rennes, sauf 2,000 que, grâce à l'intervention de M. Le Cesne, le ministre de la guerre autorisa l'administration à prendre pour armer les compagnies de marche,
devenues plus tard les mobilisés.

Quelle que fût l'activité de la commission d'armement, elle
ne pouvait, du jour au lendemain, faire venir les armes nécessaires à la France entière. Mais comment faire comprendre cela
à des populations que l'on avait eu toutes les peines du monde à
soulever, et qui, ne pouvant obtenir de fusils, se laissaient de
suite aller à l'impatience et au découragement?

Il y avait dans la Seine-Inférieure près de cent mille gardes
nationaux. Dix mille étaient armés de fusils à percussion; pour
armer le reste, le ministre de l'intérieur, à la date du 23 Septembre, accordait 3,000 fusils à pierre !

Dans le fort de Sainte-Adresse, 60,000 vieux fusils à silex
avaient été retrouvés le 5 Septembre, lors du voyage du commandant Lafitte de Canson, aide-de-camp du général Trochu. Le
commandant général Estancelin réclamait instamment ces fusils

pour ses gardes nationaux. Mais le gouvernement les revendiqua de son côté pour les transformer en fusils à tabatière. Cependant, le sous-préfet, avant de les expédier vers la manufacture d'armes de Saint-Etienne, obtint du ministre de la guerre intérimaire à Tours (M. Crémieux) d'en distraire un certain nombre qui furent distribués aux gardes nationales rurales de l'arrondissement (28 Septembre).

Devant cette disette d'armes, et pour utiliser autant que possible le bon vouloir manifesté par les gardes nationaux de l'arrondissement, le commandant Arnaudtizon, au retour de son voyage d'inspection, avait recommandé de former, avec les hommes les plus jeunes et les plus vigoureux des milices rurales, un corps de quatre à cinq cents excellents francs-tireurs, que l'administration municipale du Havre se chargerait d'armer et d'équiper, et qui rendrait les plus grands services, en cas d'invasion, dans le pays qu'ils connaissaient à fond.

Cette proposition eût été exécutée sans le décret sur la garde nationale mobilisée qui prescrivait impérativement l'organisation de cette troupe, afin de la mettre le plus tôt possible à la disposition du ministre de la guerre. Comme conséquence de ce décret, le gouvernement ordonna, du reste, de suspendre la formation des corps francs, se réservant le droit de les autoriser à l'avenir, s'il le jugeait utile.

Le décret du 29 Septembre compliqua la difficulté d'armer les défenseurs du pays de celle de les équiper et de les organiser en troupes propres à tenir campagne.

Pour l'armement des mobilisés, la délégation de Tours avait ordonné de désarmer les sédentaires et de requérir au besoin les armes de chasse et celles de luxe, mais elle n'avait indiqué aucune source où puiser les crédits nécessaires à leur habillement et à leur solde.

Comme, en principe, chaque commune devait supporter la charge de sa garde nationale, les préfets ordonnèrent d'urgence la réunion des conseils municipaux pour voter les fonds nécessaires à un équipement rudimentaire des mobilisés de leur commune. Le sous-préfet du Havre leur demandait pour eux les frais d'un képi, d'une vareuse, de souliers, d'une couverture, d'une cartouchière et d'un sac, sauf à régler plus tard à qui incomberait définitivement la dépense.

Quand à la solde, il paraissait évident que l'Etat devait la supporter. Mais le gouvernement n'envoyait pas d'argent. D'autre part, on ne pouvait exercer, encore moins déplacer, sans les entretenir et les nourrir, des hommes dont le travail était le seul moyen d'existence.

Dans l'arrondissement du Havre, les communes de quelque importance donnèrent l'exemple des sacrifices patriotiques en votant des emprunts ou des impositions extraordinaires.

Le Havre vota 1 fr. 50 par jour en faveur des mobilisés nécessiteux ; pour les divers besoins, Bolbec emprunta 20,000 fr. ; Fécamp, 150,000 fr.; Sanvic, 4,500 fr., etc. Mais, dans le plus grand nombre des communes, le chômage des travaux industriels absorbait, en faveur des indigents, les ressources ordinaires de la localité, et, dans le silence de la loi, le plus grand nombre ne se croyaient pas obligées d'augmenter leur budget.

Enfin, par un nouveau décret en date du 22 Octobre, la délégation de Tours vint lever tous ces embarras, en mettant définitivement à la charge des communes l'habillement, l'équipement et la solde des mobilisés.

Les préfets, au vu des listes arrêtées par les conseils de révision, devaient prendre un arrêté fixant le contingent total à payer par département, et ce contingent devait être réparti entre chaque commune, non pas proportionnellement au nombre d'hommes mobilisés de la commune, mais proportionnellement au montant des quatre contributions directes de chacune. Pour la ville du Havre, le contingent s'éleva à 654,028 fr.

A côté de l'armement, l'administration avait à pourvoir à un autre besoin pressant de la situation : le soulagement des souffrances des populations ouvrières, que la suspension du travail réduisait à l'indigence.

Le conseil général de la Seine-Inférieure, convoqué à Rouen par M. le préfet Desseaux, avait voté un emprunt de **2** millions, un million pour l'armement et un million pour l'assistance (**22-23** Septembre).

Ce dernier million devait être affecté partie à des travaux d'utilité publique, tels que construction ou réparation de chemins vicinaux, partie à subventionner les industriels qui, pour éviter le chômage, continueraient à faire travailler leurs fabriques.

Cette dernière portion de l'emprunt fut seule émise par voie de souscription publique. Elle n'obtint qu'un succès très relatif, comme nous le verrons plus tard, mais elle permit cependant de soulager les misères les plus pressantes.

La ville du Havre n'attendit pas en ce qui la concernait les secours du département. Dès les premiers jours d'Octobre, le conseil municipal s'occupa d'organiser des ateliers pour la confection des objets d'équipement militaire, la fabrication des cartouches, la réparation ou la transformation des armes. Une commission spéciale de sept membres fut chargée de diriger ces importants services et d'étudier les moyens propres à les développer ; elle avait la faculté de s'adjoindre en dehors du conseil tel nombre de membres qu'il lui plairait, pris parmi les corps d'état et les ouvriers des diverses industries (**22** Octobre).

Plus tard, lorsque les approches de l'hiver se firent sentir, on multiplia dans les quartiers populeux les fourneaux économiques (Novembre).

A la même époque, l'administration sous-préfectorale, répondant aux vœux des conseils municipaux de l'arrondissement, institua une commission des ouvriers sans travail, composée de maires, de membres du conseil général et du conseil d'arrondissement, de prud'hommes, de chefs d'industrie, d'ingénieurs et d'ouvriers influents (**23** Novembre).

Chaque maire fut invité à faire connaître à cette commission le nombre des indigents de sa commune, et chaque chef d'industrie ou chaque agent de l'administration à faire connaître le nombre d'ouvriers dont ils pouvaient avoir besoin et les travaux qu'ils pouvaient entreprendre.

Un grand nombre de bras trouvèrent ainsi de l'occupation.

Les souscriptions publiques et la charité privée jouèrent de leur côté un rôle considérable dans l'adoucissement des infortunes nombreuses auxquelles cette fatale guerre donnait lieu. Non contents de se montrer généreux pour leurs propres concitoyens, les Havrais trouvèrent encore une riche obole pour les étrangers.

Ainsi, vit-on après la chute de la malheureuse Strasbourg, le conseil municipal du Havre ouvrir une souscription publique en faveur des habitants qui avaient le plus souffert du bombardement et s'inscrire en tête pour cinq mille francs.

Aux difficultés si nombreuses de la situation, et particulièrement aux difficultés financières, s'ajouta à cette époque une crise monétaire. Le numéraire devint rare, et les monnaies divisionnaires en or et en argent indispensables aux transactions journalières disparurent presque absolument de la circulation. Pour remédier à cet état de choses, les Chambres de l'empire, au dernier moment, avaient décrété le cours forcé des billets de la Banque de France. Mais la Banque n'émettait pas de coupures au-dessous de 25 fr., ce qui était trop élevé pour les menus besoins de chaque jour.

Presque partout on eut recours à des émissions de monnaie fiduciaire en papier.

C'est ainsi que prirent naissance la Banque *des bons divisionnaires* de Rouen, la caisse centrale Osmont, Dufour et Cᵉ, de Dieppe, et la Banque d'échange du Havre. Les statuts de cette dernière furent présentés par la chambre de commerce au conseil général de la Seine-Inférieure et approuvés par lui. Elle commença à fonctionner le 28 Septembre.

La Banque d'échange du Havre émettait des bons de cinq et dix francs jusqu'à concurrence d'un million représenté par un dépôt de pareille somme en billets de la Banque de France. Elle était dirigée par un conseil d'administration de quinze membres appartenant à la chambre de commerce et présidé par M. Jules Siegfried, premier adjoint au maire.

De tous les nouveaux services auxquels donnèrent lieu les besoins de l'assistance publique au Havre, aucun ne fit plus de bruit en son temps que l'organisation du service des ambulances.

On sait qu'aux termes d'une convention signée à Genève, le 22 Août 1864, entre les puissances européennes, les ambulances et hôpitaux militaires ont été neutralisés et placés sous la sauvegarde du drapeau à croix rouge.

Une société internationale de secours aux malades et blessés militaires se fonda aussitôt, sous le patronage des gouvernements, pour mettre cette convention à exécution. Lorsque la guerre eut éclaté entre la France et l'Allemagne, cette société eut un comité central à Paris, plus tard à Tours, et dans chaque ville un comité correspondant. Ces comités se divisaient généralement en comité de dames et comité d'hommes; ils avaient pour objet de provoquer et de réunir les dons en argent et en nature faits au profit de l'œuvre et d'organiser des ambulances publiques et privées.

Au Havre, le comité des dames siégea jusqu'au 15 Septembre à la sous-préfecture, sous la présidence de M<sup>me</sup> de Bassoncourt; à cette époque, il se transporta au lycée, où était établie l'ambulance centrale de la société, et fut désormais présidé par M<sup>me</sup> Masquelier.

Un comité d'hommes, présidé par M. Collard, s'adjoignit au comité des dames et s'occupa particulièrement d'organiser des ambulances de campagne, avec le concours des résidents étrangers.

Les Suisses domiciliés au Havre répondirent les premiers à

l'appel. Déjà ils avaient offert de faire le service de la garde nationale. Puis, sur le conseil de leur gouvernement, ils s'étaient décidés à organiser un corps de pompiers auxiliaires, sous le commandement de M. Eglin.

Lorsqu'il fut question d'ambulance, non-seulement ils s'offrirent presque tous à s'enrôler comme infirmiers et brancardiers, mais ils voulurent faire à leurs frais l'acquisition du matériel nécessaire (Octobre).

Dans le même temps, les comités irlandais de secours à la France envoyèrent deux délégués, MM. Russell et Smyth, pour offrir leur concours au Gouvernement de la Défense Nationale. Un de leurs compatriotes, résidant au Havre, M. O'Scalan, les présenta au sous-préfet, qui leur servit d'intermédiaire près de la délégation de Tours.

Celle-ci accepta l'offre de quatre ambulances de campagne irlandaises, que l'Etat devait prendre à sa charge à partir de leur arrivée sur le territoire français, et d'un régiment de volontaires, servant aux mêmes conditions que la légion étrangère, et qui devait se former à Cherbourg.

Pour marquer leur reconnaissance envers l'administration du Havre, les délégués irlandais avaient décidé que leur première ambulance débarquerait en France dans cette ville et serait affectée aux troupes chargées de la protéger. Elle arriva, en effet, le 12 Octobre, à bord du steamer *Lafontaine*, qui avait été la chercher à Dublin.

M. le comte de Flavigny, président de la Société française, avait envoyé, pour la recevoir, un délégué spécial, M. Duquet. De leur côté, les Irlandais avaient envoyé des représentants, parmi lesquels M. Mac Cann, alderman de Dublin.

La réception fut touchante. Le sous-préfet, le colonel commandant supérieur, la municipalité, les délégués, la garde nationale et une foule sympathique attendaient ces alliés de la France. Des discours furent échangés. Un des délégués irlandais,

M. Smyth, qualifia de honteuse l'indifférence de l'Europe pour les malheurs de la France. L'ambulance fut conduite à l'Elysée, où elle devait être casernée, aux acclamations de la foule. Elle comprenait 250 hommes et cinq voitures.

Après un séjour de quatre jours, elle partit, sous la direction du docteur Baxter, pour rejoindre les avant-postes (17 Octobre).

Le jour même de son départ arriva une ambulance anglaise organisée par lord Bury, colonel de l'armée britannique et membre du conseil privé de la reine.

Elle était conduite par le docteur Guy. Elle fut reçue avec le même empressement, quoique moins cordialement, et s'embarqua, le soir même au chemin de fer, pour le théâtre de la guerre.

Puis ce fut le tour d'une ambulance hollandaise que le docteur Verpsyck, de Rotterdam, vint organiser au Havre même, pour aller opérer avec les troupes françaises de la région du Nord.

Enfin, on reçut par Le Havre les dons envoyés aux blessés français par les dames de la Suède (1).

---

(1) A cette occasion, le sous-préfet du Havre reçut du ministre de France en Suède la lettre suivante :

« *Stockohlm, 22 Septembre* 1870.

» Monsieur le sous-préfet,

» Un grand nombre de dames suédoises me remettent chaque jour des objets destinés spécialement à nos blessés. Elles m'ont demandé de les leur faire parvenir d'une manière très sûre. Dans les circonstances actuelles, j'ai pensé ne pouvoir mieux faire que de les mettre à votre adresse.

» Vous auriez l'obligeance de les transmettre à leur destination, en prenant l'avis du ministre de la guerre ou du ministre de l'intérieur.

» J'ai expédié, hier, quatre grandes caisses à votre nom, avec la suscription : *Envoi de Suède pour les blessés français.* Le chemin de fer suédois a accordé la franchise au transport de ces colis. La compagnie

En résumé, vers le milieu d'Octobre, chacun selon ses forces. ses moyens, son pouvoir, se préparait avec énergie à un effort national. Le pays tout entier avait les yeux fixés sur Paris. On avait foi dans sa délivrance.

La chute de chaque ballon qui apportait les lettres et les journaux de la capitale éveillait une patriotique inquiétude. Paris avait-il assez de vivres pour attendre? Combien pourrait-il tenir encore? Le général Trochu était l'objet des espérances suprêmes. On attendait de lui un ou plusieurs miracles.

Les progrès constants de l'invasion à l'intérieur alarmaient cependant l'opinion.

A la capitulation de Strasbourg, qui avait douloureusement retenti dans le cœur de tous les Français, étaient venus s'ajouter la prise d'Orléans, l'apparition des Prussiens dans la trouée de Belfort, l'occupation de Gisors. Partout les rassemblements de troupes formés sur la ligne d'occupation allemande étaient en retraite. Lyon était découvert, Tours menacé et en Normandie l'invasion s'étendait lentement sur les deux rives de la Seine. Le pays ne sentait pas une impulsion assez énergique partir de Tours. Jusqu'au 10 Octobre, la délégation du Gouvernement de la Défense Nationale avait reposé dans les mains de MM. Crémieux, Glais-Bizoin, amiral Fourichon, dont les intentions paraissaient au-dessus des forces.

---

Thomas Wilson, de Hull, les transportera de Gothembourg également en franchise, soit à Londres, d'où ils seraient dirigés vers Le Havre, soit directement de Gothembourg au Havre.

» Je vous prierai, monsieur, de m'informer si ces caisses vous sont exactement parvenues; je continuerai alors de me servir de la même voie pour vous faire tenir ce qui me serait remis dans le même but.

» Le plus grand nombre des dames suédoises désirent que ce qu'elles font elles-mêmes soit exclusivement destiné aux soins de nos braves soldats. C'est un sentiment qui doit nous toucher et qui témoigne d'une vive sympathie pour la France et sa cause.

» Recevez, etc.,                    » FOURNIER,
» *Ministre de France en Suède et Norwège.* »

Dans les départements, l'autorité militaire n'était exercée que par des généraux du cadre de réserve, vieux et fatigués, comme le général Gudin, commandant la 2º division militaire à Rouen, ou par des généraux improvisés plus dévoués qu'habiles, comme M. Estancelin.

Ce dernier était fort peu populaire.

Pour ceux qui l'ont vu à l'œuvre de près, son désir de bien faire ne peut laisser aucun doute. Mais son entraînement pour le prestige militaire extérieur, ses façons de général grand seigneur froissaient les gardes nationaux, et, en faisant ressortir davantage les côtés faibles de son commandement, prêtaient des armes faciles à la critique de ses actes. Dans les comités républicains, on disait qu'il s'occupait plus de politique que de la défense, et les hommes dont il s'entourait donnaient tout au moins une apparence de raison à ces accusations.

L'incident du 14 Octobre mit le comble aux défiances de la population contre lui.

Le département de la Seine-Inférieure tout entier fut mis en émoi par une dépêche du commandant général.

« L'ennemi attaque nos troupes, disait-il aux autorités ; il est en marche sur Rouen. Envoyez la garde nationale armée dont vous pouvez disposer et l'artillerie. » (1).

Un télégramme, non moins alarmant, était également arrivé au sous-préfet du Havre, au nom du comité central de défense de Rouen (2).

---

(1) Rouen, 14 Octobre 1870, 2 h. soir.— *Commandant général Estancelin à sous-préfets Havre, Dieppe, Yvetot, Neufchâtel.*

(2) Rouen, 14 Octobre 1870, 9 h. 48 du soir. — *Comité central de défense à M. le sous-préfet, Havre.* — Nos hommes de guerre trouvent Rouen sérieusement menacé. Ennemi à Fleury-sur-Andelle à six lieues. Les cinq bataillons de garde nationale partis et l'artillerie. Attendons les bataillons du Havre. Prions sous-préfet d'envoyer tous les hommes de cœur de son arrondissement. Mitrailleuses sont-elles parties. J'ordonne barricades. Le Barbier.

Ces dépêches, transmises dans tous les cantons, firent battre le rappel de toutes parts. Les maires adressèrent des appels au patriotisme des populations. Les chemins de fer furent mis en réquisition pour transporter sur Rouen les gardes nationaux.

Il partit du fond des campagnes des hommes en blouse et en sabots, armés de mauvais fusils à pierre, ou même sans fusils (1).

Le 15, au grand matin, deux compagnies de francs-tireurs, six compagnies mobilisées, dont l'organisation était à peu près complète, et la batterie d'artillerie mobilisée, quoique sans canons, partirent du Havre pour Rouen.

La garde nationale sédentaire prit les armes pour accompagner jusqu'à la gare les troupes qui allaient combattre pour le st du départ emen t. M. Félix Faure, adjoint au maire, les passa en revue et leur remit le drapeau que la 5e légion de la garde nationale de Paris avait offert, en 1848, à la garde nationale du Havre.

L'anxiété ne fut pas de longue durée. Dès le lendemain, la batterie mobilisée, dont on avait reconnu à Rouen l'insuffisance d'armement, revenait au Havre, et les gardes nationaux regagnaient paisiblement leurs foyers par toutes les routes d'où ils étaient venus.

Il y avait eu fausse alerte.

Tous se plaignaient des chefs qui avaient commis cette méprise, et beaucoup disaient qu'on ne les y reprendrait plus.

Le commandant général Estancelin rejeta la responsabilité des ordres donnés sur le général Gudin, qui n'était d'ailleurs pas plus en faveur auprès du public que son collègue de la garde nationale.

L'opinion reprochait au vieux général de laisser les éclaireurs ennemis venir jusqu'à quelques kilomètres de Rouen piller

---

(1) Dessolins. *Les Prussiens en Normandie.*

et rançonner impunément les campagnes, tandis que ses troupes demeuraient immobiles dans leurs cantonnements. On le savait très attaché à l'ex-famille impériale, et cette circonstance augmentait encore la défiance contre lui. La presse prétendait y voir la raison de son inactivité.

La meilleure réponse que pouvait faire le général Gudin, c'était d'agir avec plus de résolution et d'énergie contre la faible colonne ennemie qui lui était opposée. Il préféra faire acte d'autorité contre ses adversaires politiques.

Le 13 Octobre, il fit intimer au *Journal du Havre*, par le colonel Massu, l'ordre de cesser toute critique de ses actes, sous menace de faire usage des pouvoirs extraordinaires de l'état de siége.

Cette attitude excita encore davantage l'esprit public contre la direction militaire.

Le conseil municipal et le sous-comité de défense du Havre votèrent des résolutions demandant le remplacement des généraux Gudin et Estancelin.

Des délégués furent envoyés à Tours pour porter ces délibérations au ministre de la guerre.

Le changement du colonel Massu, à la tête de l'arrondissement du Havre, était désiré non moins vivement.

L'accord entre les autorités qu'avait cherché à réaliser le sous-préfet, dans la création du comité exécutif, n'avait pas été en effet de longue durée.

Le commandant de l'état de siége ne fortifiait Le Havre que pour obéir à des instructions supérieures, mais ne partageait d'aucune manière les ardeurs belliqueuses de la population et sa confiance dans la possibilité d'une défense heureuse. Les sujets de plainte et d'alarme étaient abondants.

On avait fait venir des pièces de fort calibre des arsenaux maritimes pour armer les ouvrages en cours d'exécution ; mais on les laissait indéfiniment couchées le long de la mer au lieu de les monter dans les nouvelles redoutes.

Le plateau de Gonfreville-l'Orcher, d'où l'ennemi pouvait diriger des feux désastreux sur le Havre, restait isolé du reste de la défense, et le colonel Massu prétendait qu'on ne pouvait tirer aucune utilité ni aucun avantage à le fortifier.

Trois mille mobiles restaient au Havre sans emploi, alors qu'on aurait pu les utiliser aux travaux de défense pour en hâter l'exécution.

Après l'alerte du 14 Octobre, le bruit courut que le commandant de l'escadre avait reçu l'ordre d'appareiller et de se retirer sur Cherbourg, si les Prussiens attaquaient le Havre.

Aux observations présentées par les autorités civiles sur ces divers griefs, le colonel Massu répondait en rappelant les pouvoirs supérieurs qu'il tenait de l'état de siége.

Enfin, le comité exécutif, ne recevant plus aucune communication du commandant supérieur, crut de sa dignité de se dissoudre (16 Octobre).

Mais le même jour, le sous-préfet mit le gouvernement en demeure de le dégager de la responsabilité qui lui incombait, ou de donner le commandement militaire du Havre à des mains plus jeunes et plus vigoureuses.

Il proposait, pour l'exercer, le commandant de la division navale, M. le capitaine de vaisseau Mouchez (1).

Depuis le 10 Octobre, M. Gambetta était à Tours et s'occupait de modifier le personnel de l'état-major général. La demande du sous-préfet du Havre fut favorablement accueillie, et un décret du 18 Octobre nomma M. Mouchez commandant supérieur des forces de terre et de mer réunies pour la défense du Havre.

---

(1) Voir pièces justificatives, n° 3.

M. le colonel Massu conservait en sous ordre la direction du génie.

Le même jour, le général Briand remplaçait le général Gudin à la tête de la deuxième division militaire.

Le premier acte du commandant Mouchez fut d'établir à la sous-préfecture le quartier général de son commandement, pour manifester son intention d'agir de concert avec les mandataires du gouvernement et de la ville, en vue de la défense du Havre. En outre, afin de donner satisfaction aux vœux de l'opinion, que les derniers actes du général Gudin et du colonel Massu avaient fort indisposé contre le régime de l'état de siége. il se joignit aux autorités civiles pour en demander la levée (1).

Un décret de la délégation de Tours venait, du reste, de réglementer *l'état de guerre* dans les départements dont la frontière se trouvait ou se trouverait à moins de 100 kilomètres de l'ennemi. Il investissait l'autorité militaire de la plénitude du commandement de la force armée du département, avec le droit d'expropriation et de réquisition sur les personnes, les instruments de travail, les armes, les denrées et les bestiaux (14 Octobre).

Ce décret avait été rendu dans l'intention évidente de remplacer la législation sur l'état de siége, qui depuis 1849 était dirigée plutôt contre les libertés publiques que contre la guerre étrangère.

La département de la Seine-Inférieure se trouvant, par le fait du décret du 14 Octobre, en état de guerre, il semblait que le décret du 7 Septembre, qui avait mis l'arrondissement du Havre en état de siége, dût être rapporté.

Il n'en fut rien cependant, parce que sans doute, dans la pensée du gouvernement, l'esprit du décret du 14 Octobre était suffisamment explicite.

---

(1) Voir pièces justificatives, n° 4.

Peut-être néanmoins l'omission du gouvernement fut-elle volontaire, en raison de certains évènements qui eurent pour théâtre divers points du littoral à ce moment.

Les populations ouvrières des ports de la Manche accusaient le commerce d'exporter vers l'Angleterre les produits agricoles de la Normandie, et de permettre aux Anglais d'en alimenter les armées allemandes.

Le 12 Octobre, une véritable sédition éclata à Honfleur. Le peuple voulut s'opposer, par la force, à l'embarquement des denrées. La garde nationale intervint et une rixe s'en suivit ; plusieurs hommes furent blessés. L'agitation dura quatre jours.

Le gouvernement décréta le 14 Octobre une prohibition de sortie pour les bestiaux, viandes, grains et fourrages. L'exportation des beurres, volailles et œufs continua. Cela ne satisfit pas les populations, et quelque émotion se manifesta dans les journées des 17 et 18 Octobre sur les quais du Havre. Comme à Honfleur, les ouvriers prétendaient s'opposer à l'embarquement des denrées permises sur les navires anglais.

L'intervention pacifique des autorités civiles et militaires, et surtout du maire, dans lequel la population avait une absolue confiance, ramena le calme dans le port ; mais, au même moment, un bâtiment de guerre anglais, l'*Helicon*, arriva au Havre.

Les journaux anglais, reproduits par plusieurs journaux du continent, affirmèrent que ce navire était destiné à protéger leurs nationaux contre les excès d'une population que les fonctionnaires en exercice étaient incapables de maintenir.

Cette assertion fut démentie catégoriquement dans une lettre du consul d'Angleterre au sous-préfet du Havre (1). Mais il est

_____

(1) Voici la lettre du consul :

            « *Havre, le* 24 *Octobre* 1870.

  » Monsieur,

» J'ai l'honneur d'accuser réception de votre lettre officielle de ce matin, me demandant ce qu'il y a de fondé dans un entre-filet publié par

possible que le gouvernement ait cru devoir, par prudence, ajourner la levée de l'état de siége. Plus tard, il prohiba l'exportation du beurre, de la volaille et des œufs (22 Novembre).

# CHAPITRE III

M. Gambetta a Tours. — Capitulation de Metz. — Levée en masse. — Réaction dans le pays. — Succès d'Orléans. — Elan du Havre. — Garde nationale sédentaire. — Corps francs : francs-tireurs du Havre, vengeurs, légion garibaldienne. — Eclaireurs a cheval. — Garde nationale mobilisée. — Garde mobile. — Le Havre entrepot de l'armement national. — Achèvement de la ligne de défense. — Commission des inventions.

Depuis le 10 Octobre, M. Gambetta, sorti de Paris « sur l'aile des vents, » était à Tours et imprimait une impulsion énergique à l'organisation de la résistance. Moins de vingt jours après son arrivée, le gouvernement avait derrière la Loire, en Sologne, une armée prête à marcher en avant; il avait emprunté 250 millions pour faire face aux dépenses de la guerre et pour armer les 600,000 gardes nationaux mobilisés qui devaient concourir à la délivrance du sol national; enfin, la parole ardente du ministre

---

le *Nouvelliste de Rouen* de ce matin, dans lequel on dit que l'aviso anglais *Helicon* est arrivé au Havre « pour protéger ses nationaux contre » les prétendus excès de la populace. »

» Je m'empresse de vous dire, en réponse, que l'arrivée, — pour moi inattendue, — de l'*Helicon* au Havre, n'est nullement motivée par la crainte que les autorités françaises n'aient pas toute la bonne volonté et le pouvoir de protéger les personnes et les intérêts des sujets britanniques.

» Veuillez agréer, monsieur le sous-préfet, l'expression de mes sentiments très distingués.

*Le consul de S. M. Britannique,*
Signé : Frédéric BERNAL.

de l'intérieur et de la guerre, à force de proclamer la nécessité de combattre et de promettre la victoire, avait galvanisé les populations jusque dans les moindres villages.

L'héroïque défense de Châteaudun signala ce réveil de l'esprit patriotique. Le gouvernement déclara que cette petite ville avait bien mérité de la patrie, et toutes les villes de France lui votèrent des félicitations. Le conseil municipal du Havre, sur la proposition de M. Guerrand, émit le vœu que toutes les communes qui se défendraient avec la même énergie fussent relevées et indemnisées aux frais du trésor public (24 Octobre).

Telle était la situation, lorsque fut signée la capitulation de Metz (27 Octobre).

Jamais catastrophe ne produisit de plus désastreuses conséquences. Jusqu'au dernier moment, le pays avait compté sur Bazaine, sinon pour rompre les lignes ennemies qui l'enveloppaient, du moins pour retenir dans l'Est la plus grande partie des forces allemandes. La « capitulation scélérate » allait jeter sur Paris et la France les meilleures troupes de la Prusse. La panique gagna les populations, l'esprit de parti momentanément endormi se réveilla, et le faisceau des forces matérielles et morales de la nation, péniblement groupé par le Gouvernement de la Défense Nationale, fut rompu.

Ainsi s'expliquent et se justifient les termes indignés dans lesquels M. Gambetta annonça aux Français la reddition de Metz et formula l'acte d'accusation de Bazaine, « l'homme sur qui la France comptait, même après le Mexique. »

Au Havre, la proclamation du gouvernement de Tours ne rencontra aucune critique et produisit dans la ville le plus grand enthousiasme. Le commandant supérieur, le sous-préfet et le maire envoyèrent, en réponse aux membres du gouvernement, une adresse de félicitation à laquelle s'associa toute la population.

« Vous avez raison, disait-elle ; prouvons par des actes que » nous voulons, que nous pouvons tenir de nous-même l'honneur.

» l'indépendance, l'intégrité, tout ce qui fait notre patrie libre et
» fière !

» Le Havre, soulevé par votre sublime proclamation, attend
» vos ordres pour agir et veut, avec vous, sauver à jamais la
» République.

» Indiquez l'endroit où doivent se concentrer toutes les forces
» disponibles de l'arrondissement, et dans vingt-quatre heures
» chaque citoyen sera à son poste !

» Que la province entière se précipite vers Paris ! Que dans
» chaque département des instructions que vous enverrez immé-
» diatement organisent de tous les points du territoire une marche
» en masse sur Paris.

» Dans chaque département, nommez un chef militaire su-
» périeur qui dirige exclusivement l'armée, la garde mobile, les
» corps francs, la garde nationale mobilisée et la garde séden-
» taire. Il est urgent de faire cesser, sans retard, des conflits de
» pouvoir qui énervent la Défense Nationale, et de faire enfin
» sauver la France et la République par de véritables Français
» et de véritables républicains. »

Une autre adresse, signée de plusieurs milliers de citoyens,
porta au gouvernement les remerciments de la garde nationale
du Havre de ce qu'il n'avait pas désespéré de la patrie et l'assura qu'il pouvait compter, pour soutenir la lutte à outrance, sur
son courage et son dévouement à la République.

Sur ces entrefaites éclata à Paris l'insurrection du 31 Octobre, suivie du vote plébiscitaire du 3 Novembre. L'émeute avait
failli renverser le gouvernement central ; il se trouva, au contraire,
raffermi par les 557,996 suffrages, contre 62,638, qui se pronon-
cèrent pour lui.

L'administration du Havre pensa que les délégués de la République dans les départements devaient demander pour elle à
leurs administrés une consécration analogue, en provoquant les
conseils municipaux à adhérer publiquement au Gouvernement
de la Défense Nationale, si tel était d'ailleurs leur sentiment.

Dans ce but, une circulaire fut adressée, le 7 Novembre, par le sous-préfet, à tous les maires de l'arrondissement, prescrivant la réunion d'urgence des conseils pour leur proposer de formuler cette adhésion (1).

Le conseil municipal du Havre vota à l'unanimité et par acclamation l'adresse qui lui était demandée (8 Novembre).

Soixante-dix communes répondirent sur le champ dans le même sens, quelques-unes même avec beaucoup de chaleur et d'enthousiasme, telles que les communes de Bolbec, Goderville, Graville-Sainte-Honorine, Heuqueville, etc. (2), et il y aurait eu

---

(1) Voir pièces justificatives, nº 5.

(2) Voici les adhésions de ces communes :

### ADHÉSION DE BOLBEC

« Le Gouvernement de la Défense Nationale justifie la confiance du pays.

» Trois grands périls nous menacent : un retour insensé à des institutions irrévocablement condamnées ; les coupables projets d'une démagogie en démence ; la paix honteuse que voudrait nous infliger un implacable ennemi.

» Le Gouvernement de la Défense Nationale saura toujours éviter ces dangereux écueils. Nous en avons pour garantie sa sagesse et son énergie.

» Unis à lui d'esprit et de cœur, le maire, les adjoints et le conseil municipal de Bolbec joignent leur vote unanime aux 560,000 voix de la ville de Paris.

» Vive la France ! vive la République ! »

*( Suivent les signatures.)*

### ADHÉSION DE GODERVILLE

« La noble et magnifique circulaire de M. le sous-préfet du Havre aux maires de l'arrondissement a produit ici le résultat que l'on devait en espérer.

» Le conseil municipal a adhéré, à l'unanimité et par acclamation, au Gouvernement de la Défense Nationale, par l'ordre du jour suivant :

» Le conseil municipal de la commune de Goderville déclare donner » son adhésion pleine et entière au Gouvernement de la Défense Natio. » nale, qui, au milieu des calamités terribles déchaînées sur la patrie par » une guerre criminelle, s'est constamment montré, par l'héroïque résis. » tance de Paris, par la rapide organisation des forces nationales, par son

un plus grand nombre d'adhésions, si le sous-préfet du Havre n'avait reçu l'ordre d'arrêter la manifestation.

Le ministre de l'intérieur, en effet, tout en rendant justice

---

» énergie dans la répression des tentatives anarchiques, à la hauteur de » la tâche immense qu'il a assumée.

» Vive la France ! vive la République ! » *(Suivent les signatures.)*

### ADHÉSION DE GRAVILLE-SAINTE-HONORINE

« *A Messieurs les membres du Gouvernement de la Défense Nationale.*

» Messieurs,

» Le conseil municipal de la commune de Graville-Sainte-Honorine, fidèle interprète des sentiments patriotiques des habitants de la commune, a voulu, dans le moment suprême que nous traversons, joindre sa voix à celle de tout Paris et de toute la France, pour vous dire que jusqu'à ce jour vous avez bien mérité de la patrie. Conservez le pouvoir que vous avez accepté avec tant de dévouement et tant d'abnégation personnelle, ne vous laissez pas intimider par les factieux qui ont eu la coupable intention (égarés qu'ils étaient) de vouloir l'amoindrir révolutionnairement, la France entière est avec vous, et si elle eût été appelée par un plébiscite à donner son opinion, elle eût été unanime pour dire oui.

» Aujourd'hui que, par une astuce inqualifiable, le conseiller du roi Guillaume a voulu encore une fois jouer la France ; aujourd'hui que l'armistice est rompu, continuez votre œuvre de défense avec la même énergie, et comptez sur le patriotisme de toutes les communes pour vous aider dans l'accomplissement de l'œuvre que vous avez entrepris. Guerre à outrance jusqu'à ce que l'ennemi ait évacué nos provinces envahies ; guerre à outrance pour fonder l'ère de la liberté par le gouvernement de la République, et soyez assurés que tous, faisant abnégation de nos intérêts privés, nous vous soutiendrons énergiquement dans la lutte jusqu'au jour où, débarrassés de nos ennemis, nous signerons une paix glorieuse aux cris de : Vive la France ! vive la liberté ! vive la République !

» *Le Maire*, Louis VIDAL. »

### ADHÉSION DE HEUQUEVILLE

« L'an mil huit cent soixante-dix, etc.,

» Le conseil municipal de la commune d'Heuqueville, réuni dans la salle de la mairie, sur la convocation faite et en session.

» Présents : tous les membres.

» Les soussignés s'empressent de manifester leur adhésion pleine et entière au gouvernement qui, dans l'infortune de la patrie, causée par de lâches et honteuses trahisons, a bien voulu accepter la noble mission de relever l'honneur et le prestige du pays. » *(Suivent les signatures.)*

aux intentions qui avaient inspiré la circulaire, estima qu'elle avait eu le tort de se produire sans instruction du gouvernement et qu'elle exposait l'autorité au reproche de vouloir exercer une pression sur les sentiments des populations rurales (11 Novembre).

Il est à remarquer que c'était le moment même où augmentaient les complications au milieu desquelles s'affaissait la patrie, que les partis hostiles à la République choisissaient pour partir en guerre contre elle.

On se souvient que M. Thiers, au retour de son voyage auprès des cours de l'Europe pour trouver un allié à la France, avait repris les négociations en vue d'un armistice et des élections à une Assemblée Nationale qui rétablirait la paix. Les exigences persistantes de M. de Bismark amenèrent cette fois encore la rupture des négociations (5 Novembre).

D'autre part, les mesures énergiques, en vue de la défense, avaient redoublé. Tandis que le gouvernement de Paris décrétait la formation de trois armées de sortie, la délégation de Tours, sous l'impulsion de M. Gambetta, décrétait la levée en masse. Tous les hommes de vingt à quarante ans, mariés ou non, étaient mobilisés.

La rupture de l'armistice, le nouvel ajournement des élections et la levée en masse devinrent le point de départ d'une opposition haineuse et antipatriotique, qui ne fit qu'augmenter jusqu'à la fin de la guerre.

Ne vit-on pas un légitimiste, un marquis, chef d'un bataillon de garde nationale du Calvados, refuser publiquement d'exécuter les décrets *arbitraires* de M. Gambetta?

Dans l'arrondissement du Havre, le conseil municipal de Gonfreville-Caillot (canton de Goderville), refusa de voter le contingent assigné à la commune pour la garde nationale mobilisée, en se fondant sur ce que le gouvernement qui s'était imposé à la France n'avait le droit de demander aucun sacrifice au pays. Un arrêté du préfet de la Seine-Inférieure prononça la dissolution de ce conseil (15 Novembre).

Au milieu du découragement général qui suivit la capitulation de Metz, la nouvelle de la victoire de Coulmiers et de la reprise d'Orléans par l'armée de la Loire vint rendre quelque calme aux esprits, quelque confiance à l'opinion et une grande ardeur aux amis du gouvernement.

La délégation de Tours mit à profit ce répit de patriotisme pour précipiter le grand effort de la délivrance de Paris.

Alors, en effet, se placent les décrets qui créèrent quatorze camps d'instruction pour la concentration et l'organisation des gardes nationaux mobilisés; qui ordonnèrent la fourniture par chaque département, dans le délai de deux mois, d'autant de batteries de campagne qu'il avait de fois cent mille habitants; qui acceptèrent les offres de cloches faites par les paroisses pour fondre des canons, etc.

Dans le même temps, M. Gambetta faisait élever en avant d'Orléans un formidable camp retranché autour duquel il groupait, dans la deuxième quinzaine de Novembre, six corps d'armée formant 250,000 hommes avec six cents pièces de canon.

Or, au lendemain du 4 Septembre, « il n'existait plus un » seul régiment d'infanterie ni de cavalerie; il n'y avait que des » hommes, en assez grand nombre, il est vrai, dans les dépôts, » mais sans aucun commencement d'organisation. L'artillerie » était nulle; on ne comptait à ce moment dans toute la France » que *six pièces* prêtes à entrer en ligne; les autres manquaient » de leurs attelages, de leur personnel, beaucoup même de leurs » affûts. » (1).

On peut se figurer après cela quels prodiges d'activité et d'organisation le Gouvernement de la Défense Nationale avait dû

---

(1) V. de Freycinet. *La Guerre en province*, page 7.

accomplir pour pouvoir tenir en échec en Novembre les forces compactes de l'invasion. Il avait été, du reste, secondé dans cette œuvre grandiose par la plupart des agents qu'il avait placés à la tète des départements, au lendemain du 4 Septembre, et par le dévouement et le patriotisme des populations, celles des villes principalement.

La part prise par Le Havre dans le grand effort national est un titre de noblesse dont cette ville a le droit d'être fière.

A la fin de Novembre, elle avait fait sortir du néant de nombreux bataillons de garde nationale sédentaire, des compagnies franches, des bataillons de mobilisés ; outre sa mobile, elle avait rééquipé et réorganisé plusieurs bataillons de mobiles d'autres départements ; elle était un des entrepôts où venaient s'armer les défenseurs du Centre et du Midi de la France ; elle avait achevé ses travaux de défense et fait de son territoire un point stratégique important.

La garde nationale sédentaire, absolument abolie au Havre après 1852, était sortie de toutes pièces du sein de la population, après la loi du 10 Août 1870. Elle comprenait, au 21 Novembre, près de 9,000 hommes armés répartis en trois bataillons de huit compagnies chacun, deux batteries d'artillerie, une compagnie de canonniers-marins et une compagnie du génie.

A la date du 21 Novembre, les compagnies de fantassins furent dédoublées, eu égard au grand nombre d'hommes dont se composait l'effectif de chacune, et la garde nationale comprit désormais quarante-huit compagnies et six bataillons.

Les batteries d'artillerie (commandant Sutter), comprenaient 300 hommes. Elles étaient armées de pièces de 12 et d'obusiers de montagne, de l'ancien modèle, abandonnés par l'artillerie dans l'arsenal du Havre, en attendant les mitrailleuses et les canons rayés se chargeant par la culasse, dont l'administration municipale négociait l'acquisition pour ses artilleurs.

Les canonniers-marins formaient un corps de 300 hommes,

sous le commandement du capitaine Libert. C'étaient tous vieux marins, connaissant la manœuvre de la grosse artillerie et destinés à servir les pièces de gros calibre mises en batterie dans les ouvrages de défense.

La compagnie du génie était forte de 200 hommes et était commandée par un ingénieur de la ville, M. Quinette de Rochemont.

Le 13 Novembre, la légion fut passée en revue par le commandant supérieur. A la suite, M. Mouchez écrivit à M. Huchon, colonel de la garde nationale : « Avant cette revue, ne connaissant pas encore toutes nos ressources, je pouvais conserver quelque appréhension sur la possibilité d'une longue défense sans une augmentation de garnison. Mais aujourd'hui, en admirant la belle tenue de vos nombreuses compagnies, toute inquiétude a disparu. Quoiqu'il arrive, nous serons toujours à même de résister, et Le Havre est assez fort pour que l'ennemi ne tente même pas de l'attaquer sans faire un siège en règle, devenu aujourd'hui bien difficile, sinon impossible. »

Les corps francs se développèrent parallèlement à l'organisation de la garde nationale.

Le premier de tous fut celui des francs-tireurs du Havre.

La première compagnie se forma vers la fin Août sous le nom de compagnie de tirailleurs-éclaireurs havrais, par l'initiative d'un comité de jeunes gens de la ville, MM. Léon Jacquot, F. Bellanger, G. Lennier, Marande, etc., avec le concours de la municipalité. Le nombre des volontaires qui se présentèrent pour en faire partie ayant décidé la formation d'une deuxième compagnie, elle prit le nom de première compagnie de francs-tireurs du Havre et se donna pour capitaine M. Léon Jacquot, homme des plus énergiques, l'un de ses promoteurs les plus actifs. Elle fut équipée par souscription publique et armée de fusils Chassepot par la ville. Elle quitta Le Havre le 24 Septembre, pour rejoindre l'armée de Rouen. Deux membres du conseil municipal, MM. Rispal et Bellanger, marchaient dans ses rangs.

La deuxième compagnie, formée sous la direction de M. Marcellin Duplat, passa, une fois organisée, sous le commandement du capitaine Hamel. Une troisième compagnie se trouva prête en même temps, avec M. Moquet pour capitaine. Elles partirent ensemble, le 15 Octobre, en même temps que le 1er bataillon des mobilisés, sur l'alerte donnée par M. Estancelin, et allèrent rejoindre la première compagnie aux avant-postes, dans la forêt de Lyons.

Enfin, une quatrième compagnie quitta encore Le Havre, le 27 Octobre, sous le commandement du capitaine Roux.

Ces quatre compagnies, comprenant ensemble environ 500 hommes disciplinés, parfaitement équipés, armés de Chassepot, furent réunies à l'armée de l'Andelle, en un bataillon, dont le commandement fut donné au capitaine Jacquot (20 Novembre).

Dans le courant du mois d'Octobre se forma également la compagnie des *vengeurs de la mort*.

Le fondateur de cette compagnie était un Français, habitant depuis plusieurs années l'Amérique, où il avait pris part à la guerre de sécession, le citoyen Marcel Deschamps. Il était venu tout exprès des États-Unis pour se mettre au service de sa patrie et avait obtenu, par l'intermédiaire de M. Guillemard, l'autorisation du ministre de la guerre pour organiser un corps de volontaires.

La compagnie des *vengeurs* se recruta sous le patronage de la société de solidarité républicaine du Havre, avec un grand luxe de démonstrations patriotiques. Des réunions publiques eurent lieu au Grand-Théâtre, où Marcel Deschamps enlevait les acclamations de la foule par de virulents appels aux armes et des déclarations solennelles de vaincre ou de mourir qui ne manquaient pas de traits d'une réelle éloquence. Les vengeurs devaient toujours combattre aux avant-postes et ne jamais reculer.

Sur la table du bureau, un registre était ouvert sur un tapis rouge, où les volontaires montaient se faire inscrire un à un, tandis que la réunion entonnait le *Chant du Départ*. Le corps fut équipé et armé entièrement aux frais de la ville. Marcel Deschamps en fut naturellement le capitaine.

Ils s'en allèrent le 6 Novembre, au nombre de cent environ, ayant à leur tête un drapeau tricolore bordé de noir, avec une tête de mort entourée de la devise : *vaincre ou mourir*, drapeau offert par les dames du Havre.

Malheureusement, l'excentricité du commandant Marcel Deschamps et le peu de contrôle exercé sur la qualité des volontaires qu'avaient entraînés ses succès oratoires, avaient eu pour résultat d'introduire parmi les vengeurs un certain nombre d'hommes, d'antécédents fort divers, enrôlés bien plutôt par esprit d'aventure que par amour du devoir. La compagnie était indisciplinée et turbulente. A peine arrivée à Rouen, il s'en fallut peu qu'elle ne tombât en dissolution par suite de la mutinerie des hommes. Cependant, le commandant Marcel Deschamps parvint à la reconstituer en éliminant vingt-cinq des plus tapageurs, et à rejoindre ainsi les avant-postes de la ligne de l'Andelle (9 Novembre).

Dans le même temps que les vengeurs, il était sorti du Havre une légion garibaldienne.

Le général Garibaldi avait obtenu l'autorisation pour former son armée des Vosges d'organiser des corps de volontaires à l'étranger et en France. Le nom du célèbre chef de partisans était trop populaire au Havre pour que cette ville ne lui fournît pas un contingent de compagnons d'armes. M. d'Houdetot, capitaine de la mobile, donna sa démission pour devenir capitaine d'état-major à l'armée des Vosges (16 Octobre).

Bientôt un officier garibaldien, M. de Amone, vint recruter des volontaires au Havre. L'administration municipale lui fit l'accueil le plus bienveillant et le conseil vota la création d'une légion garibaldienne, armée et équipée aux frais de la ville.

Les enrôlements, les souscriptions et les offres en nature pour ce corps furent reçus à l'Hôtel-de-Ville. Il prit le nom de compagnie des chasseurs du Havre.

Les chasseurs du Havre, au nombre de 120, sous les ordres du commandant de Amone, portaient la vareuse rouge des garibaldiens et étaient armés de Chassepot.

Avant de quitter la ville, ils furent passés en revue par le sous-préfet et le maire dans la cour d'honneur de l'Hôtel-de-Ville. En les félicitant d'aller combattre sous les ordres d'un général qui avait toujours versé son sang pour la cause de la liberté, M. Guillemard leur remit un riche drapeau tricolore frangé d'or, présent des dames du Havre, comme celui des vengeurs (28 Octobre).

Les chasseurs du Havre se conduisirent très honorablement pendant toute la campagne et se signalèrent dès leur arrivée à l'armée des Vosges. La hampe de leur drapeau fut brisée par une balle au combat de Châtillon (19 Novembre).

Les troupes volontaires fournies par Le Havre à la défense nationale s'augmentèrent également d'éclaireurs à cheval. Dès les premiers jours de Septembre, un ancien officier de cavalerie qui avait commandé des contre-guérillas au Mexique, M. de la Cornillère, avait pris l'initiative de la formation d'un escadron d'éclaireurs. Chaque volontaire devait fournir son cheval. Une souscription publique fut ouverte à l'appui. Mais ce corps se recruta avec difficulté, par suite de la pénurie des chevaux propres à faire campagne et dans l'obligation où était alors la municipalité de pourvoir aux besoins les plus pressants de l'armement.

Plus tard, l'administration municipale reprit la formation des éclaireurs à cheval, dont l'organisation fut autorisée par arrêté du ministre de la guerre (21 Novembre) et confiée aux soins de M. Eugène Grosos, nommé chef d'escadron.

Ce corps réunit quatre-vingts cavaliers.

Des volontaires se présentèrent également dans beaucoup de communes de l'arrondissement pour former des corps de francs-tireurs. Le décret sur la garde nationale mobilisée et la décision prise par le gouvernement de suspendre toute nouvelle formation de corps francs, à moins d'autorisation extraordinaire, mirent fin à ce mouvement patriotique. Par une circulaire du 4 Octobre, le sous-préfet invita les maires à faire rentrer les volontaires de leurs communes dans les cadres de la garde nationale mobilisée.

Il n'en resta que la compagnie de Bolbec, forte d'une quarantaine d'hommes, aux ordres du lieutenant Pimont, qui, à peu près organisée, alla compléter son armement à Rouen. Vers la fin d'Octobre, elle fut adjointe au bataillon des francs-tireurs du Nord à l'armée de l'Andelle.

L'organisation de la garde nationale mobilisée, entreprise dans la deuxième quinzaine d'Octobre, par l'administration départementale, fut tant bien que mal terminée au mois de Novembre.

Les hommes du premier ban de la mobilisation, levés par le décret du 29 Septembre, les seuls d'ailleurs qui furent organisés, n'étaient pas moins de 20,000, dans le département de la Seine-Inférieure, et de 4,500 pour le seul arrondissement du Havre.

Les sous-préfets devaient s'occuper, chacun dans leur arrondissement, de former les contingents et de faire élire les officiers. L'équipement et l'armement incombaient au commandant général Estancelin, d'accord avec le préfet. Ensuite, le commandant général devait indiquer l'emploi et la destination des corps mobilisés.

Pour habiller et équiper ses nombreux mobilisés, l'administration centrale passa des marchés pour plus de deux millions. Une commission de réception, composée de négociants désignés par le préfet, fut instituée à Rouen pour donner son avis sur les offres des fournisseurs et veiller sur l'exécution de leurs engagements.

Malheureusement cette centralisation de l'équipement, qui aurait présenté en temps ordinaire des avantages incontestables, fut au contraire une cause d'embarras, par suite du délai très court dans lequel il devait être pourvu aux besoins de la mobilisée du département.

Des retards considérables furent apportés aux livraisons. Ainsi, dans l'arrondissement du Havre, les tableaux des compagnies de gardes nationaux mobilisés et les procès-verbaux de l'élection des chefs de bataillon, officiers et sous-officiers, étaient au complet, dès le 18 au 20 Octobre, entre les mains du sous-préfet.

Ce ne fut qu'un mois plus tard qu'on commença à habiller les hommes. Encore manqua-t-on de couvertures et d'autres objets de première nécessité, qu'il fallut requérir où l'on put, à la dernière heure. Cependant, dès les premiers jours de Novembre, l'administration du Havre était en mesure de passer des marchés pour l'équipement complet de sa mobilisée.

Les fournitures de l'administration centrale laissèrent également beaucoup à désirer. Les frais d'équipement pour chaque homme avaient d'ailleurs été fixés avec une parcimonie tout-à-fait hors de saison. 28 fr. pouvaient procurer un uniforme de parade, mais non l'habillement chaud et de bonne durée nécessaire à l'entrée d'une campagne d'hiver.

Au Havre, pour 40 et 42 fr., l'administration aurait pu donner aux mobilisés un équipement d'hiver dans de bonnes conditions. Elle en fit l'offre à Rouen. Le préfet s'en tint à 28 fr. par homme (1).

L'état-major de la garde nationale mobilisée se forma dans les premiers jours de Novembre. M. Duquesnay, colonel de la garde nationale de Rouen, ancien chef de bataillon de l'armée, fut promu commandant supérieur des gardes nationales mobilisées du département, et M. Hocquart, ancien capitaine de frégate, chef de bataillon des gardes nationales des cantons de St-Romain et de Montivilliers, fut nommé colonel de la légion mobilisée de l'arrondissement du Havre.

---

(1) Voir pièces justificatives, n° 6.

Cette légion comprenait six bataillons et une batterie. Le 1er et le 2e bataillons (commandants Pornin et Deleuvre) et la batterie d'artillerie (commandant Rebuffet) étaient composés des mobilisés de la ville et de la banlieue; le 3e bataillon (commandant Basile), des mobilisés de Fécamp; le 4e (commandant Barray), des mobilisés de Bolbec et Lillebonne; le 5e (commandant Pardieu), des mobilisés de Saint-Romain et Montivilliers; le 6e (commandant Curré), des mobilisés de Criquetot-l'Esneval et Goderville.

Le 1er bataillon mobilisé, parti dès le 15 Octobre, tint garnison à Rouen en remplacement du 2e bataillon des mobiles de la Seine-Inférieure, appelé à cette époque à l'armée de l'Andelle, jusque vers la fin de Novembre. Le 2e et le 3e bataillons furent casernés au Havre après le départ des mobiles qui y tenaient garnison.

On se souvient, en effet, que l'administration de la guerre, après le 4 Septembre, avait dirigé sur Le Havre plusieurs bataillons étrangers à la Seine-Inférieure, les uns pour y achever leur organisation, les autres pour y tenir garnison avec le 2e bataillon de la Seine-Inférieure (commandant Welter).

Ce furent deux bataillons du Pas-de-Calais (15 Septembre) ; les 1er, 2e et 3e bataillons de l'Oise (17 Septembre) ; les deux batteries des Basses-Pyrénées (22 Septembre) ; les deux batteries du Calvados (26 Septembre). Ces mobiles arrivèrent presque en même temps que les recrues des 62e et 19e de ligne (6-21 Septembre), en sorte que l'effectif des troupes réunies au Havre se trouva porté à près de 11,000 hommes. Or, la ville n'avait pas de casernements suffisants pour les recevoir, et l'intendance avait négligé de prévenir la municipalité en temps utile pour subvenir aux subsistances d'un si grand nombre d'hommes. Il en résulta quelques jours de grande confusion.

De malheureux bataillons de mobiles arrivant brisés de fatigue ne trouvaient ni logement, ni pain, et auraient été réduits à coucher dans la rue ou à se nourrir aux frais de la charité publique, si la mairie n'avait pris d'actives mesures pour remédier à la négligence de l'administration militaire.

Une commission, composée de six habitants de la ville (1), fut chargée de pourvoir aux nécessités du casernement et de la subsistance des troupes. On envoya les hommes appartenant à l'armée active dans les forts. Les bâtiments vides et les édifices publics non affectés à un service permanent furent requis pour loger les mobiles. Un service de vivres fut installé avec régularité. Les commissaires au casernement et à la subsistance étendirent même leur sollicitude jusqu'aux besoins de l'habillement.

Levée à la plus grande hâte dans les derniers jours de l'empire et formant après Sédan la seule force armée dont pouvait disposer momentanément le gouvernement du pays, celui-ci avait dû la mettre en marche telle quelle, à peine équipée et mal organisée. Aussi quel spectacle offraient ces malheureux soldats en blouse, sans couverture, et dont beaucoup ne pouvaient marcher faute de souliers, quelques-uns même *faute de pantalons!* (2). On ouvrit partout des souscriptions pour donner aux mobiles des chaussures, des couvertures, des ceintures de flanelle.

A l'approche de l'hiver, ces mesures de bienfaisance redoublèrent. Le comité central de défense de la Seine-Inférieure prit l'initiative d'une souscription départementale. Dans le même temps, l'œuvre de l'habillement des mobiles prenait une organisation nationale analogue à celle de la société internationale de secours aux blessés. Mmes Crémieux, Thiers et Fourichon formaient à Tours un comité central de dames auquel s'empressaient de se ramifier dans toutes les villes de France des comités correspondants.

Le comité des dames du Havre s'organisa dans les premiers jours de Novembre avec le concours de Mmes Mouchez, Guille-

---

(1) Nous accomplissons ici un devoir de justice posthume, en citant le nom de **M. Ch. Lallouette**, décédé depuis, et qui déploya dans l'accomplissement de cette tâche civique et humanitaire autant de dévouement que d'abnégation.

(2) Cela résulte d'une lettre adressée au sous-préfet par les membres de la commission municipale du casernement et des subsistances, en date du 27 Septembre 1870.

mard, Ramel, Bazan, Faure, Buchère, Froissart, Bigot de la Robillardière, etc., et il y eut des sous-comités dans plusieurs cantons, à Bolbec, sous la direction de M^me Fauquet-Lemaitre; à Fécamp, sous celle de M^me Robert. Ces comités stimulaient par tous les moyens la charité publique, faisaient des quêtes à domicile et ouvraient des ateliers pour façonner des pantalons, des tuniques, des vêtements de laine. Lors même que les mobiles eurent quitté Le Havre, la municipalité envoya des délégués distribuer dans les cantonnements de ces troupes, aux avant-postes, les présents provenant de la générosité de leurs concitoyens.

Les bataillons en garnison au Havre furent dirigés sur le corps d'armée de l'Andelle, au fur et à mesure de leur réorganisation : ceux du Pas-de-Calais, dès le 20 Septembre; le 1^er bataillon de l'Oise, le 1^er Octobre, et les batteries des Pyrénées, le 14.

Les 2^e et 3^e bataillons de l'Oise séjournèrent plus d'un mois. En partant, le 25 Octobre, ils témoignèrent leur reconnaissance pour les soins et la bienveillance dont ils avaient été l'objet, en criant : « Vivent les Havrais ! »

Le 2^e bataillon des mobiles de la Seine-Inférieure avait quitté de son côté Le Havre le 12 Octobre pour aller tenir garnison à Rouen. Son commandant, M. Welter, avait été nommé lieutenant-colonel du 61^e mobile et il était commandé par M. Rolin. Dans la nuit du 14 au 15, il partit de Rouen pour aller s'établir à Cressenville, en première ligne de l'armée de l'Andelle.

Dès le lendemain de son départ du Havre, il fut remplacé dans cette ville par les compagnies de dépôt du 57^e mobile (arrondissements de Rouen, Yvetot, Dieppe), avec lesquels on forma un 6^e bataillon de la Seine-Inférieure qui, entièrement rééquipé par la ville et armé de Chassepot, fut placé sous le commandement de M. Félix Faure, adjoint au maire du Havre.

M. Faure, chargé spécialement de la direction des affaires militaires de la ville, avait présidé à l'organisation de la garde nationale sédentaire et des corps francs avec un dévouement et une habileté qui lui avaient déjà valu le grade de chef d'escadron d'état-major au titre de l'armée auxiliaire pour être attaché au service de la place du Havre (31 Octobre). Il échangea ce grade contre celui de chef du 6e bataillon mobile (18 Novembre).

Ce n'étaient pas seulement des corps francs, des bataillons de mobiles et de mobilisés qui sortaient du Havre à cette heure, c'étaient encore des convois d'armes pour les volontaires et les milices en formation dans toute la France.

Le port du Havre était avec Brest le point de débarquement le plus considérable des armes achetées à l'étranger par la commission d'armement. Dès la fin de Septembre et les premiers jours d'Octobre, les vapeurs *Argos* et *Fairy-Queen*, de Londres, apportèrent d'Angleterre des Snider, des Chassepot, des Enfield, des canons Armstrong. Mais les grands chargements d'armes vinrent d'Amérique, au mois de Novembre.

Les paquebots de la Compagnie Transatlantique la *Ville-de-Paris*, le *Lafayette*, le *Saint-Laurent* opérèrent leur déchargement à Brest. Le *Pereire* (9 Novembre) et les grands steamers anglais et américains *Ontario* (25 Novembre) et *Avon* (1er Décembre) opérèrent le leur au Havre.

Ces trois navires versèrent dans l'arsenal du Havre 11,230 fusils ou carabines Remington, 27,129 fusils ou carabines Spincer, 7,480 fusils Peabody, 13,120 carabines de divers autres modèles (Joslyn, Sharp, Warner, etc.) et 90,828 fusils Springfield, soit au total 149,787 fusils ou carabines, plus une trentaine de pièces de canon, 24 millions de cartouches, 5,000 caisses d'obus, etc.

Ces armes furent expédiées par la direction de l'artillerie sur les arsenaux de l'intérieur ou mises à la disposition des délégués envoyés par les préfets, d'après les ordres du gouvernement.

On a accusé la délégation du gouvernement de la commission d'armement d'avoir gaspillé ou laissé égarer la plupart des armes envoyées par les fabriques d'Angleterre et des Etats-Unis.

Il est vrai que, par suite de l'encombrement des lignes de chemin de fer, un certain nombre d'armes s'égarèrent en route, et que, plus tard, par suite de la rupture des communications par terre entre Le Havre et l'intérieur, une autre partie ne put sortir en temps utile de l'arsenal de cette ville, mais ce fut là, en raison des évènements, un de ces cas de force majeure qu'il était presque impossible de prévenir, et il suffit d'ailleurs, pour réduire ces plaintes à leur juste valeur, de considérer que, en ce qui concerne les armes débarquées au Havre, elles servirent à armer, non-seulement une grande partie de l'armée des Vosges ou du corps Cremer, et divers corps de volontaires aux armées du Nord et de la Loire (éclaireurs vendéens, éclaireurs de la Dordogne, guérilla rouennaise, etc.), mais encore tout ou partie de la garde nationale mobilisée de vingt-neuf départements (1).

Ces distributions d'armes, commencées en Novembre, se continuèrent pendant tout le mois de décembre, à l'abri des fortifications ébauchées par le colonel Massu et presque entièrement achevées par le commandant Mouchez.

Les travaux de défense furent en effet poussés avec la plus grande activité à partir du jour où celui-ci fut investi du commandement supérieur. Les équipages de la flottille formant un effectif de 600 hommes environ, les mobiles et les troupes en garnison au Havre, trois compagnies de la garde nationale au lieu d'une par jour, outre la compagnie du génie, et une armée de terrassiers embrigadés par la municipalité, y furent occupés sans désemparer jusqu'à la fin de Novembre.

Deux colonels du génie, le colonel Massu et le lieutenant-colonel Potel (jusqu'au 10 Novembre) dirigeaient les travaux, avec

---

(1) Ce furent les départements suivants : Ain, Basses-Alpes, Hautes-Alpes, Alpes-Maritimes, Ardèche, Aude, Cantal, Charente, Charente-Inférieure, Corrèze, Dordogne, Eure, Gard, Indre, Loire, Lot, Lot-et-Garonne, Lozère, Maine-et-Loire, Manche, Haute-Marne, Mayenne, Pas-de-Calais, Puy-de-Dôme, Hautes-Pyrénées, Seine-et-Marne, Seine-Inférieure, Tarn, Tarn-et-Garonne.

Voir au surplus les tableaux de la direction d'artillerie du Havre et autres pièces, annexés au rapport du comte Rampon, fait au nom de la commission d'enquête de l'Assemblée nationale, sur les opérations de la commission d'armement.

l'assistance de cinq capitaines de la même arme, dont deux appartenant à l'armée régulière, MM. Peltier et Lefranc, et trois à l'armée auxiliaire, MM. Richemond, Barezewski et Delahaye, et le concours des officiers de l'escadre ainsi que des ingénieurs et conducteurs des ponts-et-chaussées.

Vers le 20 Novembre, tout le gros œuvre était terminé; les principaux ouvrages étaient armés.

La principale ligne de défense, dite ligne de la Côte, comprenait :

Les forts de Sainte-Adresse et de Tourneville ;

Un troisième fort construit sur le territoire de Graville, appelé fort du Mont-Joly ou de Frileuse ;

Cinq redoutes ou lunettes, trois à gauche des forts : les Phares, Sanvic, les Acacias ; deux à droite : Cancriauville et la Lézarde.

Ces ouvrages étaient réunis par une suite de retranchements en terre précédés d'un fossé, s'étendant depuis La Hève, à gauche, jusqu'à l'embouchure de la Lézarde, à droite.

Les fermes, bâtiments et murs d'enceinte compris dans cette ligne étaient crénelés et organisés défensivement.

La ligne était appuyée à gauche par les escarpements de La Hève ; au centre, par un vaste abatis d'arbres comprenant toute la portion du bois de Montgeon, située au sud de la route des Acacias à Rouelles ; à droite, par deux canonnières mouillées à la pointe du Hoc, par la ville d'Harfleur barricadée à ses débouchés extérieurs ; par le marais d'Harfleur, que les pluies d'automne avaient rendu impraticable, et par l'inondation de la Lézarde occupant toute la vallée depuis Harfleur jusqu'en amont de la vallée de Rouelles.

Les ponts d'Harfleur, le viaduc et le tunnel du chemin de fer étaient minés et prêts à sauter.

Une seconde ligne de retranchements en terre, précédés d'un

fossé, dite ligne de la Plaine, avait été construite en Novembre, de l'autre côté de la Lézarde, pour empêcher l'occupation du plateau d'Orcher et défendre la route de Paris ou de Normandie.

L'armement de ces travaux comprenait 143 pièces, dont moitié de fort calibre fournie par les arsenaux de la marine. 26 pièces défendaient le fort de Sainte-Adresse; 32 celui de Tourneville; 25 celui de Frileuse; 22 la redoute de Cancriauville; 6 celle de la Lézarde; 5 celle des Acacias; 9 celle de Sanvic; 10 celle des Phares. La ligne de la Plaine était armée de 6 grosses pièces.

A cette même époque, l'escadre du Havre comprenait : la corvette *Catinat*, portant pavillon du chef d'escadre; les batteries flottantes *Protectrice* et *Imprenable*; l'aviso le *Diamant*; les canonnières Farcy : *Mitrailleuse* et *Alerte*; 4 chaloupes à vapeur; 2 ordinaires. Les canonnières à vapeur *Etendard* et *Oriflamme* étaient détachées à Rouen. L'artillerie de ces navires comprenait 36 pièces, dont 20 de gros calibre. Le commandant Mouchez avait en outre fait venir deux compagnies de fusiliers-marins, de Lorient ; deux sections d'artillerie de marine et 200 hommes d'infanterie de la même arme.

Enfin, avec les compagnies de dépôt des 19e et 62e de ligne, il avait formé un bataillon de marche d'infanterie de ligne, qui prit le no 5 et fut commandé par M. Barreau, ancien officier, nommé lieutenant-colonel de la garde nationale du Havre. Le 25 Octobre, ce bataillon de marche fut envoyé à l'armée de l'Andelle.

A l'inverse de son prédécesseur, M. le commandant Mouchez examinait avec soin toutes les propositions qui lui étaient faites en vue de la défense, et, pour utiliser les découvertes qui pouvaient servir à cette fin, il institua une commission des inventions, sous la présidence de M. Hérard, ingénieur en chef de l'arrondissement (6 Novembre).

Les découvertes industrielles s'appliquant à l'armement ou à la défense s'étaient multipliées à l'infini depuis le commencement de la guerre. Les autorités civiles et militaires étaient assaillies par les inventeurs qui tous croyaient avoir trouvé un moyen infaillible d'arrêter les progrès de l'ennemi. Il est vrai que la plupart de ces inventeurs se distinguaient plutôt par la fécondité ou la bizarrerie que par l'esprit pratique de leur imagination. On ferait des volumes du dernier comique, si l'on entreprenait de réunir toutes les idées curieuses enfantées par cette époque agitée.

Un négociant proposait gravement de lancer sur les voies ferrées, dans la direction des pays occupés par les armées allemandes, des trains de *vivres empoisonnés*. Un patriote demandait qu'on envoyât sur le champ à l'ennemi tous les hommes valides de 14 à 60 ans. Pour armer cette levée extraordinaire, il préconisait, à défaut de fusils, les faulx, les fourches, les bêches, les *pincettes*, voire même les clous! Un mécanicien avait trouvé un fusil qui pouvait tirer 60 coups à la minute. Une étrangère « dévouée à la France » proposait par écrit au sous-préfet du Havre une idée « sortie de la tête d'une femme, peut-être puérile ou peu pratique, mais digne cependant d'attention. » Il s'agissait tout simplement de faire tomber, au moyen de ballons, une pluie de *picrate de potasse* sur le quartier général de l'ennemi ; ce qui produirait chez lui « *un effet moral désastreux.* »

A côté de ces excentricités de cerveaux malades, des ouvriers, des artisans, des chefs d'industrie offraient des idées ingénieuses et pratiques.

Parmi celles-ci doit se placer l'invention de M. Benjamin Normand, constructeur au Havre. Il s'agissait d'un appareil mobile dit « tirailleuse blindée » qui permettait d'assurer la plus grande rapidité et la plus grande précision au tir de quatre armes à feu disposées horizontalement et à l'abri des projectiles ennemis. Cette invention fut approuvée par la commission spéciale instituée au ministère de la guerre à Tours, et M. B. Normand fut autorisé à former une compagnie de volontaires se rattachant à l'artillerie pour servir son arme. Toutefois, cette compagnie, faute de fonds, ne put parvenir à s'organiser.

# CHAPITRE IV

LE COMMANDANT MOUCHEZ EST APPELÉ A ROUEN. — TOUTES LES FORCES DU HAVRE APPELÉES EN CAMPAGNE. — PRISE D'AMIENS. — LA GRANDE SORTIE DE PARIS. — LA GARDE NATIONALE DU HAVRE DEMANDE A MARCHER AU SECOURS DE PARIS. — INVASION DU DÉPARTEMENT. — PRISE DE ROUEN.

Les travaux de défense du Havre touchaient à leur terme, lorsque, le 18 Novembre, M. Mouchez fut appelé au commandement de la subdivision militaire de la Seine-Inférieure, à Rouen.

Cette nouvelle fit émotion dans la population, qui avait pleine confiance dans l'intelligente activité de son chef militaire.

Le conseil municipal et le sous-comité de défense votèrent à l'unanimité des adresses au commandant supérieur pour lui exprimer leurs remercîments en raison des services qu'il avait rendus à la défense et leurs regrets de le voir quitter la place qu'il occupait si bien.

M. Mouchez, répondant à la députation qui, le maire en tête, venait lui apporter la délibération du corps municipal, assura que son éloignement ne serait que momentané et que, dans la nouvelle position qu'il allait occuper, il contribuerait plus encore à la défense du Havre qu'en restant dans ses murs.

Mais cette promesse ne donnait qu'une demi-satisfaction aux patriotes havrais qui craignaient de voir se renouveler les tiraillements et les résistances qui avaient signalé le commandement du prédécesseur de M. Mouchez.

Dans son adresse, le conseil municipal avait, en termes exprès, prié M. le commandant supérieur de ne pas remettre ses pouvoirs à M. le colonel Massu, qui était l'officier le plus élevé en grade après lui, mais de bien vouloir les conserver, sauf à en déléguer l'exercice, pendant son absence, à son chef d'état-major.

De son côté, le sous-comité de défense émit le vœu que le commandement supérieur fut confié à l'un des deux officiers supérieurs de l'escadre, qui avaient le plus secondé M. Mouchez dans l'exécution des travaux de défense.

Une pétition analogue aux membres du Gouvernement de la Défense Nationale, se signa dans les bureaux des journaux, les comités et chez les citoyens les plus influents.

Ces vœux divers, transmis sur le champ à Tours, reçurent leur accomplissement.

M. Mouchez quitta Le Havre, laissant provisoirement le commandement à M. le capitaine de frégate de Vallon, commandant la batterie flottante la *Protectrice*, et faisant fonctions de chef d'état-major (19 Novembre).

Quatre jours après, un décret de la délégation du gouvernement appelait M. Rallier, capitaine de frégate, commandant la batterie flottante l'*Imprenable*, au commandement supérieur des forces de terre et de mer du Havre (23 Novembre).

En même temps, M. le colonel Massu, directeur des fortifications, était autorisé à prendre sa retraite, sur sa demande (1). M. le colonel Châtillon, directeur de l'artillerie, était appelé au commandement de l'artillerie du 20e corps d'armée, à Bourges, et M. le capitaine de frégate de Vallon était appelé au commandement de la subdivision de l'Eure.

La direction de l'artillerie passa aux mains de M. le chef d'escadron Difortin, et celle du génie, à celles de M. le lieutenant-colonel Meurdra.

Ce dernier était directeur de la compagnie des eaux du Havre, lors de la déclaration de la guerre. Il avait été, pendant un mois et demi, colonel de la garde nationale, puis avait été rappelé au service actif avec le grade de lieutenant-colonel dans

_______________

(1) M. le colonel Massu se retira à Villefranche (Rhône). où il est décédé en 1871.

le corps du génie, auquel il avait longtemps appartenu. Depuis le 16 Novembre, il remplaçait, comme commandant du génie au Havre, M. le lieutenant-colonel Potel, appelé à un autre service.

En prenant possession de son commandement, M. Rallier adressa un ordre du jour à la garnison et aux habitants, où il faisait connaître qu'il avait un double devoir à remplir : envoyer promptement en avant le plus grand nombre possible de combattants et assurer, en cas de revers, la retraite de l'armée derrière les lignes de défense du Havre.

« Faisons bien, s'il se peut, disait-il en terminant, mais surtout faisons vite, car plus que jamais les heures nous sont comptées. »

En effet, tandis que les troupes du prince Frédéric-Charles se portaient à marches forcées entre Paris et l'armée de la Loire, une autre partie des forces qui avaient bloqué l'armée du Rhin autour de Metz, la première armée prussienne, aux ordres du général de Manteuffel, avançait dans le but de couvrir vers le Nord la ligne d'investissement de Paris.

Depuis le commencement de Novembre, le *Moniteur Officiel* allemand, de Beauvais, avait annoncé que cette armée devait occuper Amiens et Rouen. Les journaux anglais assuraient que l prise du Havre devait compléter sa mission.

A la date du 25 Novembre, les têtes de colonne de cette armée se montraient dans le pays entre la Somme et l'Oise, dans la direction de Ham, Roye et Montdidier. La Fère, où commandait le capitaine de frégate Planche, investie dès le 15 Novembre, capitula après 12 jours de siége et 30 heures de bombardement. La garnison dans laquelle se trouvait la 3e batterie d'artillerie mobile de la Seine-Inférieure (capitaine Lahure), composée de tous jeunes gens du Havre, se trouva prisonnière de guerre (26 Novembre).

Devant l'imminence du danger, les autorités militaires de Rouen appelèrent à elles tout ce que le département pouvait fournir d'hommes en état de marcher, surtout l'artillerie. L'administration du Havre déploya en ces circonstances une activité remarquable.

Le 24, elle fit partir le 6e bataillon de mobiles. Le lendemain, elle expédia le 2e bataillon mobilisé du Havre (commandant Deleuvre), et appela dans les casernements que ces troupes venaient d'abandonner, les gardes nationaux mobilisés de Bolbec, Lillebonne, Montivilliers, Criquetot, etc.

En cinq jours, on changea leurs armes et on compléta leur équipement et leur organisation, de façon à pouvoir encore envoyer deux nouveaux bataillons (Fécamp et Criquetot), suivis de la batterie mobilisée (capitaine Rebuffel), armée de canons-obusiers de 4, prêtés par la marine et montés sur affûts par la ville du Havre, ainsi que des batteries mobiles du Calvados (27-28 Novembre).

On venait d'apprendre au Havre la triste nouvelle qu'à la suite d'un combat malheureux soutenu par nos troupes de l'armée du Nord, à Villers-Bretonneux, la ville d'Amiens avait été occupée par l'ennemi (29 Novembre), et l'on s'attendait à tout instant à recevoir avis de l'invasion du département et de l'attaque de Rouen, lorsque le 1er Décembre, au soir, une autre nouvelle, celle-ci triomphante, se répandit en un clin d'œil d'un bout à l'autre de la ville.

La sous-préfecture faisait publier une dépêche du ministre de la guerre au général Briand, en date du 1er Décembre, 4 heures soir, portant qu'une grande victoire avait eu lieu à Paris, que Ducrot était sorti avec 100,000 hommes et occupait la Marne.

Le lendemain, une proclamation de M. Gambetta confirmait la victoire du général Ducrot sur la Marne, et annonçait que l'armée de la Loire, après avoir refoulé les attaques des Prussiens à l'aile droite et à l'aile gauche, était vigoureusement lancée en avant à la rencontre de l'armée de Paris. Les Prussiens, ajoutait le ministre, avaient évacué Amiens (2 Décembre).

Ces nouvelles remplirent la ville de joie et de confiance. Les autorités civiles et militaires, réunies à la sous-préfecture, décidèrent de faire appel à tous les hommes de bonne volonté, dans la garde nationale sédentaire, pour les faire marcher avec le général Briand sur Paris.

« L'heure de la délivrance a sonné ! disait la proclamation, signée par le commandant supérieur, le sous-préfet et le maire.

» L'ennemi abandonne en toute hâte les positions qu'il occupait autour de nous.

» Il dépend de nous de changer cette retraite en déroute.

» Le Havre, qui a toujours donné l'exemple du patriotisme, voudra que son drapeau flotte un des premiers sur les murs de Paris.

» Que les patriotes se lèvent sur le champ et jurent de ne rentrer dans leurs foyers qu'après avoir replacé la France à la tête des nations libres, et bientôt la République donnera à la France autant de gloire que l'empire lui avait infligé de honte ! » (1).

Le 2 Décembre, dès huit heures du matin, le rappel était battu dans tous les quartiers de la ville et appelait les gardes nationaux sous les armes. Les officiers demandèrent des volontaires. Un grand nombre se présenta.

M. le colonel Huchon écrivit au maire du Havre : « A la lecture de votre proclamation, j'ai réuni les capitaines des compagnies de la garde nationale, et je viens vous dire avec satis-

---

(1) Voici le texte complet de cette proclamation :

« RÉPUBLIQUE FRANÇAISE. — LIBERTÉ, EGALITÉ, FRATERNITÉ

» Citoyens,

» La République, comme autrefois la Convention, avait décrété la victoire.

» La République a tenu parole !

» En 1792, il a fallu huit mois pour organiser 14 corps d'armée et alors Paris était libre et l'ennemi n'avait pu dépasser Verdun.

» En 1870, malgré l'investissement de Paris, malgré les criminelles

l'action qu'ils ont répondu à votre appel avec un chaleureux enthousiasme. Tous vos concitoyens demandent à partir ensemble et sont tous prêts à marcher au premier ordre.

» Je suis certain d'être l'écho de leurs désirs, en vous priant de provoquer du Gouvernement de la Défense Nationale un ordre immédiat, permettant de devancer l'appel des hommes de 21 à 40 ans (du deuxième ban), qui se rendraient instantanément sous les murs de Paris. »

Le sous-préfet télégraphia au ministre de la guerre et au général Briand, pour leur faire part des dispositions de la garde nationale et demander pour elle l'ordre de marcher sur Paris.

La réponse à cette communication fut malheureusement une amère déception.

---

capitulations de Sédan et de Metz, trois mois ont suffi pour armer la nation tout entière.

» La victoire d'Orléans a appris à la capitale que la province s'avançait pour lui donner la main.

» Aujourd'hui, c'est Paris qui tend la main à la province.

» Cent mille hommes, commandés par le brave général Ducrot, viennent de briser le cercle de fer qui les entourait.

» Citoyens !

» L'heure de la délivrance a sonné !

» L'ennemi abandonne en toute hâte les positions qu'il occupait autour de nous.

» Il dépend de nous de changer cette retraite en déroute.

» Le Havre, qui a toujours donné l'exemple du patriotisme, voudra que son drapeau flotte un des premiers sur les murs de Paris.

» Le colonel de la garde nationale revendique l'honneur d'y conduire immédiatement un premier bataillon de volontaires, dans lequel la municipalité sera représentée.

» Que les patriotes se lèvent sur le champ et jurent de ne rentrer dans leurs foyers qu'après avoir replacé la France à la tête des nations libres, et bientôt la République donnera à la France autant de gloire que l'empire lui avait infligé de honte !

» *Vive la France glorieuse ! Vive la République une et indivisible !*

» RALLIER,     GUILLEMARD,     E. RAMEL,

» *Commandant supérieur.*     *Maire.*     *Sous-préfet.* »

« Très vives félicitations pour votre élan patriotique, écrivit dans la soirée le commandant Mouchez au sous-préfet, mais l'ennemi avançant rapidement sur Rouen, avec des forces considérables, je reviens de chez le général Briand qui m'ordonne de défendre le département avec toutes les gardes nationales sédentaires. »

Puis vinrent les dépêches du commandant général Estancelin, annonçant l'invasion du département et appelant tous les gardes nationaux à l'activité (2 et 3 Décembre).

Les 1er et 4e bataillons reçurent l'ordre de se préparer à partir à 4 heures de l'après-midi ; cependant les hommes étaient munis de bonnes armes et de munitions, mais on manquait de couvertures et de vivres : le départ fut remis au lendemain.

Le 4 Décembre, dès cinq heures du matin, les deux bataillons étaient réunis et prêts à marcher, lorsqu'un ordre du commandant général vint contremander le départ et prescrire de ne conserver en armes, pour partir au premier ordre, qu'un seul bataillon, le 4e. Mais ce bataillon attendit en vain jusqu'au soir l'ordre annoncé.

Une grande émotion régnait dans les rangs. On accusait le maire et le colonel Huchon d'empêcher les Havrais de partir. La vérité était que la ligne du chemin de fer était encombrée et que l'administration manquait de wagons pour transporter les gardes nationaux.

Vers cinq heures, on apprit la déroute de Buchy. Le maire et le colonel firent rompre les rangs.

Le sous-préfet, qui était parti dès le matin pour Rouen, afin de s'enquérir de la situation exacte, et combiner avec la préfecture les mesures pour faire diriger sur le Havre, en cas d'échec, les armes et les munitions du chef-lieu, revint dans la soirée avec la certitude que les Prussiens y seraient le lendemain. Les autorités se réunirent aussitôt pour aviser aux moyens les plus énergiques de sauvegarder Le Havre.

Mais avant d'aller plus loin et de retracer les évènements qui se déroulèrent dans cette ville et autour d'elle, après la conquête du département presque tout entier, il convient de revenir en arrière et de raconter par suite de quelles circonstances la défense de la Seine-Inférieure avait été compromise, et comment Rouen fut pris sans avoir pu essayer une résistance sérieuse, là où elle pouvait être honorablement tentée.

# LIVRE II

---

## LA SEINE-INFÉRIEURE ENVAHIE

### CHAPITRE V

Investissement de Paris. — Premières mesures prises par le général Gudin pour la défense de Rouen. — Prise de Mantes, de Pacy-sur-Eure et de Vernon. — Réoccupation de Vernon. — L'Armée de l'Andelle. — Prise de Gisors et de Gournay. — Occupation des Andelys. — Combat d'Ecouis. — Alerte du 14 Octobre. — Campagne des gardes nationales de la Seine-Inférieure dans la vallée d'Andelle. — Le général Briand. — Le commandement de la Seine-Inférieure rattaché au commandement régional du Nord. — Combat de Villegats. — Combat de Formerie. — Retraite du général Briand. — Combat du Thil. — Pillage du Vexin. — Le général Bourbaki a Lille, sa retraite.

Les communications entre Rouen et Paris, par chemin de fer, furent interrompues le 16 Septembre, et la séparation fut complète trois jours après par la rupture des dernières lignes télégraphiques. Un fil reliant Paris et Rouen avait été jeté par ordre du gouvernement dans la Seine. Il fut découvert et coupé à Bougival (19 Septembre).

A cette date, l'investissement de la capitale était complet. Les armées assiégeantes détachèrent presque aussitôt dans toutes

6

les directions, à l'extérieur du cercle d'investissement, des colonnes d'infanterie, de cavalerie et d'artillerie légères, qui devaient disperser au loin les rassemblements de troupes, désarmer les habitants, occuper les positions stratégiques, enfin, approvisionner les cantonnements allemands, et faire le vide de tout ce qui pourrait ultérieurement servir au ravitaillement de Paris et des troupes qui pouvaient en sortir.

C'est ainsi que, sur la rive gauche de la Seine, elles lancèrent, dès le 22 Septembre, la brigade de Bredow jusqu'aux portes de Mantes. Cette expédition fut signalée par l'incendie de Mézières. Les fusils de la garde nationale de cette commune avaient été chargés sur des chariots pour être livrés à l'ennemi, sur l'injonction qui en avait été faite la veille, par une patrouille de uhlans, lorsqu'une compagnie de francs-tireurs de Mantes survint, s'empara des fusils, s'embusqua à l'entrée du village et reçut le détachement de cavalerie, qui venait chercher les armes, par une vive fusillade qui tua deux dragons prussiens et mit le reste en fuite. Aussitôt le général de Bredow accourut avec sa colonne et du canon, bombarda Mézières et le livra aux flammes. Une famille entière, composée du père, de la mère et de quatre enfants, fut brûlée dans sa maison (22 Septembre).

Mantes aussi reçut des coups de canon, mais le général de Bredow n'y entra pas. Il se replia sur Maule, redoutant sans doute le voisinage de la forêt de Rosny, pleine de francs-tireurs.

Sur la rive droite de la Seine, le prince Albert, neveu du roi de Prusse, mis à la tête d'une division saxonne, occupa Pontoise et poussa jusqu'à l'Isle-Adam (21 Septembre), menaçant Magny et la route de Paris à Rouen, par les plateaux. En même temps, sur le cours supérieur de l'Oise, le comte de Lippe occupait Senlis, Chantilly (15-17 Septembre) et Creil (23 Septembre), menaçant Clermont et Beauvais.

Il était impossible d'empêcher l'ennemi de s'étendre tout le long de l'Oise, mais il était important de l'empêcher ou d'essayer au moins de l'empêcher de dépasser cette rivière. Pour atteindre ce but, il aurait fallu une entente entre le général Paulze d'Ivoy,

qui commandait à Amiens, et le général Gudin, qui commandait
à Rouen. Malheureusement, les deux généraux avaient un commandement absolument distinct et nul rapport entre eux.

Le général Paulze d'Ivoy seul envoya d'Abbeville sur Clermont les mobiles de la Marne ; quant au général Gudin, Il avait
un plan que personne ne parvint à faire modifier.

Il pensait avec raison que la situation de la ville de Rouen,
dominée de toutes parts par de hautes collines, sans aucune fortification, empêchait qu'on pût tenter la défense à ses portes.
« C'est en avant, dit-il au commandant-général Estancelin, que
je dois la défendre, et ma ligne d'opération sera la vallée d'Andelle, que je ferai occuper par toutes les troupes dont je pourrai
disposer. Si nous sommes battus, j'ai du ministre l'ordre de me
retirer sur Le Havre, dont les fortifications sont complétées par
des travaux en cours d'exécution. » (1).

Cependant, de nombreuses observations furent présentées au
général Gudin, en ce qui concernait sa ligne d'opérations de la
vallée d'Andelle.

Il apparaissait en effet à un grand nombre de personnes que
la véritable ligne de défense de la Haute-Normandie était la vallée
de l'Epte, de Gournay à Vernon, par Gisors. En faisant occuper
cette vallée par ses forces, le général Gudin, s'appuyant sur sa
gauche aux troupes de la Somme et de l'Oise, et sur sa droite
aux forêts de Bizy, d'Evreux et de Conches, où se rassemblaient les forces de l'Eure, avait de grandes chances pour maintenir l'intégrité de la rive droite de la Seine jusqu'à l'Oise,
conserver ses communications sur les deux rives de la Seine,
et couvrir au besoin le département de l'Eure. Au contraire, en
reportant la ligne de défense en arrière, sur l'Andelle, de Gournay à Fleury, on abandonnait à elle-même la plus grande partie
du département de l'Eure qui est située sur la rive gauche de
la Seine, on sacrifiait la partie de ce département située sur

_______

(1) V. Etancelin, *La Vérité sur les évènements de Rouen.*

la rive droite, l'arrondissement des Andelys ou Vexin Normand, une des plus riches contrées de la Normandie, où l'ennemi s'approvisionnerait avec abondance; enfin, on permettait aux colonnes prussiennes de s'approcher constamment jusqu'à moins de huit lieues de Rouen.

Le général Gudin objectait qu'il n'avait, pour défendre les dix-huit ou vingt lieues d'étendue de la vallée de l'Epte, qu'un nombre de troupes insuffisant. Il est vrai qu'au commencement de Septembre il n'avait aucune artillerie, presque point de cavalerie, 200 gendarmes environ, quelques compagnies de dépôt des 94e et 41e de ligne et six bataillons de mobiles, deux des Hautes-Pyrénées, deux de l'Oise (le 1er et le 4e) et deux du Pas-de-Calais. Mais successivement il lui arriva le 3e hussards (colonel d'Espeuilles) et le 12e chasseurs à cheval (colonel de Tucé), et il pouvait disposer des dépôts d'infanterie du Havre, des deux bataillons de l'Oise et du 2e bataillon de la Seine-Inférieure qui y tenaient garnison ; enfin, de deux bataillons des Landes en réorganisation à Rouen. Au commencement d'Octobre, on lui envoya une batterie du 10e d'artillerie, mais jusque là il aurait pu utiliser l'artillerie de vieux modèle qui servait aux exercices à feu de la garde nationale du Havre, ainsi que les détachements d'artilleurs échappés de Sédan qui passaient chaque jour par Rouen avec des débris de toute sorte. Les canons lisses n'eussent-ils eu d'autre effet que de relever le moral des populations et de donner confiance aux gardes nationaux ruraux et aux mobiles, qu'ils auraient rendu service. Enfin, dans la vallée d'Andelle, le commandant-général Estancelin pouvait former une ligne de réserve avec des gardes nationaux et des volontaires que Rouen, Elbeuf, Dieppe, Le Havre ne lui auraient jamais marchandé, comme ils le prouvèrent bientôt.

Ces observations, quoique provenant des hommes les moins révolutionnaires et les plus prudents en toutes choses parmi ceux qui composaient les municipalités et les comités de défense de la Seine-Inférieure et de l'Eure, ne trouvèrent point créance auprès du général Gudin, et il s'en tint à la ligne de l'Andelle.

La subdivision de l'Eure relevait également de son commandement. Elle était sous les ordres du général de brigade Delarue, remplacé peu après par le colonel Cassagne (4 Octobre). Au commencement de Septembre, les forces dont il disposait se résumaient dans le régiment des mobiles de l'Eure (le 39e, colonel d'Arjuzon). On lui envoya le régiment des éclaireurs de la Seine, du colonel Mocquard, qui était arrivé à Rouen, retour de Sédan, où il s'était héroïquement battu (22 Septembre); puis les francs-tireurs de Rouen, du capitaine G. Desseaux, et la 1re compagnie des francs-tireurs du Havre, du capitaine Jacquot (du 24 au 26 Septembre).

Un bataillon de mobiles occupait Vernon, un autre Pacy-sur-Eure, un troisième Évreux, les nouvelles troupes reçurent pour mission de couvrir Mantes.

Les éclaireurs Mocquard arrivaient dans la forêt de Rosny au moment où le village de Mézières flambait et où les premiers obus tombaient sur le faubourg de Mantes. Ils accoururent vers cette ville pour se mettre au service de la municipalité; mais celle-ci, redoutant le sort de Mézières, si les éclaireurs n'étaient pas en nombre suffisant pour se maintenir à Mantes, les invita à rétrograder. Mantes ne fut occupé par le colonel Mocquard que plusieurs jours après, lorsqu'il eût été rejoint par les autres francs-tireurs (28 Septembre).

Un autre renfort était annoncé. C'était le commandant-général Estancelin qui amenait le 1er bataillon de la garde nationale de Rouen, le dépôt des mobiles de la Seine-Inférieure et les deux compagnies de francs-tireurs d'Elbeuf. A l'approche de cette colonne, le colonel Mocquard se porta en avant jusqu'au bois des Alluets, au-delà de la rivière de Meauldre, à dix lieues à peine de Paris.

Il y enleva une patrouille de cavalerie prussienne. Mais presque aussitôt il fut attaqué par la colonne du général de Bredow, qui comptait près de 3,000 hommes, dont six escadrons et deux batteries, et devant ces forces supérieures il dut battre en retraite sur Mantes (30 Septembre).

Les francs-tireurs de Rouen et du Havre, qui étaient à la gauche des éclaireurs de la Seine n'ayant pas commencé en temps leur mouvement de retraite, se trouvèrent cernés.

Ils purent cependant échapper à la faveur de la nuit et d'une marche rapide par un mauvais chemin d'exploitation, à travers les terres, qui leur fut indiqué par des gens du pays. Le lendemain, dès la pointe du jour, les Prussiens avec quatre canons mitraillèrent les broussailles où ils croyaient avoir acculé les francs-tireurs, puis lancèrent leur cavalerie et leur infanterie mais en vain. Les francs-tireurs avaient rallié les éclaireurs Mocquard rentrés dès la veille au soir à Mantes (1er Octobre).

La colonne Estancelin en était déjà partie.

Après avoir, dans la journée du 29 Septembre, poussé une pointe jusqu'à Meulan pour y enlever un détachement de uhlans, qui, prévenu à temps, s'échappa, et s'être approchés à une lieue au plus du gros des forces du général de Bredow, les gardes nationaux de Rouen et les autres troupes qui marchaient avec eux avaient, le soir même, repris la route de Vernon et Louviers, par chemin de fer.

Les éclaireurs de la Seine et les francs-tireurs de Rouen et du Havre évacuèrent Mantes dans la matinée du 1er Octobre et battirent en retraite sur Dammartin et Vernon. Le général de Bredow entra dans Mantes derrière leurs talons, et cette ville resta désormais en possession de l'ennemi.

Les jours suivants, les Prussiens s'avancèrent jusqu'à Bonnières, où ils eurent un engagement avec un détachement des mobiles de l'Eure, qui fut refoulé sur Vernon, et où ils incendièrent la gare du chemin de fer. Les troupes qui gardaient Vernon se retirèrent aussitôt sur Gaillon et Louviers, tandis que le général de Bredow prenait la route de Pacy-sur-Eure (4 Octobre).

Le 3e bataillon de la garde mobile de l'Eure, auquel se joignirent les francs-tireurs et la garde nationale de Pacy et une compagnie de volontaires de la garde nationale d'Evreux accourue en toute hâte, essayèrent de résister dans la journée du 5, au château d'Aigleville. Mais l'ennemi était trois fois plus nombreux et avait douze canons. Le colonel des mobiles, M. d'Arjuzon, dut se replier sur Evreux, et Pacy fut occupé. Un garde national d'Evreux, M. Freminger, fut tué dans la retraite. Deux autres furent pris et accablés de mauvais traitements.

Au moment où Pacy était pris, un détachement de cavalerie prussienne se présentait à Vernon. L'officier du génie qui commandait la ville voulut faire sauter le pont pour couper les communications avec la rive droite de la Seine. Le maire et un certain nombre d'habitants s'opposèrent à cette exécution, en déclarant qu'ils sauteraient avec le pont, si l'on voulait passer outre. L'officier du génie céda. Du reste, Vernon fut occupé en forces le lendemain, mais l'ennemi n'essaya pas de dépasser le fleuve.

La nouvelle de la prise de Pacy et de Vernon répandit la panique à Evreux. Le colonel Cassagne donna l'ordre de la retraite sur Serquigny, qui s'effectua dans la nuit du 5 au 6 Octobre.

C'en était fait du département de l'Eure, si les Prussiens avaient poursuivi leur marche victorieuse, mais le général de Bredow disposait de trop peu de troupes et il avait un butin considérable à diriger sur Paris. Il se retira donc en arrière. D'autre part, le général Gudin, averti de ce qui avait eu lieu à Evreux, envoya à Gaillon un escadron de chasseurs à cheval et quatre compagnies du 94e de ligne, et ordonna au colonel Cassagne de reprendre ses positions. Vernon, Pacy-sur-Eure et Evreux furent réoccupés par les Français (7 et 8 Octobre).

Sur la rive droite de la Seine, le général Gudin avait fait occuper Gournay, tête à la fois des vallées de l'Epte et de l'Andelle, par le colonel d'Espeuilles, avec le 3e hussards et deux bataillons de mobile, le 21 Septembre. Les jours suivants, il échelonna le reste de ses forces de Gaillefontaine à Gournay, d'une part; dans la forêt de Lyons et la vallée d'Andelle jusqu'à Fleury, de l'autre.

Tandis qu'il prenait ces dispositions, les troupes du comte de Lippe s'étaient avancées de Creil sur Clermont et Beauvais.

Un corps de 400 Prussiens approcha de Clermont le 25 Septembre. Les gardes nationaux et les habitants des villages voisins, soulevés par le tocsin et la générale, coururent aux armes, se joignirent aux mobiles de la Marne et refoulèrent l'ennemi sur Creil, en lui faisant subir des pertes, dont cinq prisonniers.

Ce succès détermina une levée en masse du pays, mais il était à craindre que les Prussiens ne revinssent en plus grand nombre, et avec de l'artillerie. Dans la journée du 26, le préfet de l'Oise, M. Jeannerod, demanda l'appui des mobiles et des hussards de Gournay, en représentant combien il était important d'empêcher l'ennemi de franchir l'Oise. Non-seulement le général Gudin n'envoya pas un soldat, mais les mobiles de la Marne, à la nouvelle qu'une forte colonne ennemie approchait, se retirèrent sur Breteuil, laissant à eux-mêmes les gardes nationaux et les paysans armés.

Ces braves gens n'essayèrent pas moins une courageuse résistance le lendemain 27 Septembre, vers Lianconrt, contre 2,000 hommes et 4 pièces de canon. Mais cette résistance n'eut pour résultat que de faire massacrer un grand nombre d'entre eux, voire même des inoffensifs, de faire brûler un village et plusieurs fermes et hameaux, enfin, de faire traiter Clermont comme une ville conquise.

Trois jours après, Beauvais fut occupé sans résistance (30 Septembre).

De Beauvais, les réquisitionnaires allemands ne tardèrent pas à s'avancer dans la direction de Gournay.

Le 2 Octobre, les uhlans osèrent s'avancer jusqu'à la gare de cette ville, un gros détachement de cavalerie restant à St-Germer à 6 kilomètres en arrière. Les mobiles du 8e bataillon du Pas-de-Calais et les hussards sortirent en toute hâte, et repoussèrent les Prussiens au Pont-qui-Penche, à St-Germer et à Guigny, en leur tuant ou blessant trois hommes et faisant un prisonnier.

Trois jours après, un détachement du 3e hussards surprit au village d'Armentières un détachement de uhlans en train de faire

des réquisitions de tabac et de cigares, le chargea vigoureusement et le culbuta en lui tuant deux hommes et en lui faisant
encore un prisonnier.

Le général Senfft, qui commandait à Beauvais, ne trouva
rien de mieux pour tirer vengeance de cette surprise, que de faire
brûler dans la journée du 6 Octobre les villages d'Armentières,
de Héricourt et de Fresnoy, et de faire fusiller trois ou quatre
pauvres campagnards inoffensifs, dont un idiot, sans compter les
bastonnades qui furent distribuées à des terrassiers travaillant
au chemin de fer.

Enfin, le 10 Octobre, une colonne de 1,500 hommes avec
4 canons, se porta sur Gournay. Le colonel d'Espeuilles, avisé que
l'ennemi s'avançait avec au moins 10,000 hommes, évacua aussitôt la ville et se replia sur Argueil.

Quelques instants après le départ des derniers hussards, un
officier allemand se présente seul, le pistolet au poing, et demande le maire. Il lui ordonne de faire apporter à la mairie
toutes les armes et de préparer des vivres pour un corps de
troupes nombreux, ainsi que des provisions de réquisition. Puis
il se retire en saluant la foule. Bientôt après arrive la colonne
ennemie, trainant avec elle des fourgons et des chariots. Après
avoir exercé des réquisitions, elle s'en retourna, mais en commandant pour les jours suivants d'autres fournitures de blé,
d'avoine et de bétail, en garantie desquelles elle emmena à Beauvais trois conseillers municipaux, comme ôtages, et exigea le ver-
sement d'une somme de 15,000 fr.

A quelques lieues de là, des évènements semblables se passaient à Gisors.

Les troupes du prince Albert, après avoir occupé une première fois l'Isle-Adam, s'étaient retirées, mais avec l'intention de
revenir. Les gardes nationaux et les francs-tireurs du pays, sous
la direction d'un homme énergique, le pharmacien Capperon,
résolurent de prévenir ce retour. Ils s'embusquèrent sur la route
de Pontoise, et, le 25 Septembre, une colonne de réquisition ap-

prochant, ils la mirent en pleine déroute, lui tuèrent plusieurs hommes, dont son commandant, et enlevèrent treize fourgons chargés et une douzaine de chevaux qui furent plus tard envoyés à Rouen.

Selon leur habitude, les Prussiens revinrent en force avec de l'artillerie et forcèrent le maire, l'adjoint, le curé et le vicaire de l'Isle-Adam à marcher devant eux. Néanmoins, les francs-tireurs, qui avaient élevé une barricade pour défendre le pont de l'Oise, n'hésitèrent pas à ouvrir le feu et eurent l'honneur, après une journée de combat, de voir l'ennemi se retirer (**27** Septembre).

Le **29**, les Prussiens revinrent en nombre considérable, avec des pontonniers, et, tandis qu'une colonne attaquait le front de la barricade, une autre passa l'Oise à une lieue au-dessous pour tourner l'ouvrage. Les défenseurs de la barricade avertis à temps s'esquivèrent, mais l'incendie et le pillage de l'Isle-Adam et de Parmain, ainsi que de nombreux assassinats, payèrent la glorieuse résistance du capitaine Capperon.

De l'Isle-Adam, le prince Albert s'avança jusqu'à Magny. De là, il n'avait plus qu'une étape pour atteindre Gisors. Mais il ne pouvait croire que cette ville fût absolument sans défense; aussi se borna-t-il pendant plusieurs jours à faire fouiller tout le pays jusqu'à l'Epte par ses éclaireurs.

Le **2** Octobre, une patrouille de uhlans parut à Trye-Château, à une demi-lieue de Gisors, s'informant du nombre de troupes que pouvait renfermer cette ville. Le **6** au soir, une autre patrouille pénétra dans le faubourg Capdeville, mais elle en fut chassée à coups de fusils par les gardes nationaux.

Deux jours après, un détachement d'une quarantaine de dragons reparut aux portes de Gisors et somma le maire de désarmer la garde nationale. Le maire ayant refusé, les dragons se retirèrent en annonçant qu'ils reviendraient le lendemain avec des forces nombreuses et de l'artillerie (**8** Octobre).

La garde nationale se prépara à la résistance, malgré la municipalité, et fit demander des secours au général Gudin, au commandant-général Estancelin, au préfet de l'Eure, au sous-préfet des Andelys. Auprès des deux premiers, c'était peine inutile : déjà deux jours auparavant, les francs-tireurs de Rouen, capitaine G. Desseaux, qui, au retour de leur campagne de Mantes, étaient revenus à l'armée de l'Andelle et avaient poussé une reconnaissance jusqu'à Gisors, avaient reçu l'ordre formel de se replier sur Bézu-Saint-Éloi, et de là plus en arrière encore. Mais le sous-préfet des Andelys, M. Dehais, ne pouvant se résigner à laisser hacher les gardes nationaux de Gisors qui voulaient se battre, leur envoya, le 9 au matin, la compagnie des francs-tireurs des Andelys, capitaine Desestre, et le 1er bataillon de la mobile des Landes. Encore encourut-il les reproches les plus sévères du général Gudin, qui envoya contre-ordre, mais trop tard.

Dans la journée, le prince Albert arriva devant Gisors avec quatre ou cinq mille hommes et trois batteries (9 Octobre).

Les mobiles et les gardes nationaux postés sur le Mont-de-Laigle ne tinrent que quelques instants et prirent la fuite aux premiers coups de canon. Mais à Bazincourt, les gardes nationaux de cette commune s'honorèrent par l'opiniâtreté patriotique avec laquelle ils défendirent le passage de l'Epte. Après deux heures de combat, ils furent tournés. Six se firent tuer les armes à la main; deux, blessés, se rendirent et furent achevés sur place; huit furent pris. Ces malheureux n'avaient pas d'uniforme : ils furent déférés à un conseil de guerre, qui en fit fusiller cinq le lendemain. Les trois autres furent relâchés, grâce aux instances du maire de Bazincourt, M. de Briey, et du conseil municipal de Gisors, mais après avoir subi la bastonnade.

La prise de Pacy-sur-Eure et de Vernon, celle de Gisors et de Gournay alarmèrent vivement le département de la Seine-Inférieure. Les autorités militaires crurent fermement que les diverses colonnes qui avaient pris part à ces opérations étaient de force à se concentrer pour se porter sur Rouen.

Aussi, le 8 Octobre, le commandant-général Estancelin

adressa-t-il aux gardes nationaux du département un pressant appel : « Aux armes ! disait-il, l'ennemi entre dans notre province ; que tout homme de cœur prenne un fusil et vienne le recevoir ! Sur les frontières de notre département, des accidents de terrain, des bois profonds permettent une résistance efficace : que chaque arbre abrite un tireur ; que chaque obstacle soit défendu !... Aux armes ! et à Rouen ! » (1).

Dès le lendemain, deux compagnies de volontaires de la garde nationale de Rouen, sous le commandement des capitaines Devers et Langlade, partirent pour la forêt de Lyons. Les 2e et 3e bataillons de la garde nationale sédentaire les suivirent deux jours après. De tous côtés, les gardes nationales se préparèrent à partir.

Cependant, le 14 Octobre, une colonne de Saxons sortit de Gisors et se porta sur Ecouis, détachant un corps de cavalerie sur Andelys. Un escadron du 3e hussards était en observation à Ecouis. L'ennemi chercha à le tourner. Heureusement, les francs-

---

(1) Voici le texte de cette proclamation :

« Gardes nationaux, aux armes !

» L'ennemi entre dans notre province ; que tout homme de cœur prenne son fusil et vienne le recevoir !

» Sur les frontières de notre département, des accidents de terrain, des bois profonds permettent une résistance efficace : que chaque arbre abrite un tireur, que chaque obstacle soit défendu !

» C'est donc un devoir pour tous ceux des gardes nationaux sédentaires ou mobilisés, qui sont armés ou équipés, de se rendre au chef-lieu de leur canton, et, de là, au chef-lieu d'arrondissement, pour être dirigés sur Rouen, dont la garde nationale a donné déjà un si patriotique exemple.

» Vos officiers tiendront à honneur de vous conduire à la défense de votre pays, de votre famille, de vos foyers.

» Le temps des paroles est passé, le moment d'agir est arrivé.

» Aux armes ! et à Rouen !

» Le commandant-général,<br>» ESTANCELIN.

» Pour ampliation :

» Le chef d'état-major,

» A. HERMEL. »

tireurs du Havre, embusqués dans les bois de Musegros, ralen-
tirent la marche des uhlans qui exécutaient ce mouvement, en
dirigeant sur eux pendant un certain temps un feu très vif qui
abattit deux cavaliers saxons. Les hussards purent se replier sur
Grainville; mais, dans la retraite, le chef d'escadron oublia un
peloton de douze hussards envoyés en éclaireurs sur la route de
Magny, sous les ordres du sous-lieutenant Beuve.

Ce peloton, en se repliant, tomba près de la ferme de Brémulle, au milieu d'un escadron de uhlans. Malgré la disproportion du nombre, — les uhlans étaient près de deux cents, — les
douze hussards et leur courageux officier cherchèrent à s'ouvrir un passage. Deux furent tués, quatre blessés et pris, le
sous-lieutenant Beuve et six autres, laissés pour mort, échap-
pèrent.

En voyant les Saxons s'avancer sur Ecouis, les chefs militaires de la vallée d'Andelle crurent à la marche en avant, dont
Rouen était l'objectif. De là, le branle-bas général donné au département le 14 Octobre par les télégrammes de M. Estancelin
et du comité central de défense. Le mouvement sur Ecouis n'était
cependant qu'une feinte destinée à couvrir la rupture du chemin
de fer de Pont-de-l'Arche à Gisors, que le prince Albert faisait
exécuter le jour même sur le territoire de Saussaye. Quand l'opération fut terminée, les Saxons évacuèrent Ecouis et se replièrent
sur Gisors.

Quoiqu'il en soit, l'alerte eut pour effet de donner plus de
solidité à la ligne de défense. Le général Gudin rappela de la
rive gauche de la Seine l'escadron de chasseurs et les compagnies du 94e qu'il avait précédemment envoyés après l'évacuation d'Evreux, et il fit venir de Rouen le 2e bataillon des mobiles
de la Seine-Inférieure.

D'autre part, sur l'appel du commandant-général Estancelin,
accoururent les 4e et 5e bataillons de la garde nationale sédentaire de Rouen, la garde nationale d'Elbeuf, les volontaires de la
garde nationale de Dieppe (commandant Dumesniladdelée), la
compagnie des fusiliers-marins de la même ville (capitaine Go-

dard), le 1<sup>er</sup> bataillon mobilisé et les 2<sup>e</sup> et 3<sup>e</sup> compagnies de francs-tireurs du Havre, les guides à cheval de la Seine-Inférieure, capitaine Robert Le Fort, pseudonyme sous lequel M. Estancelin avait caché le duc de Chartres.

Le général Gudin avait divisé ses troupes en deux brigades, l'une à Fleury-sur-Andelle, commandée par le colonel de Tucé, l'autre à Forges-les-Eaux, commandée par le colonel d'Espeuilles. Chacune reçut une demi-batterie d'artillerie (15 Octobre).

Dans l'intervalle de ces deux corps d'armée, les divers corps de francs-tireurs furent groupés autour de la forêt de Lyons.

En arrière de l'Andelle, de Vascœuil jusqu'à Ygoville et Tourville-la-Rivière, les gardes nationaux campèrent dans les villages et dans les bois, faisant la police des routes et arrêtant des convois de bestiaux et de fourrages que des trafiquants sans honneur et sans patriotisme conduisaient aux cantonnements allemands.

Aussitôt après la prise de Gisors, le prince Albert s'était mis en rapport avec le comte de Lippe. Il chercha également à se mettre en communication directe avec le général de Bredow, sur la rive gauche de la Seine. C'est dans cette intention qu'il avait envoyé, le 14 Octobre, un peloton de cavalerie aux Andelys. Mais en évacuant la ville et en passant sur la rive gauche, la petite garnison de cette ville avait fait sauter le pont.

Une colonne de 600 hommes avec deux canons revint le lendemain pour s'emparer des mobilisés qui devaient se réunir ce jour-là au chef-lieu d'arrondissement pour la révision. Heureusement, les opérations du conseil avaient pu être contremandées à temps. Les Prussiens furieux arrêtèrent le sous-préfet, M. Dehais, et l'emmenèrent à Gisors. Il fut, du reste, relâché la nuit suivante.

En même temps qu'ils avaient occupé les Andelys le 14, les uhlans avaient poussé une pointe sur Vernon. Mais là encore ils trouvèrent le passage intercepté. A peine furent-ils signalés de Vernonnet, village situé sur la rive droite, que l'officier du génie, à Vernon, passant outre cette fois aux désirs de la population, fit sauter le pont.

Ils reparurent huit jours plus tard dans les circonstances suivantes :

De Vernon à Ivry-la-Bataille, les troupes de l'Eure gardaient le département. Le colonel Mocquard, avec ses éclaireurs, le 3e bataillon des mobiles de l'Ardèche et les éclaireurs de Normandie, était spécialement chargé de couvrir Evreux. Le 19 Octobre, il était venu s'établir dans les bois d'Hécourt, sur la rive droite de l'Eure.

Dès le lendemain, il avait eu une rencontre avec une colonne de réquisitionnaires, l'avait mise en déroute et lui avait enlevé son butin. L'état-major de Mantes voulut tirer vengeance de cette surprise et refouler les troupes qui gênaient ainsi ses réquisitions.

C'est pour appuyer cette attaque que le prince Albert dirigea sur Vernon, par la rive droite de la Seine, une petite colonne de 4 à 500 hommes, infanterie et cavalerie, avec deux canons. Ils devaient chercher à passer le fleuve et se jeter sur le flanc des troupes françaises.

Arrivés à Vernonnet, les ennemis essayèrent de commencer un pont de bateaux, et appelèrent le maire de Vernon pour se faire livrer ceux qui étaient amarrés sur la rive gauche. Les gendarmes et les mobiles, postés de l'autre côté, répondirent à coups de fusil. Aussitôt les artilleurs saxons mirent en batterie leurs deux pièces de canon sur la route des Andelys, et bombardèrent Vernon pendant une heure et demie. Les habitants, effrayés, s'enfuirent vers la forêt de Bizy, mais, en somme, il y eut plus de tapage que de mal. Trois maisons furent démolies ; d'autres plus ou moins endommagées ; personne ne fut atteint.

Quand les canonniers allemands furent à bout de munitions, ils reprirent la route de Gisors. Toutefois, en traversant la forêt de Vernon, vers la fontaine de Tilly, un braconnier de Pressagny descendit d'un coup de fusil un officier de uhlans qui lui parut être le commandant de la colonne, et, plus loin, les Prussiens essuyèrent encore, avec perte, une fusillade de gardes nationaux des environs (22 Octobre).

A l'heure même où ces évènements se passaient à Vernon, à quelques kilomètres de là, sur la rive gauche, en avant d'Hé-court, à Villegats et Cravent, avait lieu la rencontre entre le co-lonel Mocquard et les Prussiens de Mantes. Le colonel Mocquard n'avait pas attendu l'ennemi, il s'était porté à sa rencontre avec ses 800 éclaireurs et le 3ᵉ bataillon de l'Ardèche. Les Prussiens avaient trois escadrons, un bataillon et une batterie. Ils furent néanmoins mis en déroute, et celle-ci eût été désastreuse, si le colonel Mocquard, craignant de trop s'aventurer avec sa faible troupe, n'avait fait sonner la retraite avant la fin de la journée. Le combat de Villegats n'assura pas moins la tranquillité du département de l'Eure, sur la rive gauche de la Seine, pendant près d'un mois (22 Octobre).

Telle était la situation sur les deux rives de la Seine, lorsque le général Gudin, reconnu enfin partisan par trop excessif de la défense passive, fut relevé de son commandement (18 Octobre).

Le département de la Seine-inférieure et l'arrondissement des Andelys, fraction de l'Eure située sur la rive droite de la Seine, furent rattachés au commandement régional du Nord, sous le général Bourbaki, quartier général à Lille. Le reste du département de l'Eure, situé sur la rive gauche, fut relié au commandement régional de l'Ouest, sous le général Fiereck, quartier général au Mans.

. Le général de brigade Briand, ancien colonel de spahis, fut chargé du commandement de la Seine-Inférieure.

La réunion de toutes les forces du Nord et de la rive droite de la Seine, sous le général Bourbaki, inquiéta vivement pendant plusieurs jours les généraux prussiens qui opéraient au nord de l'Oise. L'état-major général allemand pensa que ce général allait essayer de reprendre Beauvais et Gisors. C'est pourquoi il re-commanda à ses généraux un redoublement d'activité.

Le 28 Octobre, une colonne prussienne, forte de 1,500 hommes, dont un bataillon d'infanterie, cinq escadrons de uhlans et de dragons et une batterie de six pièces, sous les ordres du général Senfft, partit de Beauvais pour couper le chemin de fer de Rouen à Amiens et empêcher toute communication par cette voie entre les deux principaux tronçons de l'armée du Nord.

Cette colonne se heurta à la station de Formerie à une compagnie d'infanterie de ligne, commandée par le capitaine Dornat, appartenant au 5e de marche, qui venait d'arriver du Havre, et à un peloton du 3e hussards qui l'éclairait. Cette compagnie rejeta les uhlans du général Senfft au-delà du bourg de Formerie, et, se barricadant dans les maisons, tint en échec pendant deux heures toutes les forces ennemies. Cette résistance acharnée permit au colonel d'Espeuilles d'amener sur le lieu du combat deux bataillons des mobiles de l'Oise (1er et 4e), deux escadrons de hussards et une demi-batterie.

En même temps, le chemin de fer amenait d'Amiens un bataillon de la mobile du Nord, deux ou trois compagnies des mobiles du Gard et une demi-batterie qui, attaquant les Prussiens par le flanc droit, tandis que le gros des forces du colonel d'Espeuilles les repoussait de front, les obligèrent à se retirer dans le plus grand désordre et fort maltraités sur Beauvais. Le général Senfft s'apprêtait même à évacuer cette ville, si le colonel d'Espeuilles, profitant de sa victoire, se fût mis à sa poursuite.

Du moins, Gournay fut réoccupé par le 5e de marche et le 8e bataillon du Pas-de-Calais (1er Novembre).

Le combat de Formerie avait été un réel succès. Pour la première fois, depuis Sédan, les Français avaient mis en ligne de l'infanterie, de la cavalerie et de l'artillerie et avaient combiné un mouvement d'ensemble entre deux corps séparés. Aussi, fut-on vivement surpris, au lendemain de ce combat victorieux, d'apprendre que le général Briand, arrivé depuis quelques jours à peine, avait demandé sa mise en disponibilité pour cause de rhumatismes aigus. On attribua, d'autre part, cette détermination aux résistances qu'il rencontrait de la part de ses subordonnés et au découragement qui s'empara de lui à la nouvelle de la capitulation de Metz.

Quoiqu'il en soit, le colonel de Tucé, du 12e chasseurs, fut promu général de brigade et chargé du commandement de la Seine-Inférieure. Le lieutenant-colonel Laigneau, du même régiment, prit le commandement du corps d'armée de Fleury-sur-Andelle.

De ce côté, les dispositions prises par le général Gudin avaient été trop scrupuleusement maintenues. De Pont-Saint-Pierre à Menesqueville, les points les plus avancés de la ligne étaient Cressenville et Mesnil-Verclives, occupés par les mobiles du 2e bataillon de la Seine-Inférieure.

Dans ces positions, les troupes assistaient, l'arme au bras, au ravage des plaines du Vexin, mises en coupe réglée par les Saxons de Gisors, détachant des postes avancés à Bezu-St-Eloi, Dangu, Vesly, les Thilliers et Saint-Clair, et sillonnant le pays de leurs patrouilles d'éclaireurs et de leurs colonnes de réquisitionnaires.

Seuls, les francs-tireurs essayaient de sortir de cette inaction en faisant aux uhlans une guerre de surprises et d'embuscades, qui, n'étant pas soutenue par le reste des troupes, ne pouvait aboutir à d'autre résultat que d'attirer sur les campagnes de terribles représailles.

Ainsi, pour se venger d'une embuscade de francs-tireurs du Havre, le 19 Octobre, et des francs-tireurs de Louviers, le 20, aux portes d'Etrépagny, ils brûlèrent le château de la Broche, pillèrent plusieurs boutiques à Etrépagny, tuèrent un homme mourant de la fièvre typhoïde et imposèrent à la commune une amende de 4,000 fr. (20 Octobre).

Quatre jours plus tard, une agression des francs-tireurs du Nord, sur une colonne de réquisition à Longchamps, amena le bombardement et l'incendie de ce village, dans lequel les soldats allemands abattirent en outre à coups de fusil un vacher et un homme qui gaulait des pommes dans un arbre (24 Octobre).

Le 6 Novembre eut lieu une affaire plus sérieuse.

La veille, une patrouille de uhlans, à la sortie d'Etrépagny, était tombée dans une embuscade de francs-tireurs de la 1re compagnie du Havre et avait failli être enlevée; un seul des siens cependant avait été fait prisonnier. Les uhlans annoncèrent que leurs camarades allaient les venger de cette surprise en brûlant Etrépagny.

Sur les instances des habitants et de la municipalité, le lieutenant-colonel Laigneau fit diriger le 2º bataillon des mobiles de l'Oise sur Etrépagny, et lui-même se transporta à Ecouis.

Le bataillon de l'Oise sortait du Thil le lendemain matin, au jour, lorsqu'il se trouva en présence d'une colonne saxonne qui l'avait devancé à Etrépagny et se portait en avant avec de l'artillerie.

Aux premiers coups de canon, les mobiles lâchèrent pied. Mais bientôt le colonel Laigneau arriva avec son régiment de chasseurs, le régiment des mobiles de l'Oise, le 2e bataillon de la Seine-Inférieure, plusieurs compagnies franches et une demi-batterie.

A leur tour, les Saxons furent forcés de battre en retraite. Le bruit du canon français avait surexcité nos jeunes soldats. Ils criaient à pleins poumons : *en avant! en avant!* et voulaient poursuivre l'ennemi. On s'y refusa.

D'après un témoin oculaire, un des trois colonels qui étaient là, impatienté d'entendre les cris : *en avant!* envoya son adjudant-major à ces « braillards » pour les faire taire, sous menace de leur faire prendre la queue de la colonne (1).

---

(1) V. Ernouf, *Souvenirs de l'invasion en Normandie.* Les trois colonels qui étaient au Thil étaient le lientenant-colonel Laigneau, du 12e chasseurs; le lieutenant-colonel Welter, des mobiles de la Seine-Infé. rieure, et le lieutenant-colonel de Canecaude, des mobiles de l'Oise.

On donna le temps à l'ennemi de charger ses réquisitions et son infanterie dans ses voitures et de les faire filer sur Gisors avec les canons, même une pièce qui avait été démontée par notre artillerie, à laquelle il put adapter une roue de rechange et qu'il sauva contre tout espoir.

Enfin, après s'être assuré par une reconnaissance de cavalerie de la retraite de l'ennemi, le lieutenant-colonel Laigneau donna l'ordre à ses troupes de se replier sur leurs cantonnements.

Aussi, dès le lendemain, les Saxons pillaient, brûlaient et assassinaient à Mouflaines, à Fontenay, à Tourny, à Guitry et à Forêt-la-Folie. En sortant d'Etrépagny, ils avaient tué un vieillard à cheveux blancs rencontré sur la route.

A Forêt-la-Folie, une quarantaine de francs-tireurs de la guérilla rouennaise (capitaine Buhot) et quelques gardes nationaux de la commune, embusqués dans les bois qui bordent la route, dirigèrent presque à bout portant un feu très meurtrier sur les uhlans. Mais derrière ce détachement il y avait de l'infanterie et de l'artillerie. Les francs-tireurs durent se sauver en toute hâte dans la direction des Andelys, en escaladant les fossés et les murs, tandis que les Saxons, qui s'étaient enivrés en pillant les caves des châteaux et des villages voisins, exerçaient d'horribles vengeances. Ils canonnaient le village de Forêt, tiraient dans les rues sur des enfants et des femmes, lardaient à coups de baïonnettes le garde-champêtre, massacraient l'adjoint au maire, un vieillard, sous les yeux de sa fille, au moment où il leur ouvrait sa porte, et obligeaient ensuite la jeune fille à leur servir de guide.

A Guitry, ils mettaient le feu aux maisons et aux fermes, brûlant les meules de blé, les écuries et les étables avec les chevaux et le bétail qu'ils renfermaient. En outre, ils massacraient huit habitants, dont quatre pères de famille et trois garçons de ferme du maire, M. Besnard, qui faillit lui-même être tué plusieurs fois. D'autres habitants furent attachés à des canons ou traînés sur des mètres de cailloux et fustigés, bâtonnés, frappés à coups de crosse de fusil.

Cependant le dimanche, dans l'église de Gisors, un ministre protestant faisait un prêche où assistait le prince Albert à la tête de ses soldats. Il prononçait des paroles de paix et de miséricorde, en exhortant ses compatriotes à ne pas faire sentir trop durement aux habitants les malheurs qu'entraîne la guerre!

Trois jours après le carnage de Forêt et de Guitry, des scènes non moins cruelles se passaient à Hébécourt (10 Novembre).

Dans la matinée, des francs-tireurs de l'Orne et des vengeurs de la mort embusqués dans le cimetière s'étaient signalés par un honteux exploit. Ils avaient blessé un uhlan à la cuisse, puis l'avaient achevé à coups de baïonnette, dépouillé de ses vêtements et mutilé.

Les Prussiens revinrent dans l'après-midi, bombardèrent et brûlèrent Hébécourt au point qu'il ne resta que quatre maisons debout sur quatre-vingts. Mais ce n'est pas tout. Ils mirent le feu sous le lit d'une femme qui venait d'accoucher. Le curé, un vieillard maladif, très aimé du pays, qui avait fait enterrer le uhlan, massacré le matin, avec les honneurs de la religion, fut contraint par les uhlans à monter la côte en courant, piqué à coups de lance et tellement maltraité qu'il en mourut sur place.

Quant aux francs-tireurs, cause première de ces atrocités, ils furent déférés par l'autorité française à une cour martiale siégeant à Lyons-la-Forêt, qui les condamna à être passés par les armes.

Mais les cruautés des Prussiens plaidèrent assez largement en leur faveur pour qu'il leur fut fait grâce de l'exécution.

Voilà ce qui se passait dans le Vexin sous les yeux de l'armée de l'Andelle immobile. Au milieu des horreurs de Guitry, de Forêt, d'Hébécourt, on avait demandé plusieurs fois des secours aux avant-postes. Toujours il avait été répondu qu'on n'avait pas d'ordres.

Cependant ceux qui commettaient ces barbaries étaient 5,000 à Gisors ou aux environs, avec dix-huit pièces de canon, et 4,000 vers Beauvais, avec deux batteries. Sur l'Andelle, au 15 Novembre, l'armée française comptait 16,000 hommes, dont deux régiments de cavalerie, deux bataillons de marche d'infanterie, treize bataillons de mobiles, trois batteries, une du 10e d'artillerie, une d'artillerie de marine et la batterie mobilisée de Rouen, commandant Waddington, armée de canons Armstrong achetés par la ville, soit dix-huit pièces à longue portée, enfin quinze corps de tirailleurs-éclaireurs plus ou moins nombreux (francs-tireurs de Rouen, du Havre, d'Elbeuf, des Andelys, compagnie de marche et fusiliers-marins de Dieppe, éclaireurs de la garde nationale d'Elbeuf, francs-tireurs de Louviers, du Nord, de Bolbec, de l'Orne, de Caen, guérilla rouennaise, vengeurs de la mort et guides à cheval de la Seine-Inférieure). Les gardes nationales étaient successivement rentrées dans leurs foyers dans la dernière semaine d'Octobre.

En résumé, depuis deux mois, les chefs militaires qui commandaient la Seine-Inférieure et l'Eure, sauf les faits d'armes de Villegats et de Formerie, avaient laissé l'ennemi prendre les positions qui lui avaient plu, ils lui avaient permis de piller et de s'approvisionner sur les territoires qu'ils auraient dû garder, ils s'étaient exposés d'un moment à l'autre à être coupés l'un de l'autre, et il ne fallait qu'un léger effort de l'ennemi pour percer leurs lignes de défense.

Mais que faisait le général Bourbaki qui, depuis le 19 Octobre, avait le commandement en chef de toutes les forces disséminées de Lille à Rouen.

Il lui appartenait, il semble, d'opérer la concentration de ses troupes entre Amiens et Gournay, et nul doute qu'il n'eût repris Beauvais, Gisors et la ligne de l'Oise. C'était la seule manière de protéger efficacement Amiens et Rouen qui étaient désignées comme l'objectif de la nouvelle invasion, dont la reddition de Metz était la conséquence.

Le 5 Novembre, le général Senfft fit publier par son journal officiel à Beauvais, l'avis suivant : « 80,000 hommes de l'armée allemande qui se trouvait devant Metz se dirigent à marche forcée sur Amiens et Rouen, sous le commandement du général de Manteuffel. Ils arriveront sous peu de jours à destination. »

C'était le cas ou jamais de se hâter de refouler les Prussiens sur la ligne d'investissement de Paris, pour dégager les abords des deux villes menacées, surtout au moment où la victoire de Coulmiers venait de rendre la confiance aux troupes et l'espoir aux populations. Malheureusement le général Bourbaki n'était pas prêt.

En arrivant à Lille, où il avait demandé lui-même à être envoyé, il croyait trouver une armée toute prête. Il fut stupéfait de ne trouver rien, des hommes dans les dépôts, mais pas d'équipement, pas d'armes, pas de munitions. Il voulait partir. Les autorités civiles le déterminèrent à rester.

Il se mit à l'œuvre avec l'aide du colonel d'état-major Farre, promu général de brigade. De grandes difficultés étaient à surmonter. Cette justice doit être rendue au général Bourbaki, qu'en vingt jours trois brigades d'infanterie, deux escadrons de marche de dragons, deux escadrons de marche de gendarmes, six batteries furent organisées, et que les places fortes se trouvèrent en état de défense, avec l'aide de l'amiral Fourrichon, qui envoya 60 pièces de marine et 3,000 marins.

Mais le ministre de l'intérieur et de la guerre trouvait néanmoins que l'organisation allait lentement. Harcelé par les plaintes des autorités des départements ravagés par l'invasion ou voisins de ce ravage, il aurait voulu qu'en même temps qu'on organisât, on agît quelque peu en mettant en mouvement les corps de troupes au fur et à mesure qu'ils étaient organisés. Or, ce n'est que le 17 Novembre que les troupes du Nord commencèrent à partir sur Amiens.

A cette date, le général Bourbaki informa le gouvernement qu'il se proposait d'enlever Beauvais et de se porter sur Chantilly pour détruire les approvisionnements qui y avaient été réunis par l'ennemi, sauf à rentrer ensuite dans son réseau de places fortes. Néanmoins il fut rappelé.

Dans sa correspondance avec le ministre de la guerre, le général Bourbaki s'était plaint à plusieurs reprises qu'il manquait de tout, que l'organisation n'avançait pas selon ses désirs, qu'il n'avait que du patriotisme. Cela, disait-il, ne suffirait pas pour repousser l'ennemi.

Le délégué au ministère de la guerre, M. de Freycinet, était parti de là pour demander au ministre le remplacement de M. Bourbaki, qu'il croyait plus propre à commander un corps d'armée tout fait qu'il n'aurait qu'à enlever devant l'ennemi, qu'à organiser un corps d'armée. Les démonstrations qui eurent lieu contre le général, à Douai, à la suite de la capitulation de Metz et les plaintes qui furent faites au sujet de son entourage bonapartiste, décidèrent le ministre. On n'attendit plus qu'une occasion favorable. Quand la formation du 18e corps d'armée, sur la Loire, eût été à peu près achevée, on en donna le commandement à Bourbaki (18 Novembre) (1).

# CHAPITRE VI

Système de la défense locale. — Les commandements régionaux. — La Seine-Inférieure est distraite du commandement régional du Nord. — Retour du général Briand. — Bombardement et abandon d'Evreux. — Combats de Vernon ; réoccupation d'Evreux. — Tentative du général Briand sur Gisors ; combat d'Etrépagny. — Prise d'Amiens. — Le général Briand reçoit l'ordre de marcher sur Paris. — Erreurs du ministre de la guerre relativement a la marche de l'ennemi. — Contre-ordre envoyé tardivement au général Briand. — Evacuation du pays de Bray.

Les fautes qui ont compromis la Normandie ne doivent pas être attribuées seulement aux chefs militaires.

---

(1) Voir sur tout cela l'enquête parlementaire sur le 4 Septembre, dépositions du général Bourbaki, du colonel Leperche, de M. Testelin et de M. de Freycinet.

D'abord, en général, le système de défense suivi dans les départements était vicieux. C'était le système de la défense locale dans ce qu'il a de plus étroit. Depuis le jour où la délégation fut installée à Tours, elle n'eut d'yeux que pour les formations de troupes sur la Loire. Partout ailleurs elle abandonna beaucoup trop à eux-mêmes les départements, les autorités militaires et les forces armées disponibles. C'était peut-être au lendemain de Sédan, où tout était désorganisé, un vice fatal de la situation. Il aurait dû en être autrement six semaines après.

Le système de la défense locale a trouvé cependant des partisans qui en ont soutenu non-seulement l'efficacité, mais l'absolue nécessité. Nous n'en saurions citer de plus convaincu et de plus compétent que M. le général Chanzy.

« Les troupes dont nous disposons, disait-il à la fin de la guerre, il ne faut pas se le dissimuler, n'ont encore ni une organisation assez solide, ni une cohésion suffisante, ni une assez grande habitude de la vie militaire pour constituer des armées pouvant manœuvrer et lutter avec constance et persistance contre celles que l'ennemi va pouvoir leur opposer en nombre au moins égal. Il faut donc éviter les engagements qui peuvent être décisifs. Le but à atteindre est d'affirmer l'idée de la résistance et de la produire sur tous les points à la fois, de façon à forcer l'ennemi à se disperser, d'obliger l'Allemagne à maintenir en France une armée d'au moins 500,000 hommes, de lui imposer des sacrifices qui finiront par la lasser, et d'attendre ainsi le moment où solidement organisés, nous pourrons, par un suprême effort, entreprendre dans de bonnes conditions de refouler l'ennemi de notre territoire.

» Ce que les Allemands redoutent le plus, c'est la guerre de détail, la défense du sol pied à pied, la résistance derrière tous les obstacles. C'est ce qu'il faut obtenir du véritable patriotisme de nos populations. Les armées, les corps formés ne doivent être que des points d'appui, des moyens ménagés pour profiter habilement des fautes de l'ennemi, de ses échecs et de sa dispersion. Il faut donc organiser partout la défense locale en faisant appel à tous les gens de cœur, en les groupant autour de personnalités influentes de leur propre pays, habituant la nation à l'idée des sacrifices qu'elle doit faire. Il faut qu'après avoir disputé le terrain pied à pied, on le cède à l'ennemi en faisant le vide autour de lui, en le privant de toute ressource. »

Mais ce n'est pas ainsi qu'on entendait généralement le système de la défense locale. Chaque département, au lieu de s'entendre pour une défense commune, avait son plan à part. Il massait à l'entrée de son territoire ce qu'il avait de troupes, mais celles des départements à côté ou en arrière restaient chez elles, en sorte que l'ennemi, au lieu de se diviser, n'avait qu'à les attaquer chacune à leur tour pour les accabler.

Les généraux qui commandaient ces troupes, disaient avoir reçu des instructions du ministre de la guerre, mais ces instructions étaient *pour battre indéfiniment en retraite*, non pour se rejoindre, s'entendre et combiner ensemble leurs moyens d'action. Aussi le général Gudin disait avoir pour instruction de se replier sur Le Havre, les généraux de l'Eure de se replier sur la forêt de Conches et la ligne de la Risle, le général Boyer, en Eure-et-Loir, de se replier dans l'Orne, le général Paulze d'Ivoy, à Amiens, de se replier de la vallée de l'Oise dans celle de la Noye et de celle-ci dans celle de la Somme, et ainsi de suite.

Notons en passant que les instructions données à ces généraux l'avaient été antérieurement à l'arrivée de M. Gambetta à Tours, par M. le général Leflô, avant l'investissement de Paris, et dans les derniers jours de Septembre par le vice-amiral Fourichon, ministre de la guerre et de la marine, à Tours.

Ces généraux, pour la plupart, avaient la bravoure du soldat, mais vieux, fatigués, usés, ils manquaient de résolution, d'énergie, de foi ; ils étaient sans cesse hésitants, sans initiative ; ils n'inspiraient aucune confiance aux troupes et aux populations. Leurs officiers combattaient valeureusement ; mais qu'on leur confiât un commandement de quelque importance, le plus souvent ils perdaient la tête.

Ils rejetaient leur inaction sur la mauvaise qualité des troupes : « ces ramassis d'hommes, comme écrivait le général Bourbaki à l'amiral Fourichon (25 Octobre), qui, sans discipline, sans connaissance de leurs officiers, devaient combattre en rase campagne. » Mais ces ramassis d'hommes de leur côté se morfondaient dans l'immobilité ; ils se plaignaient qu'on ne les *utilisât* à rien. Leur faisait-on faire seulement un exercice *utile?* Les façonnait-on à la discipline et au métier des armes? Se replier sans cesse était la seule manœuvre qu'ils connussent. En un mot, on ne leur inculquait qu'un seul sentiment, celui de leur faiblesse.

Pour remédier à cet état de choses, d'excellents esprits demandaient au gouvernement de grouper les départements par zônes, suivant leur intérêt stratégique, et de prendre parmi les préfets ou les administrateurs, ceux qui avaient fait preuve d'initiative et d'autorité pour les envoyer dans chacune de ces zônes, munis des pouvoirs les plus étendus pour réveiller le peuple, réunir les forces éparses, pourvoir à l'armement des combattants et former des corps d'armée.

C'est ainsi que de Rouen on demanda que le préfet de l'Aisne, Anatole de La Forge, qui s'était distingué à la défense de St-Quentin, fut nommé délégué de la guerre dans les départements de l'Oise, de la Seine-Inférieure et de l'Eure (9 Novembre). Plus tard on proposa pour commissaires extraordinaires de l'armement dans la Seine-Inférieure et l'Eure, MM. A. Julien, ancien représentant du peuple; A. Beaudoin, ancien adjoint au maire de Rouen en 1848; P. Dumesnil, ancien professeur au collége de France (19 Novembre). Mais ils ne furent jamais régulièrement commissionnés.

Le gouvernement se montrait peu favorable aux commissaires extraordinaires, parce qu'il redoutait des conflits entre ces fonctionnaires et les autorités militaires. Il y en eût pourtant quelques-uns, mais à titre exceptionnel.

Ce fut, du reste, pour remplir le but qu'on se proposait d'atteindre, en centralisant les moyens de défense entre les mains de commissaires extraordinaires, que M. Gambetta fit rendre par la délégation les décrets du 14 Octobre qui instituaient l'état de guerre et la décision du 17 qui partageait les départements menacés par l'invasion en quatre grands commandements régionaux, dits du Nord, de l'Ouest, du Centre et de l'Est, confiés aux généraux Bourbaki, Fiereck, de Polhès et Cambriels.

Mais cette tentative de centralisation de la défense ne réussit pas au gré des désirs de l'administration de la guerre. Les généraux placés à la tête des commandements régionaux n'eurent pas la fiévreuse activité qu'exigeaient les circonstances, et il faut ajouter, pour être juste, qu'ils ne rencontrèrent pas toutes les facilités désirables, le ministre de la guerre écrémant les éléments militaires les plus solides de toutes les parties de la France pour son armée de la Loire.

D'autres généraux plus entreprenants eussent peut-être fait mieux.

Malheureusement, le gouvernement ne se borna pas à changer les hommes, il supprima les commandements régionaux eux-mêmes (18 Novembre). La 2º division militaire (Rouen) se trouva ainsi détachée du commandement du Nord, et la subdivision de l'Eure lui fut à nouveau adjointe.

Le général Briand fut renvoyé à la tête de cette division. En même temps, le général de Tucé et le colonel d'Espeuilles, promu général de brigade, furent appelés à l'armée de la Loire et remplacés, le premier, à la tête de la subdivision de la Seine-Inférieure, par le commandant Mouchez, et le second, à la tête du corps d'armée de Forges-les-Eaux, par le lieutenant-colonel de Beaumont, du 3º hussards.

Au moment où le département de l'Eure revenait sous le commandement de Rouen, il était le théâtre de graves évènements.

Depuis le 20 Octobre, le général de brigade de Kersalaün commandait ce département (rive gauche de la Seine). Il avait avec lui, outre le régiment de la mobile de l'Eure, trois bataillons

de la mobile de l'Ardèche, le 6e bataillon de la Loire-Inférieure
et divers corps francs de la Basse-Normandie. Par contre, les
éclaireurs Mocquard, qui appartenaient au corps d'armée de
Rouen, avaient été rappelés sur la rive droite de la Seine (12 Novembre).

Dans le département voisin, l'Eure-et-Loir, les Prussiens
n'avaient cessé de s'étendre depuis les premiers jours d'Octobre.
Le combat de Cherisy, l'incendie d'Ablis, la prise et la reprise
de Dreux, l'héroïque défense de Châteaudun, l'occupation de
Chartres (du 6 au 23 Octobre) avaient signalé cette invasion, où
le principal rôle avait été joué par les troupes allemandes opérant sous les ordres du grand-duc de Mecklembourg-Schwerin.

Après la défaite des Bavarois à Coulmiers, le grand-duc de
Mecklembourg fut chargé du commandement en chef de toutes
les troupes distraites de l'investissement de Paris pour faire face
à l'armée de la Loire (15 Novembre).

Le jour même, il commença un grand mouvement qui avait
pour but apparent de tourner l'armée de la Loire sur la gauche,
afin de l'envelopper entre lui et l'armée du prince Frédéric-
Charles, qui commençait à descendre des plaines de la Champagne dans les vallées de Seine-et-Marne.

De la Ferté-Bernard à Dreux, le général Fiereck avait échelonné des bataillons de mobiles, des marins, des gardes nationaux, des francs-tireurs, des tronçons de corps de toute sorte. Le
grand-duc de Mecklembourg prit ce long cordon de troupes sans
consistance pour l'aile gauche de l'armée de la Loire et se porta
sur Dreux, avec 50,000 hommes. Il rompit naturellement cette
faible ligne, rejeta sur Nonancourt le petit corps du général Du
Temple, qui défendait Dreux, et marcha sur Nogent-le-Rotrou et
le Mans, tandis que la division de Rheinbaben, chargée de protéger ses derrières, refoulait les vaincus de Dreux jusque dans la
forêt de Breteuil et sur l'Iton, occupait sans résistance Nonancourt
et Saint-André (18 Novembre) et poussait une reconnaissance sur
Évreux (19 Novembre).

Le général de Kersalaün n'avait appelé pour couvrir cette

ville aucune des troupes qui gardaient la vallée de l'Eure. « Il était resté seul avec dix gendarmes, quatre chasseurs et quarante mobiles convalescents. » Les Prussiens qui avaient de l'artillerie canonnèrent Evreux, puis furent repoussés par les gardes nationaux de la ville. Mais, au lieu de demander du renfort pour le cas probable d'un retour offensif de l'ennemi avec des forces plus considérables, le général de Kersalaün s'empressa de se retirer, déclarant au maire d'Evreux qu'il ne fallait pas compter sur son retour, et donna aux troupes qu'il commandait l'ordre d'évacuer la vallée de l'Eure et de battre en retraite sur la forêt de Conches et la ligne de la Risle, pour couvrir Serquigny et les communications par chemin de fer entre le Nord et l'Ouest de la France. Le chemin de fer fut réquisitionné pour que ces troupes fussent transportées plus vite à destination.

C'est dans ces circonstances que le général Briand reprenait le commandement de la Seine-Inférieure et de l'Eure. Evreux pouvait être occupé d'un instant à l'autre, le département de l'Eure était entièrement découvert, la droite de l'armée de l'Andelle pouvait être débordée. Déjà l'ennemi était entré à Pacy-sur-Eure et à Vernon.

Le général Briand se rendit en toute hâte à Louviers, où il arrêta l'embarquement des mobiles qui n'étaient pas encore sur la route de Serquigny et les porta sur Vernon (21 Novembre). Cette ville était gardée par un corps allemand qui fut vigoureusement attaqué par les mobiles de l'Ardèche, chargé à la baïonnette et mis en déroute. Vernon fut ensuite réoccupé (22 Novembre).

Les jours suivants, nos troupes rentrèrent à Evreux, et une nouvelle attaque des Allemands sur Vernon tourna complètement à l'avantage de nos soldats. Là encore les mobiles de l'Ardèche se couvrirent d'honneur, et un de leurs officiers, le capitaine Rouveure, du 1er bataillon, fut tué en chargeant à la tête de ses jeune troupes (26 Novembre).

Toutes les troupes de l'Eure furent reportées en avant sur cette rivière et remplacées à Serquigny par les gardes nationales mobilisées de Rouen et du Havre. Le général de Kersalaün avait été révoqué; le gouvernement le remplaça par le capitaine de frégate de Vallon, remplacé lui-même quelques jours après par le capitaine de frégate Gaude.

Cependant, sur la rive droite de la Seine, les effets de la séparation des troupes du Nord et de la Seine-Inférieure se faisaient sentir. Amiens était directement menacé, et le général Briand ne recevait aucune instruction pour joindre ses efforts à ceux de l'armée du Nord que commandait alors par intérim le général Farre, en attendant l'arrivée du général Faidherbe, rappelé d'Afrique pour en prendre le commandement en chef.

Il ne paraît pas même que le général Briand se fît une idée bien exacte des mouvements de l'armée de Manteuffel et de ce qui se passait vers Amiens, car il télégraphiait, le 26 Novembre, à Tours, que les renseignements certains qui lui parvenaient accusaient la marche de l'ennemi, avec des forces considérables, de Beauvais et Gisors sur Gournay et Formerie, et il demandait un renfort de quelques mille marins laissés sans emploi à Carentan.

Quelques jours auparavant une reconnaissance avait été faite sur Beauvais par les éclaireurs Mocquard et les vengeurs appuyés par le corps d'armée de Forges-les-Eaux. Le 23 Novembre, les éclaireurs étaient à Morvillers, à peu de distance de Beauvais, sur laquelle ils devaient se précipiter pendant la nuit, lorsque, dans l'après-midi, un ordre de retraite sur Formerie et Lyons-la-Forêt arriva (1).

Sans doute, les renseignements parvenus au général Briand, lui avaient fait croire à la présence à Beauvais de masses de troupes contre lesquelles il craignit de se heurter, et il songea alors à reprendre Gisors et la ligne de l'Epte pour faire une diversion à l'attaque qu'il redoutait sur Gournay et Formerie.

Il eût été mieux inspiré, assurément, en portant les 27 et 28

---

(1) V. X. Raspail, *Campagne des éclaireurs de la Seine en Normandie.*

Novembre les troupes de l'Andelle, ou tout au moins la brigade du lieutenant-colonel de Beaumont, de Forges-sur-Saleux, où il serait tombé sur le flanc de l'armée prussienne, alors aux prises avec le général Farre devant Amiens; mais sans ordres, sans instructions, absolument séparé de l'armée de ce dernier, inquiet vers Beauvais, le général Briand ne crut pas devoir ou ne put pas prendre sur lui d'opérer ce mouvement. Il prit en conséquence ses dispositions pour enlever Gisors dans la nuit du 29 au 30 Novembre, avec le corps d'armée de Fleury.

Ce corps d'armée n'était plus commandé par le lieutenant-colonel Laigneau. Celui-ci s'était retiré quelques jours après l'affaire du Thil, laissant sa place au lieutenant-colonel de Reinach. Puis celui-ci s'était déclaré malade et avait été remplacé par le capitaine de frégate Olry (22 Novembre).

Le commandant Mouchez avait proposé au général Briand, de remercier avec tous les égards possibles les colonels et chefs de bataillon de la mobile et de la troupe qui paraissaient hésitants, et de les remplacer par des officiers de marine pris dans son escadre, lesquels auraient relevé le moral des jeunes gens qu'ils auraient eu sous leurs ordres et les auraient entraînés devant l'ennemi. Mais le général refusa, parce que cela était contraire aux réglements militaires. Quant à son expédition de Gisors, il voulut la diriger personnellement.

Le mouvement commença dans la soirée du 29. L'armée, divisée en trois colonnes, devait attaquer par trois côtés à la fois. Le général Briand marchait à la tête de celle qui devait attaquer la position de front.

A droite, le lieutenant-colonel de Canecaude, des mobiles de l'Oise, avec lesquels marchait le bataillon des francs-tireurs havrais (commandant Jacquot), fut arrêté par un corps ennemi à Thilliers-en-Vexin et se retira sur Ecouis.

A gauche, le colonel Mocquard, éclairé par les guides à cheval de la Seine-Inférieure, pénétra jusqu'au pied de Gisors, mais à la pointe du jour il attendit vainement le signal convenu. En effet, au milieu de la nuit, la colonne Briand s'était heurtée contre Etrépagny, occupé par les Saxons, infanterie, cavalerie et artillerie. Une mêlée ténébreuse s'en était suivie, pleine de trouble et de confusion. Le général Briand avait eu un cheval tué sous lui. Toutefois la victoire lui était restée, Etrépagny avait été pris avec un canon et plus de cent prisonniers. Mais le général Briand, n'espérant plus pouvoir enlever Gisors par surprise, renonça à son expédition.

Les mobiles du 2e bataillon de la Seine-Inférieure (commandant Rolin) s'étaient particulièrement distingués dans cette affaire avec le 2e bataillon de marche (commandant Rousset). Les premiers, à la fin du combat, se trouvaient à l'avant-garde lorsque le signal de la retraite fut donné. Ils en furent très désappointés. Un des officiers demanda à haute voix : « quel était l'imbécile qui avait donné cet ordre. » — « C'est moi, dit tout auprès de lui une voix, c'est votre général. » (1).

Dans la matinée du 30, le général Briand évacua Etrépagny et rentra dans ses cantonnements. Mais à peine était-il parti, que les Saxons revenaient à Etrépagny et livraient cet infortuné bourg aux flammes.

Tandis que cette malheureuse expédition avait lieu, Amiens était occupé et l'armée du Nord battue à Villers-Bretonneux était refoulée derrière la Scarpe. La route de Rouen était ouverte. C'est alors que le ministre de la guerre envoya au général Briand l'ordre de ramasser toutes ses forces et de se porter sur Paris (1er Décembre).

Sans doute, en envoyant cet ordre, le gouvernement avait été inspiré par son patriotisme et son désir de frapper un coup décisif. Il avait confiance dans l'issue de l'opération tentée par les généraux Trochu et Ducrot, et il était plein d'espoir dans l'élan de la jeune armée de la Loire. Au premier bruit du canon de

---

(1) Ernouf. *Souvenirs de l'invasion prussienne en Normandie.*

Champigny, et quand celui du général d'Aurelles y répondait sur toute la ligne, il ne songea qu'à précipiter sur Paris toutes les forces disponibles du Nord à l'Ouest.

Cependant, si le ministre de la guerre eût été exactement renseigné sur la marche des Allemands, et sur le péril auquel était exposée la Haute-Normandie, contrée qu'il importait de soustraire au ravitaillement de l'ennemi et de réserver, au contraire, pour celui de Paris, il n'eût pas hésité à laisser à sa mission défensive un faible corps d'armée de 15,000 hommes au plus avec quelques pièces de canon, qui ne pouvait être que d'un médiocre secours aux efforts de Paris, où la destinée se jouait entre des armées de 100,000 hommes et des centaines de pièces de canon.

Malheureusement, il n'est que trop certain que le ministre de la guerre, malgré les avertissements donnés par l'ennemi lui-même depuis le commencement de Novembre, avertissements répétés à satiété par les journaux anglais et confirmés d'une façon éclatante par la prise d'Amiens, ne savait presque rien de ce qui se passait entre la Somme et la Seine.

Le 2 Décembre, il confirmait énergiquement au général Briand l'ordre de marcher sur Paris, à l'heure même où le général de Manteuffel, avec la première armée prussienne, poursuivant la marche d'Amiens sur Rouen, arrivait aux limites de la Seine-Inférieure et occupait Aumale. (1)

D'ailleurs, dans sa proclamation du 1er Décembre, publiée le 2, M. Gambetta disait : « Etrépagny a été enlevé aux Prussiens et Amiens évacué à la suite de la bataille de Paris. » Et dans sa dépêche du 2, relative aux premiers mouvements de l'armée de

---

(1) Tours, 2 Décembre 1870, 6 h. 30 du matin ; le ministre de la guerre au général Briand, Rouen. Grande victoire à Paris et sortie de Ducrot avec 100,000 hommes, il occupe la Marne. Ramassez tout ce que vous pourrez et marchez vigoureusement sur Paris de manière à détourner le plus possible l'attention de l'ennemi. Observez votre gauche où doit se trouver le corps de Manteuffel.

DE FREYCINET.

la Loire, il disait encore : « Le mouvement de retraite de l'ennemi dans le Nord paraît se prononcer. »

Cependant les autorités civiles et militaires de Rouen cherchèrent à résister à l'ordre que le ministre de la guerre avait donné au général Briand. Mais laissons-leur la parole.

Le 2 Décembre, à 3 h. 40 du soir, le général Briand télégraphie à Tours : « Le préfet et le comité de défense s'alarment du mouvement que je vais faire sur Paris, à cause du retrait d'une grande partie des troupes de la Seine-Inférieure et de l'Eure. Ils ont une crainte extrême qu'on ne puisse résister à la marche de l'ennemi, qui a occupé Aumale ce matin et qu'on dit marcher sur Rouen avec plus de 15,000 hommes et une nombreuse artillerie. Pour répondre aux vœux du préfet et du comité, je vous signale encore cette situation. Je serai probablement demain soir à Vernon pour me porter sur Mantes, à moins que vous ne m'ordonniez de suspendre le mouvement pour m'opposer à la marche de l'ennemi sur Rouen. Prière de répondre avec extrême urgence. »

De son côté, le préfet, M. Desseaux, écrit à cinq heures du soir : « M. le général Briand m'a communiqué l'ordre que vous lui avez donné et réitéré de marcher sur Paris avec toutes ses forces disponibles; mais je ne dois pas vous laisser ignorer que dans son opinion, comme dans la mienne, ce mouvement pourrait compromettre la Seine-Inférieure et notamment Rouen, puisque les renseignements arrivés au général annoncent que 15,000 ennemis marchent d'Aumale sur Neufchâtel (40 kilomètres de Rouen), par deux routes différentes, ayant en arrière des forces plus considérables. La situation est tellement grave que je crois devoir vous demander de suspendre tout mouvement en avant jusqu'à l'arrivée de M. Jullien, qui part cette nuit pour Tours, vous priant de le recevoir demain soir, 3 courant, à son arrivée. »

A 10 h. 30 du soir, réponse de M. Freycinet : « Je ne crois pas à un mouvement sérieux de l'ennemi sur Rouen; nous l'occupons beaucoup trop ici pour qu'il songe à se promener en Normandie. Si toutefois son mouvement sur votre ville s'accentuait, vous laisseriez un petit corps de troupes et quelques pièces d'artillerie pour encourager la résistance de la population, et vous vous mettriez en route avec tout le reste sur Paris. Quelque intéressant que soit Rouen, ce n'est pas là que se joue le sort de la France ; il se joue entre Paris et Orléans. D'ailleurs une ville de 100,000 âmes doit être en état de résister à 10 ou 12,000 ennemis : qu'on coupe les routes d'arrivée ; qu'on se fortifie sur des points bien choisis, et on arrêtera leur marche. »

Le 3 Décembre, au matin, c'est au tour du commandant général Estancelin de télégraphier : « L'ennemi marchant sur trois colonnes évaluées à 15,000 hommes chacune, d'après les rapports qui nous arrivent, s'avance rapidement sur Rouen, dont il est à huit lieues. Si le général Briand part, malgré la défense qui sera faite par la garde nationale, il y a lieu de penser que la ville sera occupée et que l'armée ennemie, en se mettant à la poursuite du général Briand, paralysera son action. En retardant son départ de deux jours, il peut, aidé par les gardes nationaux, essayer de culbuter l'armée ennemie et se diriger ensuite sur Paris. »

Dans la soirée de ce jour, de nouvelles instructions furent envoyées. Les illusions de la veille et de l'avant-veille s'étaient dissipées. M. Jullien était arrivé à Tours ; il avait vu M. Gambetta partant pour Orléans. L'armée de la Loire était déjà coupée en deux. Le ministre, loin d'espérer atteindre Paris, ne craignait rien tant que de voir l'armée du général Ducrot victorieuse, venir seule au rendez-vous qui lui avait été assigné et s'y faire écraser par les troupes du prince Frédéric-Charles. Le contre-ordre à la marche sur Paris fut sur le champ télégraphié au général Briand.

Mais déjà la brigade de l'Andelle, sous le commandant Olry, grossie de la batterie mobilisée du Havre et d'une batterie volontaire de la garde nationale sédentaire de Rouen, était en mouvement sur Vernon. Les vivres et les munitions avaient été préparés ; tout le matériel du chemin de fer était réquisitionné ; une partie de la colonne était passée sur la rive gauche. Il fallut, dans la nuit du 3 au 4 Décembre, faire revenir ces troupes en arrière.

Or, à cette heure, les Prussiens s'étaient beaucoup rappro-
chés de Rouen, quoique ils eussent avancé avec une extrême
prudence. Malgré tout ce que l'on a pu dire, ils n'avaient eu
aucune connaissance du mouvement du général Briand sur Paris,
et ils estimaient les forces dont disposait la défense de Rouen à
44,000 hommes, dont 11,000 de troupes régulières. De plus, ils
appréhendaient la défense dans le pays de Bray (1).

Ce pays, en effet, très accidenté, avec ses coteaux et ses
vallons boisés, ses chemins, ses villages et ses fermes bordées de
haies hautes et épaisses, était la véritable forteresse de la Haute-
Normandie. Là, l'ennemi ne pouvait déployer ni sa cavalerie, ni
son artillerie qui faisaient sa supériorité. Le général Briand l'avait
choisi comme le terrain où il soutiendrait le suprème combat.

Or, si toutes les forces dont il pouvait disposer eussent été
réunies sur ce point ; si, tandis que le corps d'armée d'Argueil,
de Gaillefontaine et de Gournay eût fait face à l'ennemi venant
d'Amiens, le corps de Lyons, de Charleval et de Fleury eût pro-
tégé ses flancs et ses derrières contre l'ennemi venant de Gisors,
il est indubitable que la marche de l'armée de Manteuffel eût été
tout au moins arrêtée ; et si l'on veut bien observer que le général
Faidherbe prenait le 3 Décembre le commandement de l'armée du
Nord, et que le 8, il se portait en avant, il eût suffi que l'armée
de Rouen eût tenu Manteuffel en échec pendant trois ou quatre
jours dans le pays de Bray, pour que, menacé d'être tourné par
Faidherbe, le commandant en chef de la première armée allemande eût été obligé de renoncer à s'emparer de Rouen.

Au contraire, le lieutenant-colonel de Beaumont, ne se sen-
tant pas en force et craignant d'être tourné sur sa droite, évacua
Gaillefontaine, Gournay, Forges et le pays de Bray (3 Décembre).

En arrière, il allait trouver un pays entièrement découvert

---

(1) V. Wartensleben. *Opérations de la 1ʳᵉ armée, sous le commandement du général von Manteuffel, depuis la capitulation de Metz jusqu'à
la prise de Péronne.*

Traduction NIOX.

et une plaine immense où l'armée allemande pourrait lancer ses escadrons de cavalerie et déployer ses foudroyantes batteries.

Lorsqu'il se disposait à partir pour Paris, le général Briand avait chargé le commandant Mouchez de défendre le département avec toutes les forces qu'il pourrait réunir. Celui-ci essaya dans la soirée du 3 d'arrêter la retraite du pays de Bray. Mais il était déjà trop tard. L'ennemi y avait pénétré de toutes parts.

Telle fut la conséquence des ordres malencontreux donnés par le ministre de la guerre au général Briand, les 1er et 2 Décembre. Du moins, le pays de Bray évacué, le commandant Mouchez pouvait-il compter, pour tenter encore de sauver Rouen, sur de solides retranchements, munis d'une puissante artillerie, qui permissent aux défenseurs de toute provenance qu'il avait sous ses ordres, soldats, mobiles, gardes nationaux mobilisés et sédentaires, de combattre à l'abri, en rétablissant ainsi un certain équilibre entre eux et les troupes aguerries de Manteuffel ?

C'est ici qu'il convient d'examiner ce qu'avaient fait la ville de Rouen et ses administrateurs pour se mettre en état de défense.

# CHAPITRE VII

Le comité central de défense de la Seine-Inférieure. — Il décide de fortifier Rouen. — Patriotisme de la garde nationale. — M. Estancelin, commandant général de la garde nationale ; sa lutte avec le comité de vigilance. — Passage de M. Gambetta a Rouen. — Echec des emprunts départemental et municipal. — Travaux de défense entrepris par le comité militaire du 14 Octobre. — Quiétude de l'administration préfectorale. — Mission a Tours. — Le commandant Mouchez a Rouen. — Travaux de fortification. — Leur situation au 4 Décembre.

Par arrêté préfectoral du 10 Septembre, un comité départemental de défense fut créé à Rouen, composé de notabilités militaires, administratives et politiques de la ville, sous la présidence du préfet (1). Le maire de Rouen en était vice-président avec le général Gudin.

Celui-ci, dont nous avons déjà beaucoup parlé, était un vieil officier septuagénaire, qui avait fait ses premières armes à Waterloo et ses dernières lors du coup d'Etat du 2 Décembre, où il commandait en chef la Seine-Inférieure. La veille ou l'avant-veille de la catastrophe de Sédan, le ministère Palikao l'avait fait descendre du siége sénatorial, où il finissait sa carrière, pour

---

(1) Voici le texte de cet arrêté :

» Le préfet, administrateur du département de la Seine-Inférieure,

» Vu la nécessité de concentrer les efforts de tous les citoyens pour seconder l'énergie patriotique de la population de Paris et protéger le département,

» Arrête :

» Art. 1er. Il est formé au chef-lieu du département un comité central de défense qui se mettra en rapport avec les divers comités institués dans les arrondissements ou dans les communes.

» Art. 2. Sont désignés pour faire partie du comité central, sous la présidence du préfet :

MM. le général de division, — le général de brigade, — le maire de Rouen, — le colonel de la garde nationale, ou en son absence le lieutenant-colonel, — un des chefs de bataillon de la garde nationale, qui sera désigné après les élections, — le commandant de l'artillerie de la garde nationale, — le colonel du génie militaire, — l'ingénieur en chef du département, — l'ingénieur en chef des mines, — De Coëne, ingénieur du chemin de fer de l'Ouest, — Cord'homme, conseiller général, — Berthelot, conseiller d'arrondissement, — Deschamps, conseiller municipal, — Raoul Duval, conseiller municipal, — Ed. Lebarbier, professeur, — Pignel, conducteur de travaux au chemin de fer du Nord.

» Art. 3. Le comité central sera convoqué d'urgence et constituera une commission permanente siégeant à l'hôtel de la préfecture.

» Art. 4. MM. le général de division et le maire rempliront les fonctions de vice-présidents, et M. Lebarbier celles de secrétaire.

» Rouen, le 10 septembre 1870.

» *Le préfet, administrateur de la Seine-Inférieure,*

» DESSEAUX. »

reprendre son ancien commandement. Dès la première séance du comité central de défense, il déclara que Rouen n'était pas défendable et qu'il fallait se borner à protéger les lisières du département.

Néanmoins, le comité de défense, nullement convaincu par le général Gudin, qui, quelques jours plus tard, avouait qu'il n'avait confiance « ni dans ses officiers, ni dans ses troupes, ni dans la mobile, ni dans la garde nationale, ni *dans personne,* » et qu'il ne pourrait empêcher le prince Albert, « un homme charmant, » de faire de Rouen le siége de son commandement, chargea M. Alard, ingénieur des ponts-et-chaussées, de préparer un plan de travaux destinés à couvrir efficacement la ville de Rouen.

En même temps, le comité de défense, d'accord avec la chambre de commerce, sollicita du ministre de la marine l'envoi d'un navire de guerre dans le port de Rouen, afin de protéger le commerce maritime et fluvial, et, en cas de nécessité, de soustraire à l'ennemi les caisses publiques. Conformément à ce vœu, la canonnière l'*Etendard* (commandée par le lieutenant de vaisseau Maire), vint à Rouen (5 Octobre).

La grande majorité de la population de Rouen était fermement décidée à opposer une résistance énergique à l'ennemi, si celui-ci venait à menacer l'antique capitale de la Normandie.

La garde nationale montrait une vive résolution. Sous l'empire, de même que celle d'Elbeuf, elle n'avait pas cessé son service. Aussi, dès le début de la guerre, elle avait ses cadres tout formés et comptait cinq bataillons, un escadron de cavalerie et deux batteries parfaitement organisés. Elle put rendre en conséquence de nombreux services aussitôt que Paris eût été bloqué, sans que son dévouement se soit démenti un seul instant jusqu'au mois de Décembre.

Ainsi, dès le **20 Septembre**, alors que le département n'avait aucune cavalerie, un détachement de gardes nationaux à cheval de Rouen, sous les ordres du lieutenant Lequeux-Muston, partait à la découverte, se rendait à Magny, et pendant douze jours faisait un service des plus pénibles et des plus périlleux. Il éclaira à diverses reprises le régiment du colonel Mocquard, se transporta à Mantes en pleine occupation et faillit y enlever, le 27 Septembre, une patrouille de dragons prussiens. Ce fut ce détachement encore qui éclaira la colonne que M. Estancelin conduisit à Mantes le 29 du même mois.

Cette expédition elle-même n'a pas mérité les critiques dont elle a été généralement l'objet. Des campagnes de ce genre étaient le véritable moyen d'aguerrir les gardes nationaux qui ne désiraient que se rendre utiles. Lorsqu'il fut décidé qu'une pointe serait poussée jusqu'à Meulan pour y surprendre un détachement de cavalerie prussienne pendant son déjeûner, un peloton, choisi parmi les hommes de bonne volonté du 1er bataillon de la garde nationale de Rouen, devait seul faire partie de cette opération. Mais lorsque le commandant-général Estancelin demanda des volontaires : Tous! tous! lui répondit-on de toutes parts (1).

Il est hors de doute que, si une rencontre avait eu lieu, quelle qu'en eût été l'issue, ces hommes déterminés eussent fait honorablement leur devoir.

Quinze jours plus tard, quand l'ennemi sembla sur le point d'envahir le département, le reste de la garde nationale de Rouen voulut prendre à son tour sa part de fatigues et de péril, et, pendant quinze jours, sac au dos et en tenue de campagne, malgré la pluie incessante, elle supporta bravement les marches, les alertes, les grand'gardes sur la ligne de l'Andelle (11-25 Octobre).

Dans les derniers jours de Novembre, une batterie volontaire de la garde nationale sédentaire, sous le capitaine Boursier, armée de canons Witworth, se joignit à la batterie mobilisée du commandant Waddington pour renforcer l'artillerie de l'armée du général Briand.

---

(1) V. Estancelin. *La Vérité sur les évènements de Rouen.*

La compagnie des francs-tireurs de Rouen, forte de 150 hommes, dont l'organisation fut entreprise, le 6 Septembre, par le
capitaine G. Desseaux, était en état de prendre la campagne le 19.
La guérilla rouennaise du capitaine Buhot se forma non moins
rapidement dans les derniers jours d'Octobre.

La garde nationale mobilisée de Rouen (et Neufchâtel) com-
prenait huit bataillons, une batterie, une compagnie du génie (cap.
Oursel), sous les ordres du lieutenant-colonel Langlade, décédé en
Novembre et remplacé par le lieutenant-colonel Laperrine (1).

La population ouvrière de l'arrondissement de Rouen montrait également une ardeur excessive, mais soit manque d'armes,
soit esprit de défiance de l'administration ou désir de plaire aux
préjugés anti-démocratiques que les gros bonnets de la garde
nationale avaient conservés contre les ouvriers depuis les journées d'Avril 1848 à Rouen et les journées de Juin à Paris, on mit
peu d'empressement à les armer et à faciliter leur entrée dans
les rangs de la garde nationale sédentaire.

Il en résulta pendant un certain temps une agitation, peu
profonde d'ailleurs, mais qui a, plus tard, admirablement servi
aux besoins d'apologie de certains administrateurs.

M. le commandant-général Estancelin, spécialement, qui,
avec le général Gudin, a partagé la plus vive impopularité de
cette époque, s'est efforcé de faire oublier les erreurs ou les infortunes de son commandement militaire, en faisant ressortir les
services qu'il prétendit avoir rendus au point de vue du maintien
de l'ordre public.

Nous avons déjà parlé du commandant-général Estancelin,
chargé d'organiser les gardes nationales de la Seine-Inférieure,
du Calvados et de la Manche (15 Septembre).

------

(1) La garde nationale sédentaire d'Elbeuf comprenait un bataillon.
Elle fournit en outre deux compagnies de francs-tireurs (cap. Stiévenin
et Métot), une compagnie d'éclaireurs de la garde nationale (cap. Jullien)
et deux sections d'artillerie volontaire (cap. Richer).

M. Estancelin avait reçu une mission délicate qu'il remplit avec plus de zèle qu'on ne l'a dit généralement. Au début, il n'avait ni armes, ni argent. Plusieurs fois, pour faire face aux exigences de l'armement et de l'équipement, il se servit de sa propre bourse.

Mais ce qui a surtout excité contre lui l'animosité et l'antipathie de la grande majorité des gardes nationaux placés sous ses ordres, ce fut son amour démésuré des *parades militaires*, ses préférences politiques très accentuées dans un sens contraire à l'établissement du gouvernement républicain, et sa tendance à jouer au commandant d'état de siége.

La composition de son état-major, rempli de jeunes officiers sans autre valeur que leurs titres et particules aristocratiques, était également l'objet de plaintes nombreuses. On le vit y donner un grade à un sous-préfet révoqué de Dieppe. L'insuffisance de cet état-major était notoire, alors que l'on eût pu choisir, dans la garde nationale de Rouen et d'autres villes, de vieux officiers expérimentés et de grand mérite.

Quant à la lutte du commandant-général Estancelin avec les comités démocratiques, notamment avec le *Comité de Vigilance*, elle fut des plus malheureuses et très éloignée de mériter les honneurs du triomphe qu'il s'est décerné à lui-même dans sa brochure au conseil général, en 1871.

Le *Comité de Vigilance* s'était formé avec le concours des hommes qui étaient affiliés, à Rouen, à la fameuse *Association internationale des Travailleurs*. Ils étaient peu nombreux, et leur conduite, lors des élections de 1869, où ils avaient failli faire échouer la candidature démocratique de M. Desseaux, en posant une candidature très inopportune, leur avait aliéné l'immense majorité de la population ouvrière.

Après le 4 Septembre, la force des choses mit leurs orateurs en relief au milieu de l'agitation populaire, et ils provoquèrent des réunions publiques pour imprimer un élan énergique à la défense.

Dans ces réunions, on demandait que la ville empruntât quatre millions qui seraient employés moitié à continuer les travaux industriels, moitié à la création de travaux à exécuter dans la ville, et surtout à la fabrication d'armes et de munitions de guerre. Dans le cas où la ville ne pourrait recourir à l'emprunt, on proposait qu'elle émît, pour la même somme de quatre millions, des bons de circulation garantis par les ressources communales et acceptés par tout le commerce.

A côté de ces propositions qui, peu praticables pour le moment, en raison de l'état de la législation administrative, n'étaient cependant pas de celles qu'il est déraisonnable d'émettre, quelques orateurs ajoutaient des motions plus ou moins calmes sur le remplacement des commandants militaires, la dissolution du conseil municipal de Rouen, l'armement des ouvriers. Aucune de ces motions n'était dangereuse. D'ailleurs, dans la réunion du 26 Septembre, M. Aubry, le chef des fédérés de l'Internationale, à Rouen, avait dit : « Dans les circonstances présentes, ce serait manquer aux devoirs du citoyen d'agiter les questions de l'affranchissement du prolétariat et de la réforme sociale et économique, questions qui ne peuvent venir utilement à la discussion qu'après la défaite de l'ennemi. Notre devoir à tous est de consacrer uniquement notre temps et notre intelligence à la défense du pays : faisons abnégation de nos aspirations ; oublions toutes nos dissidences et ne pensons qu'au salut de la patrie. »

C'est contre ces manifestations inoffensives que M. Estancelin, piqué au vif par des critiques très acérées qui lui avaient été adressées, lança, le 28 Septembre, une proclamation impérieuse dans laquelle il déclarait, sur le ton de la plus complète autorité, qu'il ne voulait admettre aucun empiètement sur les droits qui lui avaient été conférés, aucune manifestation extérieure, aucune proclamation, etc., menaçant les dissidents des foudres de la garde nationale.

De son côté, M. le préfet Desseaux, poussé par M. Estancelin et la municipalité, invitait tous les bons citoyens à se tenir en garde contre les suggestions des comités sans mission qui voulaient substituer leur *vigilance* à celle de l'administration (1).

En même temps on faisait prendre les armes à la garde

---

(1) Voici le texte de ces proclamations :

ETAT-MAJOR GÉNÉRAL DES GARDES NATIONALES DES DÉPARTEMENTS DE LA SEINE-INFÉRIEURE, DU CALVADOS ET DE LA MANCHE :

« Gardes nationaux,

» En acceptant le commandement général des gardes nationales de la Seine-Inférieure, du Calvados et de la Manche, et la délégation du gouvernement pour veiller à la défense de ces trois départements, j'ai compté sur le patriotisme des habitants, sur le concours empressé d'une administration dévouée et disposée, comme moi, à prêter au gouvernement actuel l'appui le plus complet.

» Mais je suis parfaitement décidé à n'admettre, en dehors de l'action des pouvoirs civils et militaires régulièrement constitués, aucune espèce d'organisation illégale qui, sous des noms divers, voudrait empiéter sur l'action des pouvoirs publics et sur les droits qui me sont conférés. En conséquence, ayant confiance dans le patriotisme de la garde nationale, je suis résolu à ne tolérer aucune espèce de manifestation extérieure ou proclamations pouvant entraver l'action des pouvoirs publics ou troubler l'ordre, plus indispensable que jamais, dans les circonstances graves que nous traversons.

» Chaque citoyen, en entrant comme volontaire dans les rangs de la garde nationale, prouvera son patriotisme en se dévouant comme nous à la plus sainte des causes, la défense de la patrie !

» Fait à Rouen, au quartier-général, le 27 Septembre 1870.

» *Le commandant-général,*

» ESTANCELIN.

» Pour ampliation :

» *Le chef d'état-major général,*

» A. HERMEL. »

AUX HABITANTS DE LA SEINE-INFÉRIEURE :

« Citoyens,

» Le préfet, administrateur supérieur du département, s'est empressé de remplir la mission que le gouvernement lui avait confiée. Sur l'avis des hommes compétents, des mesures ont été prises pour protéger notre région contre l'invasion étrangère. La prudence la plus vulgaire commandait et commande encore de ne pas les livrer à la publicité. La même

nationale et l'on s'efforçait de faire croire à un danger d'insurrection.

Cette conduite produisit l'agitation révolutionnaire qu'on avait voulu empêcher, absolument comme si l'on se fût servi de ces moyens pour la faire naître.

Les réunions publiques qui avaient été jusqu'ici relativement paisibles devinrent tumultueuses et insensées. Les orateurs voulaient qu'on destituât tous les fonctionnaires, qu'on enrôlât de force les congréganistes, qu'on décrétât l'impôt forcé et la levée en masse, enfin qu'on formât, bon gré mal gré, des corps francs qui n'obéiraient pas aux autorités militaires non acceptées et qui, au besoin, protégeraient le peuple contre la garde nationale (1er Octobre).

---

sollicitude a dicté les mesures qui ont été adoptées pour assurer du travail aux ouvriers.

» Autant que possible, la mise en activité des établissements industriels a été maintenue ; là où elle faisait défaut, les travaux communaux ou départementaux ont été organisés.

» Les commissions qui se réunissent chaque jour à la préfecture reçoivent toutes les communications qui leur sont adressées.

» Secondée par toutes les administrations régulièrement constituées, l'administration préfectorale ne peut admettre que des comités sans mission viennent substituer leur VIGILANCE à la sienne.

» Des résolutions improvisées sans un examen approfondi pourraient devenir la cause ou le prétexte de désordres regrettables.

» Fermement décidé à remplir le devoir que le gouvernement lui a imposé de maintenir l'ordre à l'intérieur, l'administrateur supérieur du département invite tous les bons citoyens à se tenir en garde contre des suggestions imprudentes et qui pourraient devenir répréhensibles.

» Quand notre territoire est envahi, une pensée commune doit nous dominer tous ; un même sentiment doit nous unir et diriger tous nos efforts :

» Repousser l'invasion ; sauvegarder l'indépendance nationale.

» C'est ainsi que nous pourrons sauver la France et la République.

» Rouen, le 28 Septembre 1870.

> *Le préfet de la Seine-Inférieure,*

» DESSEAUX. »

Les manifestations qui n'avaient jamais franchi l'enceinte des réunions passèrent dans la rue.

Le 8 Octobre, M. Gambetta, descendu de ballon la veille, près d'Amiens, traversait Rouen, se rendant à Tours. Au milieu de l'accueil enthousiaste que faisait la garde nationale, à la gare d'Amiens, au futur ministre de l'intérieur et de la guerre, les cris de : *à bas Estancelin!* furent prononcés.

Le lendemain, un sieur Goujat, militaire en permission et pourvu d'antécédents judiciaires peu honorables, entraîna une quarantaine d'individus, se disant autorisés à former une compagnie franche, contre la préfecture, en poussant des cris séditieux. Les mutins manifestèrent même l'intention d'entrer de force, intention à laquelle il suffit aux gardes nationaux de service et à un piquet de mobiles de s'opposer pour que le tumulte prît fin.

Quelques jours plus tard, M. Estancelin transporta son quartier-général à Caen et son départ suffit pour faire cesser toute agitation. D'ailleurs, beaucoup plus avisé que M. Estancelin, M. Desseaux avait déjà calmé l'effervescence produite par les déclamations des clubs, en adjoignant aux membres du comité central de défense trois membres du comité de vigilance : MM. Bouron, Fouët et Oursel, et trois membres du comité d'Elbeuf : MM. Lucien Dautresme, Regnier et Sulpice, concession en échange de laquelle le comité de *vigilance* s'était transformé en simple comité d'*initiative,* s'était résigné à n'émettre plus que des *vœux* au lieu de *résolutions,* et avait interrompu presque entièrement le cours des réunions publiques.

En résumé, la population rouennaise était profondément décidée à résister énergiquement à toute attaque ; mais la guerre ne se fait pas seulement avec des bras, elle se fait tout autant et sinon plus avec de l'argent.

Sous ce rapport, Rouen et le département, à l'exception du Havre, firent preuve d'une tiédeur patriotique extrême.

Le conseil général, réuni extraordinairement les 22 et 23 Septembre, vota, au rapport de M. de Germiny, un emprunt de deux millions, dont un million devait servir à assister les ouvriers sans travail et un million à l'armement et aux travaux de défense. Une première fraction de 500,000 fr. destinée à procurer du travail aux ouvriers, émise le 5 Octobre, fut couverte le 15. Mais la deuxième fraction d'un million, émise le 25 Octobre, ne réunit pas 200,000 fr.

De son côté, le conseil municipal de Rouen avait voté, le 3 Octobre, un emprunt d'un million. Il ne fut couvert qu'à moitié.

Ce n'était cependant pas seulement le patriotisme qui commandait d'apporter des capitaux au département et à la ville. Le placement présentait toute sécurité, avec intérêt à six pour cent; et en même temps qu'ils auraient fait une bonne affaire, les capitalistes auraient mis peut-être Rouen et le département à l'abri des réquisitions en argent et en nature qu'ils durent plus tard subir de l'occupation prussienne.

En regard de cette excessive parcimonie du département de la Seine-Inférieure, on ne peut s'empêcher de citer l'exemple du Havre qui, en quelques jours, avait trouvé un million 300,000 fr.; du département du Nord, qui souscrivit un emprunt de *15 millions;* de la ville de Lille, qui prêta à sa municipalité 1,500,000 fr.; de Bordeaux, qui bien qu'éloigné de deux cents lieues du théâtre de la lutte, s'imposa extraordinairement de deux millions et demi, etc., etc.

Cependant M. Alard, l'ingénieur chargé par le comité de défense de préparer un plan de travaux à exécuter pour fortifier Rouen, avait terminé son travail dans les premiers jours d'Octobre, lorsque fut rendu le décret du 14 qui mit le département en état de guerre.

L'état de guerre entraînait la convocation au chef-lieu du département d'un comité militaire composé d'un officier du génie, d'un officier d'état-major, d'un officier d'artillerie et de deux ingénieurs, sous la présidence du général commandant le département, lequel comité était chargé de la direction des travaux de défense sur les points qui lui paraîtraient le plus favorablement situés pour disputer le passage à l'ennemi. Comme conséquence de cette institution, le comité central départemental de défense dut s'effacer devant le comité militaire.

Mais ce comité, quoique le plan Alard lui ait été soumis le jour même de sa constitution, ne jugea pas utile de l'approuver ni de le désapprouver, et garda pendant un mois à son sujet le silence le plus obstiné.

Le génie militaire se contenta de poursuivre les travaux qui avaient été indiqués par le général Gudin, sur les coteaux qui bordent la Seine-Inférieure et l'Eure, sur la rive droite de la Seine, vers l'Andelle, par où l'attaque de l'ennemi n'était nullement à craindre. Un témoin oculaire a raconté que parmi ces travaux, il y en avait de parfaitement superflus, et même de ridicules. Ainsi on avait fait des barricades avec des arbres sur les routes, sans remarquer qu'à droite et à gauche de l'obstacle le terrain était uni comme la main. Ailleurs on avait pratiqué des coupures où venaient se briser à chaque instant les voitures des habitants du voisinage. Les ouvriers qu'on employait à ces travaux étaient les premiers à s'en moquer. « Je me souviens, dit le même témoin, qu'allant un jour à Rouen, je m'étais arrêté pour contempler un espèce de saut-de-loup que l'on creusait au-dessus de Fleury-sur-Andelle. » L'un des terrassiers me dit : « Nous faisons là un trou, jusqu'à ce que l'ordre nous vienne de le reboucher.. » (1).

Il semble qu'il appartenait à M. Desseaux, que le Gouvernement de la Défense Nationale avait envoyé à Rouen, au lendemain du 4 Septembre, avec le titre d'administrateur supérieur de la Seine-Inférieure, titre qui comportait presque une délégation de gouvernement, d'intervenir auprès des autorités militaires et de les mettre en demeure d'agir.

Mais M. Desseaux était avant tout un homme de conciliation ; il ne redoutait rien tant que d'entrer en lutte et de soulever un

---

(1) V. Ernouf. *Souvenirs de l'invasion prussienne en Normandie.*

conflit avec les pouvoirs constitués. Il s'était déjà séparé de la plupart de ses amis en maintenant en fonctions, malgré eux, le conseil municipal de Rouen, élu par une très faible quantité de votants, au milieu de la débâcle morale qui avait suivi l'annonce de nos premiers revers, et la municipalité nommée par le préfet de l'empire au sein de ce conseil.

On doit du reste à la vérité de dire que le conseil municipal de Rouen, peu sympathique à la majorité de la population, ne refusa jamais son concours à l'administration préfectorale, mais il lui manqua ce souffle énergique qui animait ailleurs les conseils municipaux républicains et leur faisait voter avec enthousiasme les sacrifices les plus lourds dans l'intérêt de la défense. A Rouen tout allait avec lenteur et parcimonie.

Cependant, dès les premiers jours de Novembre, les avertissements ne manquèrent pas à l'administration. Ce fut d'abord la communication faite au *Moniteur de l'Oise,* par le commandant de Beauvais, reproduite sur le champ par le *Nouvelliste de Rouen,* puis les avis répétés du *Times* sur la marche de Manteuffel avec la première armée allemande.

Aucune de ces nouvelles ne troubla la quiétude de l'administration préfectorale. Ce fut par l'intermédiaire officieux du rédacteur en chef du *Nouvelliste,* nullement par la préfecture, que l'administration du Havre eut connaissance des projets de l'ennemi, et la publication de la note de Beauvais attira à ce journal le reproche d'avoir voulu semer l'alarme dans la ville et le département.

L'approche du danger finit toutefois par réveiller le comité central de défense et le conseil municipal. L'un et l'autre firent des démarches auprès du préfet pour qu'il prit l'initiative des mesures à adopter, afin de mettre Rouen en état de défense sérieuse. Mais M. Desseaux, dont le patriotisme et la foi républicaine étaient cependant au-dessus de tout soupçon, ne se décida pas à faire cet acte d'autorité et se borna à engager le comité de défense et le conseil municipal à envoyer des délégués à Tours pour obtenir du gouvernement des chefs militaires plus entreprenants.

L'activité déployée au Havre par M. Mouchez était déjà connue à Rouen. Tout le monde réclamait la présence au chef-lieu de cet officier supérieur de la marine. Le conseil municipal chargea sa délégation à Tours d'obtenir son envoi à Rouen. Son nom fut aussi signalé dans la note qu'une députation du comité central de défense, composée de MM. Raoul Duval, de Coëne et Lucien Dautresme, fut chargée de mettre sous les yeux du gouvernement.

Cette note demandait en substance que le corps d'armée, réuni dans la circonscription de Rouen, fut divisé en deux parties, l'une mobile, composée des meilleures troupes, pour se porter en avant et se montrer partout où l'ennemi paraissait inquiétant ; l'autre, composée plus spécialement de gardes nationaux et de mobiles, pour occuper les lignes défensives. Derrière cette première ligne de défense, Rouen, base et centre d'opération et d'approvisionnement, serait couvert d'ouvrages constituant une sorte de camp retranché avec barraquements, sur lequel les corps mobilisés seraient dirigés, aussitôt formés, pour être instruits et disciplinés.

La délégation du comité de défense fut reçue par M. Gambetta, le 14 Novembre. Deux jours plus tard, le général Briand était renvoyé à Rouen et M. Mouchez appelé au commandement de la subdivision de la Seine-Inférieure.

Le 20 Novembre, le commandant Mouchez arrivait à Rouen avec une partie de la division navale du Havre. C'étaient les batteries flottantes : l'*Imprenable* (commandant Rallier), l'*Oriflamme* (commandant Pic-Paris), la *Mitrailleuse* (commandant Dupuy), et 4 chaloupes canonnières. Il se rendit le lendemain au sein du conseil municipal, sur l'invitation de M. le maire Nétien, et déclara qu'il allait faire exécuter les travaux projetés d'après le plan Alard et les protéger par une artillerie puissante en état d'opposer à l'ennemi une résistance efficace. Le maire, au nom du conseil, lui promit qu'il pouvait compter sur un concours illimité.

D'ailleurs, séance tenante, le conseil, au rapport de M. Frédéric Deschamps, vota un crédit de 900,000 fr. pour l'achèvement de la garde nationale mobilisée et des travaux de défense, et une imposition extraordinaire de 42 centimes sur le principal des quatre contributions directes, pour remplacer les ressources que l'on n'avait pu obtenir par l'emprunt.

Les jours suivants, les ouvriers valides de Rouen furent invités, par des affiches et des avis insérés dans les journaux, à se réunir au Champ-de-Mars, pour se faire embaucher aux travaux de défense. Le salaire devait être de 2 fr. au minimum par jour, et pouvait s'élever selon la somme de travail accomplie. Les travaux commencèrent le 23 Novembre.

Malheureusement il était trop tard. La ligne de défense entreprise, comportait un développement de 40 kilomètres et plusieurs ouvrages d'une certaine importance. Elle s'appuyait sur la rive droite de la Seine, au point culminant, dit le Tourniquet, en avant du Mesnil-Esnard, passait à la ferme Lalande et à la Table-de-Pierre, atteignait la route de Gournay à St-Jacques-sur-Darnetal, la suivait jusqu'à Roncherolles, de là couronnait la crête des ravins jusqu'à la route de Neufchâtel, qu'elle coupait à Isneauville, traversait la Forêt-Verte pour gagner Houppeville, rejoignait Malaunay où elle coupait la route de Dieppe, St-Jean-du-Cardonnay où elle coupait la route du Havre, et suivait les hauteurs et les ravins jusqu'à la Seine. Sur la rive gauche, cette ligne coupait la presqu'île de Rouvray à travers bois, de Grand-Couronne à Orival. Elle était flanquée de dix-huit bastions et devait être armée avec 46 pièces de gros calibre.

Les travaux furent activement poussés ; cependant au 4 Décembre, les ouvrages d'Isneauville, de la Table-de-Pierre, de la ferme Lalande et du Tourniquet étaient seuls à peu près terminés. On n'avait pu monter sur leurs affûts et mettre en position que trois ou quatre pièces. Une vingtaine d'autres étaient arrivées, mais gisaient à terre soit dans les bastions, soit sur le quai. Au témoignage d'un ingénieur des ponts-et-chaussées en mission à Rouen, M. Césanne, il fallait encore au moins *cinq jours* pour finir le camp retranché comme terrassements, encore ne fallait-il perdre aucune minute et avoir plus de travailleurs.

Mais, comme par fatalité, dans les derniers jours, la gelée avait pris avec une grande intensité et rendait le travail plus difficile; des difficultés de comptabilité s'en étaient mêlées, l'administration municipale ayant fait des difficultés pour payer les ouvriers étrangers à la ville; enfin, au lieu de tripler et de quadrupler le nombre des travailleurs, en raison de l'imminence du péril, l'administration préfectorale avait persisté dans son déplorable système de mutisme absolu.

On cacha la nouvelle de la prise d'Amiens jusqu'à ce que la rupture définitive du chemin de fer entre cette ville et Rouen eût fait du secret de l'administration le secret de tout le monde. Le maire de Rouen a affirmé, chose inouïe, qu'il était resté ignorant de la situation désespérée où se trouvait le département jusqu'au moment où M. Estancelin appela la garde nationale pour lui distribuer ses cartouches et lui annoncer la concentration sur Buchy, c'est-à-dire le samedi 3 Décembre, au soir. Quant à la population, elle était tout entière à se réjouir de la grande victoire de Paris, de l'évacuation d'Amiens et de la retraite des Prussiens, et pleine encore du souvenir de la fausse alerte du 14 Octobre, elle ne voulait pas croire à l'urgence du péril. On a prétendu même que de la préfecture, le 3 Décembre, on avait répondu que rien n'était plus faux que le bruit de l'approche des Prussiens (1).

Le lendemain, dès le matin, on entendit le bruit du canon, et pour comble de stupéfaction, on vit les marins, sur l'ordre qu'ils avaient reçu de leurs officiers, enclouer les pièces de position qui n'avaient pas encore été montées. Celles qui se trouvaient sur les quais furent jetées à la Seine, sous les yeux de la population surprise et désolée (4 Décembre).

Telle était exactement la situation de la ville de Rouen à l'heure où son sort se jouait définitivement à Buchy.

______

(1) V. Dessolins. *Les Prussiens en Normandie.*

# CHAPITRE VIII

Concentration des forces disponibles sur Buchy. — Combat et déroute de Buchy. — Combat de Bosc-le-Hard. — Le commandant-général Estancelin a St-Victor. — Rouen veut résister. — La retraite sur le Havre décidée. — Troubles a l'Hotel-de-Ville. — Occupation de Rouen par l'armée de Manteuffel.

Lorsque le 3 Décembre, le général Briand, qui était resté à Rouen, attendant les instructions du ministre de la guerre, eut appris que le lieutenant-colonel de Beaumont avait évacué le pays de Bray, il ordonna au commandant Mouchez de concentrer toutes les forces qu'il pourrait réunir à Buchy, point absolument découvert, mais empruntant une grande importance à cette circonstance qu'il se trouve à la jonction des routes de Rouen à Neufchâtel et à Forges, du chemin de fer de Rouen à Amiens et de l'embranchement qui réunit cette ligne à celle de Dieppe.

Dans la soirée, le général Briand ayant enfin reçu de Tours le contre-ordre à sa marche sur Paris, réunit les chefs de corps en conseil de guerre à l'hôtel de la division. Le commandant Mouchez le pressa vivement de prendre le commandement des troupes qui se rassemblaient à Buchy, mais le général voulut rester à Rouen pour faire revenir le corps d'armée de l'Andelle en route pour Vernon, sur la position de Buchy. Le commandant Mouchez reçut pour instruction de défendre les routes de Rouen, tandis que le commandant-général Estancelin, avec la garde nationale de Rouen, couvrirait le chemin de fer de Dieppe, à Clères.

Cependant à Buchy la concentration s'opérait dans des conditions déplorables. Il faisait un froid de huit degrés centigrades au-dessous de zéro, et l'intendance, qui depuis le 1er Décembre était chargée du service des vivres de campagne, n'avait rien donné à manger aux troupes. Elles arrivaient donc de toutes les directions, mourant de froid, de faim et de fatigue. Le commandant Mouchez, aidé de la municipalité de Rouen, dut passer toute la nuit à faire venir du pain de la ville et à le distribuer aux divers corps au fur et à mesure qu'ils arrivaient sur les positions qui leur étaient assignées.

Il en venait de toutes parts, du pays de Bray, de Lyons-la-Forêt et même de la rive gauche de la Seine. Dès le 2, on avait requis toutes les gardes nationales du département et les bataillons mobilisés de Rouen et du Havre qui avaient été dirigés sur Serquigny, à la suite de la réoccupation de Vernon et d'Evreux, avaient été rappelés sur Rouen. A mesure qu'ils arrivaient, on les expédiait à Buchy. Dans la matinée du 4, un bataillon mobilisé de Rouen arrivait encore après une marche de sept lieues, sous la pluie et la neige, et sans pain.

Quant à la colonne expéditionnaire de Paris, le général Briand passa toute la nuit à envoyer des instructions pour la faire revenir; mais par suite de l'insuffisance du matériel du chemin de fer et de l'encombrement des voies, elle ne devait commencer à arriver sur le théâtre de l'action que le 4 fort tard.

En résumé, les forces massées par le commandant Mouchez, autour de Buchy, le 4 au matin, s'élevaient à 12,000 hommes environ avec 12 pièces de canon. Mais à part le 3e hussards, le 5e bataillon de marche (commandant Barraud), et les éclaireurs Mocquard, tout le reste se composait de mobiles et de mobilisés, exténués de fatigue.

Les forces que Manteuffel amenait contre Rouen se composaient du premier corps, commandé par lui en personne, et du huitième, aux ordres du général de Gœben, formant ensemble 43 bataillons, 31 escadrons et 28 batteries (168 pièces de canon). L'effectif de ces forces était d'un peu plus de trente mille hommes. En outre, le commandant de l'armée de la Meuse avait promis dans la direction de Fleury la coopération de la division saxonne de Gisors (1).

---

(1) **V.** Wartensleben. *Opérations de la 1re armée allemande, etc.*
(Traduction Niox).

Le 4 Décembre, le huitième corps, comprenant trois brigades d'infanterie, deux régiments de cavalerie et treize batteries, arrivait par la route directe d'Amiens à Rouen. Le premier corps, de même force, moins une batterie, se dirigeait de Gournay sur Lyons-la-Forêt pour occuper la vallée de l'Andelle.

Vers neuf heures du matin, l'ennemi commença l'attaque. Dès les premiers coups de canon, le gros des forces qui était à Buchy, fut pris de panique, se débanda, et battit en retraite sur Rouen dans un désordre inexprimable.

A gauche, le colonel Laperrine, commandant les mobilisés de l'arrondissement de Rouen, tint ferme à Rocquemont, sur la route de Neufchâtel, jusqu'à ce que l'ordre de se replier lui fut parvenu. A droite, le colonel Mocquard, posté à Forgettes, sur la route nationale d'Amiens à Rouen, avec ses éclaireurs, les vengeurs, un bataillon de mobilisés havrais et 2 pièces de canon de l'artillerie sédentaire de Rouen, arrêta l'ennemi assez longtemps pour l'empêcher de changer la retraite en un désastre.

La section d'artillerie de la garde nationale était commandée par le maréchal-des-logis Aumont. Si l'on en croit la relation des opérations du régiment des éclaireurs de la Seine, la part qu'elle prit au combat fut aussi honorable qu'infructueuse en raison de la qualité de ses pièces : « Un coup de canon ébranle l'air près de nous, dit cette relation ; c'était une de nos pièces qui venait d'ouvrir le feu sur une colonne d'infanterie qui se montrait à mille mètres. L'obus porta.... à 700 mètres à peine. On vint prévenir le colonel de ce fait incroyable : à des hommes qui allaient à coup sûr rencontrer l'ennemi..., on avait donné pour riposter à l'artillerie prussienne, quoi? Deux pièces de 12 lisses portant sur la culasse le millésime *1786!* Et ce n'était pas tout, une de ces bombardes n'était pas de calibre pour les obus de ses caissons!! On la retira donc du jeu. Notre malheureuse pièce n'eut pas longtemps la parole, elle fût culbutée, les roues brisées » (1).

_______________

(1) V. X. Raspail. *Relation de la campagne des éclaireurs de la Seine, en Normandie.*

La retraite était complète sur toute la ligne quand la colonne de l'Andelle commença à arriver. Son arrière-garde n'avait cessé de défendre le terrain contre les troupes saxonnes, qui de Gisors s'étaient mises à sa poursuite. Elles ne purent que suivre le mouvement général sur Rouen, sauf le 2e bataillon des mobiles de la Seine-Inférieure (commandant Rolin), qui, marchant en tête, fut conduit par le chemin de fer de Fleury-sur-Andelle à Rouen, de là à Malaunay et de Malaunay à Bosc-le-Hard, sur la ligne d'embranchement de Clères, ligne de Dieppe, à Buchy, ligne d'Amiens, sans qu'on ait pu lui faire parvenir l'ordre de retraite.

Le bataillon tomba ainsi au milieu de l'ennemi. Néanmoins il fit bonne contenance, riposta bravement au feu de l'ennemi, réussit à se dégager, et par Clères et Malaunay gagna la grand'-route du Havre à Rouen, où il rallia le lieutenant-colonel de Beaumont avec ses hussards et quelques-unes des troupes qui étaient à Buchy. Dans cette affaire de Bosc-le-Hard, les mobiles havrais avaient perdu environ 106 hommes, tués, blessés ou pris.

Les gardes nationaux de Rouen durent à la courageuse résistance du 2e bataillon des mobiles de n'être pas enlevés par l'ennemi. On sait que le commandant-général Estancelin devait avec eux occuper Clères, pour couvrir le chemin de fer de Dieppe à Rouen et empêcher l'ennemi de tourner notre armée par la gauche. La garde nationale devait être rendue à Clères à neuf heures, mais faute de matériel au chemin de fer, elle ne partit qu'à onze heures, et, au lieu de s'arrêter à Clères, le commandant-général Estancelin s'en alla deux lieues plus loin, à Saint-Victor, où il arriva vers trois heures et demie. A cette heure, les Prussiens étaient maîtres de Buchy et la position des gardes nationaux pouvait d'un moment à l'autre être tournée.

Heureusement, l'ennemi de ce côté se trouva arrêté par l'engagement de Bosc-le-Hard, et on put de Rouen avertir la garde nationale du danger qu'elle courait ; mais elle n'eut que le temps de reprendre le chemin de fer et de partir.

Dans cette malheureuse journée, nos pertes n'avaient pas été

considérables, sauf en prisonniers. L'ennemi ramassa plusieurs
centaines de trainards. En avant de Buchy, la 1re compagnie du
2e bataillon mobilisé du Havre se trouva enveloppée et fut prise
presque toute entière. Si les Prussiens avaient été mieux ren-
seignés sur la situation véritable de nos troupes, et s'ils eussent
chargé avec leur cavalerie sur les masses de fuyards qui se pres-
saient sur Rouen, les pertes eussent été désastreuses. Mais l'ennemi croyait à l'existence d'un autre corps d'armée plus près de
Rouen et beaucoup plus sérieux ; il ignorait absolument l'expédition manquée sur Paris. Aussi, tandis que le général de Gœben
était aux prises avec le commandant Mouchez à Buchy, le général
de Manteuffel s'arrètait à La Feuillie, n'osant pousser jusqu'à
Lyons, et le huitième corps lui-même ne dépassait pas Buchy.

Le lendemain, ce fut encore avec une extrême prudence que
le général de Gœben poursuivit sa marche. Il fit faire dans la
matinée une reconnaissance sur Rouen, et vers onze heures,
s'étant assuré que les troupes françaises s'étaient retirées, il
donna, de Quincampoix, l'ordre d'avancer sur la ville (1).

De ce côté, voici ce qui s'était passé après la déroute de Buchy.
Quoique les lignes de défense de Rouen ne fussent pas prètes, le
désir de tenter sur les hauteurs avoisinantes une résistance honorable était général dans la population. Les militaires, au contraire, souhaitaient vivement qu'on effectuât la retraite sur le
Havre, telle qu'elle avait été indiquée par le ministre de la
guerre, dès les premiers jours de Septembre, pour le cas où
Rouen viendrait à succomber. Cependant le général Briand semblait incliner pour une tentative de résistance qui sauvegarderait
son honneur et celui de la ville. C'est pourquoi il donna l'ordre
qu'on arrêtât la masse des fuyards de Buchy avant son entrée en
ville et qu'on les ralliât sur la ligne de défense inachevée, à
Isneauville, à Bois-Guillaume et à St-Jacques (4 Décembre).

Dans la soirée, afin de s'assurer des intentions de la muni-

---

(1) V. Warstensleben. *Opérations de la* 1re *armée...* etc.

(Traduction NIOX).

cipalité, le général Briand se rendit au sein du conseil municipal. Celui-ci manifesta la volonté de résister. Le général Briand réclama alors le concours de toute la population valide qui devait être appelée aux armes, à quatre heures du matin, par le tocsin et la générale. Le reste de la nuit se passa à prendre les dispositions nécessaires pour la défense.

Vers trois heures du matin, le lundi 5 Décembre, une certaine hésitation se produisit dans l'état-major, à l'occasion d'un télégramme qui annonçait la marche des Prussiens sur Elbeuf, ce qui faisait craindre, qu'en cas d'échec sur les hauteurs de Rouen, la retraite sur le Havre par la rive gauche de la Seine ne fut coupée. Vérification faite de la dépêche, il fut reconnu qu'elle s'appliquait à Elbeuf-sur-Andelle et non à Elbeuf-sur-Seine : en conséquence, il fut décidé de nouveau que les ordres donnés pour la défense seraient exécutés.

Néanmoins, deux heures plus tard tout était changé. A cinq heures du matin, le général Briand prévenait le maire qu'il avait donné l'ordre de la retraite sur le Havre, par la rive gauche.

Pour justifier ce brusque revirement dans sa détermination, le général a dit (lettre du 31 Décembre 1870, en réponse à M. Raoul Duval) : « que la ville n'avait pas répondu, à l'heure convenue, à l'appel solennel qu'il attendait ; qu'à quatre heures du matin la ville était endormie, les rues désertes ; qu'il avait vainement attendu une demi-heure qu'on battît la générale, et qu'enfin il avait donné l'ordre de la retraite. »

Au contraire, le conseil municipal (lettre du 11 Janvier 1871) a affirmé que la générale avait été battue à quatre heures du matin et que la garde nationale avait pris les armes.

Quoiqu'il en soit, l'ordre de la retraite donné, il fut exécuté. A six heures du matin, l'armée était en pleine retraite sur la route de Caen, pour gagner le Havre par Bourg-Achard, Pont-Audemer, Honfleur et la mer.

Une vive irritation se manifesta dans les rangs des gardes nationaux qui commençaient à se réunir, lorsqu'au lieu de recevoir l'ordre de partir pour les lignes de défense, ils reçurent l'invitation de déposer leurs armes pour les soustraire à l'ennemi. Les uns les rendirent, d'autres les brisèrent dans les rues, d'autres allèrent les jeter à la Seine.

Malheureusement des scènes de violence vinrent aggraver la douleur publique. Personne ne savait au juste qui avait décidé la retraite. Une rumeur fort répandue, quoique fausse, voulait que ce fut le conseil municipal. On parlait de capitulation, de trahison, etc. Quelques gardes nationaux exaltés déchargèrent leurs armes sur les murs de l'Hôtel-de-Ville.

Des conseillers municipaux se rendant en séance furent maltraités. Cependant le préfet s'était rendu au sein du conseil, et là, d'accord avec le maire et le conseil, une proclamation fut immédiatement rédigée pour calmer l'effervescence populaire, en constatant que l'ordre de la retraite avait été donné par l'autorité militaire.

Mais des gens sans aveu, des repris de justice, des enfants s'étant emparés des fusils déposés par les gardes nationaux, continuèrent pendant plus de deux heures à diriger sur la façade de l'Hôtel-de-Ville une fusillade qui ne fit heureusement que des dégâts matériels. Puis cette bande se livra au pillage d'un convoi de butin, enlevé aux Prussiens à Vernon et remisé dans la cour de l'Hôtel-de-Ville. Ces scènes duraient encore quand les uhlans apparurent.

A deux heures et demie, Rouen fut occupé.

L'ennemi entra par trois côtés à la fois, tambour et musique en tête. Il s'empressa d'interrompre la circulation entre les deux rives de la Seine, et d'occuper les ponts, mais il ne songea pas à poursuivre l'armée vaincue, ce qui rendit au moins singulier cette dépêche envoyée par M. Estancelin à son chef d'état-major, à Caen, dépêche qui ne fut publiée, a-t-il dit plus tard, que par suite d'une indiscrétion :

« Nous battons en retraite sur Honfleur; notre arrière-garde a été canonnée à sa sortie de Rouen par l'ennemi qui doit occuper la ville. »

Il est vrai que des hauteurs de la rive gauche on entendit le canon tonner au loin sur la rive droite pendant une partie de la matinée et de l'après-midi, et les troupes qui se retiraient par là imaginèrent qu'une insurrection avait éclaté à Rouen et que la ville était bombardée par les Prussiens. Ce n'était vraisemblablement que des signaux qui s'échangeaient entre les divers corps de l'armée de Mantcuffel.

Il n'y eut à Rouen qu'un fait isolé de résistance, ce fut celui du pauvre diable d'épicier Derotte, qui ne put s'empêcher de décharger son arme sur les soldats qui venaient chercher le logement chez lui. Quoiqu'il n'ait atteint aucun d'eux, il paya de sa vie quatre jours après cet acte d'héroïque témérité (9 Décembre).

# LIVRE III

## LE HAVRE DEVANT L'INVASION

### CHAPITRE IX

Effet produit au Havre par la prise de Rouen. — Tous les gardes
nationaux de l'arrondissement sont appelés a défendre la
ville. — Réquisition des armes a l'arsenal. — Nouvelles de
la reprise d'Orléans. — Retraite du général Briand sur la
rive gauche de la Seine. — Toutes les troupes du département sont concentrées au Havre. — Troisième emprunt de
700,000 fr. — Résolution du ministre de la guerre de réduire
l'armée du Havre. — Résistance de la population. — Départ
du général Briand. — Le commandant Mouchez, commandant
supérieur.

Le 4 Décembre, au soir, on était fixé au Havre sur le sort
qui attendait Rouen le lendemain, et cette perspective remplis-
sait d'anxiété les autorités civiles et militaires de l'arrondissement.
Tout ce que le Havre avait organisé de troupes régulières, de
mobiles, de mobilisés avait été envoyé sur Rouen, depuis quelques jours, et l'armée qui devait défendre l'entrée du département étant battue et en fuite, il ne restait absolument derrière
les lignes de défense que la garde nationale sédentaire, courageuse et dévouée, mais insuffisante pour tenir tête seule à l'ennemi, sur le long périmètre des fortifications.

La place étant découverte, une attaque était possible. On croyait d'ailleurs les Prussiens plus entreprenants et plus audacieux encore qu'ils ne l'étaient en réalité, et l'on s'imaginait que, profitant du facile succès qu'ils avaient eu à Rouen, ils tenteraient une pointe hardie sur le Havre.

Dans cette hypothèse, les têtes de colonne de l'armée prussienne pouvaient arriver à portée de canon de la place, en vingt-quatre heures, et le gros de cette armée avec l'artillerie pouvait les rejoindre en deux ou trois étapes.

C'est pourquoi, le 4 Décembre, au soir, le sous-préfet envoya l'ordre à tous les maires de l'arrondissement d'envoyer le lendemain « tous les gardes nationaux de 21 à 40 ans, armés ou non, équipés et habillés ou non, » et qu'il se proposait d'équiper et d'armer avec les ressources de la place et de l'arsenal.

Le lendemain matin, les autorités adressèrent à la population la proclamation suivante :

« Habitants du Havre,

» Par une marche rapide, l'ennemi est arrivé aux portes de Rouen.

» Le Havre, plus menacé que jamais, mais préparé depuis longtemps, est décidé à la plus énergique défense.

» A l'approche du danger, nous faisons un nouvel appel au patriotisme de la population.

» Aucun sacrifice ne lui coûtera pour repousser l'ennemi et préserver notre riche et vaillante cité du pillage et de la souillure de l'étranger.

» Soutenus par son énergique concours, nous répondons du salut du Havre.

» *Vive la République, Une et Indivisible!*

| | | |
|---|---|---|
| » Le commandant supérieur. | Le sous-préfet, | Le Maire, |
| » RALLIER. | E. RAMEL. | GUILLEMARD. |

» Havre, le 5 Décembre 1870. »

Vers sept heures du matin, on connut l'évacuation de Rouen. La nouvelle en fut apportée par un télégramme de M. Estancelin, ainsi conçu :

« Après la défaite d'hier, et sur l'avis certain que l'armée de Manteuffel, en force considérable, entoure Rouen, le général Briand vient de donner l'ordre d'évacuer cette ville. » (1)

Cette dépêche était laconique. Par où s'effectuait la retraite? Où le général Briand conduisait-il ses troupes? Il était douteux que ce fût vers le Havre, car on ne prescrivait de préparer ni logements, ni vivres. Sous l'empire de cette crainte, le sous-préfet télégraphia sur le champ au ministre de la guerre :

« Je suis informé que Rouen, qui devait être défendu, est évacué par le général Briand. L'ennemi peut être demain aux portes du Havre. Nous avons envoyé en avant toutes les forces dont nous disposions pour protéger le chef-lieu. Veuillez donner des ordres pour que des renforts nous soient envoyés sur le champ, en les dirigeant de Serquigny sur Honfleur. Nous sommes disposés à résister à outrance. Les fortifications sont terminées et armées, mais il faut pouvoir mettre des hommes derrière. »

En même temps, des mesures énergiques étaient prises en vue de l'invasion. L'ordre était envoyé aux maires d'évacuer sur le Havre les armes, les bestiaux et tout ce qui pouvait servir à l'approvisionnement de l'ennemi.

Les fusils et les munitions de la commission d'armement remplissaient l'arsenal. L'administration pensant qu'il valait mieux les mettre provisoirement, au moins, aux mains des gardes nationaux que de les laisser prendre par l'ennemi, sans avoir servi, les réquisitionna. Huit mille fusils furent livrés par la direction de l'artillerie à l'administration sous-préfectorale, pour être distribués aux gardes nationaux sédentaires, notamment

---

(1) Le texte de cette dépêche n'est pas conforme à celui qui est donné par M. Estancelin, dans sa brochure : *La vérité sur les évènements de Rouen*. Cependant celui que nous donnons est bien celui de la dépêche signée *Estancelin*, que nous avons eue sous les yeux.

aux ruraux appelés la veille au soir et qui commençaient à arriver, la plupart sans armes ou avec des fusils à pierre.

L'ordre envoyé par le sous-préfet avait été en effet obéi. La
plupart des gardes nationaux, mobilisés par le décret du 4 Novembre, tous pères de famille, s'étaient mis en route vers le
chef-lieu de l'arrondissement, sans uniformes, presque sans fusils
et sans officiers, emboîtant le pas derrière le tambour de la commune et le drapeau national détaché du fronton de la mairie.

Le 6, quand on sut que le Havre allait recevoir une garnison
considérable, on se hâta de renvoyer dans leurs foyers ces braves
gens qui avaient dignement répondu à l'appel du patriotisme et
contre-ordre fut expédié à ceux qui étaient encore en route.

Le conseil municipal s'assembla de son côté, dans la journée
du 5, et vu le péril que courait la cité, se déclara en permanence.
Un de ses premiers soins fut de désigner trois de ses membres
pour aller à la rencontre des troupes qui avaient évacué Rouen,
et presser les chefs de les diriger sur le Havre. Cinq autres commissions furent constituées pour pourvoir à l'armement, au maintien des communications par mer, au casernement des troupes,
à l'alimentation et aux secours. En outre, le conseil vota la franchise d'octroi en faveur des cultivateurs qui mettraient leurs
bestiaux et provisions de toute sorte à l'abri des réquisitions des
Prussiens, en les dirigeant sur la ville.

Le lendemain, des dépêches du gouvernement firent connaître le triste dénoûment, que le destin, inexorable à la France,
imposait aux illusions et aux espérances enfantées dans tous les
cœurs, par la proclamation triomphante du 1er Décembre. La
grande sortie de Paris n'avait produit aucun résultat, et l'armée
de la Loire, vaincue, avait évacué Orléans que l'ennemi occupait
à nouveau.

D'autre part, on apprit d'une façon définitive que les troupes
du général Briand s'avançaient par la rive gauche de la Seine
vers Honfleur, dans le dessein de passer au Havre (6 Décembre).

Nous avons vu, en effet, que le 5, à quatre heures du matin.

le général Briand, prétendant que la ville de Rouen étant endormie, ne voulait pas se défendre, avait donné l'ordre de la retraite
à toutes les troupes répandues sur le périmètre des travaux de
défense en construction à Rouen. Ces troupes, ligne, hussards,
chasseurs, mobiles, mobilisés, artillerie, francs-tireurs s'étaient
aussitôt engouffrées par le Pont-de-Pierre sur la route de Caen,
et avaient pris, pêle-mêle, la direction de Pont-Audemer et Routot
pour arriver sur Honfleur.

Il est fort heureux que les Prussiens n'aient pas songé à faire
aucune démonstration contre cette armée en déroute. On frémit
aux conséquences qu'auraient pu avoir une charge de cavalerie,
sur la cohue sans nom, qui, à moitié gelée, affamée, brisée de
fatigue, suivait péniblement la route. Un grand nombre de ces
hommes, qui avaient le ventre vide, s'étaient précipités dans les
cafés ou chez les habitants en traversant Rouen, et, à défaut de
provisions de bouche, s'étaient repus de vin, d'eau-de-vie, de ce
qu'on avait pu leur donner de liquide. L'effet de la boisson, en
pareille circonstance, avait été funeste. Beaucoup s'étaient enivrés ; il en tombait sur la route et dans les fossés. D'autres dé-
chargeaient leurs armes à tort et à travers, au risque de s'entre-
tuer ou de tuer ou blesser les gens du voisinage. A chaque village,
une grappe humaine se formait devant chaque porte, demandant
du pain pour manger ou de la paille pour dormir. Mais, comme
de juste, les premiers qui avaient passé avaient fait le vide de
toutes les provisions, et l'interminable queue des traînards ne
trouvait rien pour elle. Alors, c'étaient des cris, des vociférations,
et quelquefois des actes de violence.

La nuit arriva, nuit glaciale, où le thermomètre descendit à
sept degrés au-dessous de zéro. La plus grande partie de ces
malheureux bivaqua sur la terre glacée, pressés les uns contre
les autres dans les fossés de la route. Un grand nombre ne se
relevèrent plus. Un chirurgien militaire évalua à près de deux
cents le chiffre des hommes qui moururent de fatigue et de froid
dans cette retraite de Buchy jusqu'au Havre.

Le 6, au matin, les têtes de colonne étaient à Pont-Audemer

et Routot. Le général Briand était à Pont-Audemer. Là, une certaine hésitation se produisit dans sa détermination de retraite sur le Havre, d'après les anciennes instructions du ministre de la guerre. Cédant à des motifs inconnus, il songea à rejoindre l'armée de l'Ouest avec la plus grande partie de ses forces, et même, ce qui est plus inconcevable, à garder avec lui le commandant Mouchez, dont le nom était si sympathique et si cher aux habitants et à la garde nationale du Havre.

« Par ordre de Briand, télégraphia ce dernier au sous-préfet, je vous envoie 10,000 hommes pour défendre le Havre, 15,000 doivent rester ici pour rejoindre l'armée de l'Ouest ; je crois qu'il me gardera avec lui. Les troupes n'arriveront que dans l'après-midi et la soirée. »

Cette nouvelle causa naturellement une douloureuse émotion aux autorités civiles du Havre. On ne voulut pas la communiquer au public qu'elle aurait exaspéré et à coup sûr singulièrement découragé, avant d'avoir fait les plus grands efforts pour faire revenir le général Briand sur son dessein. Dans ce but, le sous-préfet télégraphia à la fois à Tours et au commandant Mouchez.

« Tout le monde ici est résolu, disait-il, dans sa dépêche au ministre, mais il faut pour que nos efforts ne soient pas vains, que nous ayons quelques troupes solides pour soutenir les recrues qui composent la garde nationale mobilisée, c'est-à-dire les 10,000 hommes qu'on nous destine.... Ne pas nous laisser le corps entier de Briand, serait assumer la plus grande responsabilité. »

D'autre part, il disait au commandant Mouchez : « Ne pas nous laisser les 15,000 hommes qu'on veut envoyer dans l'Ouest, c'est vouloir que le Havre tombe dans les mains de l'ennemi. Il y a là une lourde responsabilité, qui deviendrait presque de la trahison, de la part de celui qui ordonnerait cette mesure. Je ne sais de qui émane l'ordre de scinder les troupes, mais j'espère et il importe qu'il soit contremandé sur le champ ou l'on jetterait ici le plus complet découragement.

« Je compte, et avec moi toute la population havraise, sur

votre énergique concours pour diriger la défense de notre ville, et nous sommes résolus à user de tous les moyens pour arriver à ce résultat. »

Ces objurgations énergiques déterminèrent le ministre ou le général Briand à changer d'avis, car la réponse de M. Mouchez fut que toute l'armée viendrait au Havre, où l'on devait préparer le logement et les vivres. L'arrivée était indiquée pour le soir (6 Décembre).

Le commandant Mouchez, précédant la colonne, était déjà parvenu à Honfleur. Il s'occupa, de concert avec le commandant Rallier, d'organiser les transports d'Honfleur au Havre. A la marée du soir, une grande partie des troupes furent transportées. Le transport du reste s'effectua le lendemain. Seul, le 12e chasseurs fut dirigé sur Caen.

Quoiqu'il fut nuit close, qu'il neigeât et fit un froid vif, quand débarquèrent sur le quai du Havre les premières troupes, une affluence considérable se porta à leur rencontre, et fit une chaleureuse réception à nos malheureux soldats, exténués de fatigue et manquant de tout.

Les éclaireurs Mocquard excitèrent entre tous la sympathie publique. Les exploits accomplis par ces braves volontaires dans l'Eure et autour de Rouen les avaient rendus populaires. Ils arrivaient absolument en guenilles, mais l'air crâne et décidé, rappelant assez fidèlement l'aspect des bataillons de la première République. En les voyant passer ainsi, à la lueur des feux, qui éclairaient cette étrange scène, toute la population cria : « Vive les Mocquard ! » Elle fit aussi une ovation à l'ambulance irlandaise, qui, depuis son départ du Havre, avait marché avec eux, et à l'ambulance suisse, qui était tombée aux mains de l'ennemi, après Buchy.

En même temps que ces troupes, arrivèrent, par d'autres voies, des corps qui n'avaient pas suivi le mouvement de retraite par la même route.

Ainsi, dans la précipitation de ce mouvement au départ de

Rouen, le 3<sup>e</sup> bataillon mobilisé de Rouen (commandant Devers),
qui, le 4, jusqu'à trois heures, avait gardé le passage à niveau
du chemin de fer, à Critot, puis s'était replié avec une perte de
deux hommes, entre Monville et Malaunay, avait été oublié sur
ce point. Il dut gagner Duclair par la rive droite de la Seine, et
de là le *Trait,* où un vapeur envoyé du Havre vint le recueillir.

A Yvetot et à Dieppe, à la première nouvelle de l'occupation
de Rouen, on s'était hâté de concentrer tous les mobilisés et de
les diriger sur le Havre, pour leur éviter d'être arrêtés par les
Prussiens et envoyés en Allemagne grossir le nombre des prisonniers, dont les vainqueurs se plaisaient à faire ressortir le
chiffre pour rehausser leurs succès.

Enfin, les 1<sup>er</sup> et 3<sup>e</sup> bataillons mobilisés du Havre et le 1<sup>er</sup> bataillon de Dieppe, qui n'avaient pu quitter Serquigny à temps
pour revenir sur Buchy, avaient suivi le mouvement de retraite
qui, après la prise de Rouen, se produisit de ce point sur
Bernay. De là, ils se dirigèrent sur Caen, d'où on les envoya
chercher du Havre par mer (8 Décembre).

L'effectif de tous ces corps concentrés au Havre atteignait
40,000 hommes de toutes armes. La ville en était littéralement
encombrée, et quel qu'ait été le zèle déployé par l'administration
municipale, l'arrivée presque subite d'une pareille quantité de
troupes n'avait pas permis que tout fut prêt pour les recevoir.
On avait avec les premiers venus gorgé les casernes, les magasins-généraux, le dépôt des tabacs, les halles, puis les maisons
particulières. Mais il arrivait toujours des traînards et des corps
de troupes non ralliés. Les billets de logement se trouvèrent insuffisants et le pain manqua chez les boulangers. Toute la journée
et la nuit du 7 et le 8, les rues se remplirent de malheureux qui
cherchaient l'hospitalité.

Au milieu de ces embarras, l'administration municipale fit
son devoir avec son zèle ordinaire. Le maire et ses adjoints parcouraient chaque quartier, chaque rue, frappant à toutes les
portes, stimulant le patriotisme de leurs concitoyens, et répar-

tissant entre eux dans des proportions aussi égales que possible les charges qui leur incombaient dans ces douloureuses circonstances. D'autre part, afin de pourvoir à toutes les nécessités nouvelles créées par l'établissement de l'armée au Havre, le conseil municipal vota spontanément et à l'unanimité un troisième emprunt de 700,000 fr. (8 Décembre).

La générosité de la population havraise suppléa bien vite à l'insuffisance des ressources. On vit des ouvriers, des marins s'emparer triomphalement d'un ou de plusieurs soldats et les emmener partager le modeste repas de la famille.

L'autorité militaire prit également les plus actives mesures pour assurer aux troupes des distributions régulières de vivres et des logements. A mesure qu'ils furent ralliés, les différents corps furent cantonnés sur une ligne d'occupation qui, partant d'Octeville, vers la mer, s'étendait jusqu'à Gainneville, sur la route de Rouen. Ce poste, le plus avancé de la ligne, fut confié au colonel Mocquard (8 Décembre).

Cependant, l'armée du général Briand était à peine installée dans la ville ou en avant du Havre, que de nouvelles et plus graves difficultés surgissaient entre l'autorité civile et l'autorité militaire au sujet du maintien intégral des troupes dans les lignes de défense de cette place.

Déjà, au sujet des réquisitions de fusils et de munitions faites par le sous-préfet à la direction d'artillerie, un dissentiment s'était produit entre ce fonctionnaire et le ministre de l'intérieur. Toutefois ce dissentiment s'était aplani, et M. Gambetta avait fini par y donner son approbation en y ajoutant une condition solennelle : « Cette réquisition, avait-il dit, engage votre responsabilité de la manière la plus grave. Ne m'apprenez point tout-à-coup que le Havre ne s'est pas défendu, comme cela est arrivé à tant d'autres villes. Vous êtes armés : il faut résister avec la dernière énergie, lutter jusqu'à la mort plutôt que de rendre la ville. Je vous le répète, vous avez encouru à mes yeux une responsabilité que je suis décidé à invoquer contre vous, s'il y a lieu. »

A quoi le sous-préfet répondit, comme l'eût fait autrefois un représentant de la Convention aux armées : « J'accepte complétement la responsabilité qui m'incombe.

» Le Havre et ses chefs feront leur devoir jusqu'au bout, et il ne dépendra pas de nous que l'honneur de la Normandie ne soit vengé.

» Nous repousserons l'ennemi ou nous saurons mourir. » (7 Décembre).

Or, dans le même temps où ces promesses s'échangeaient, où la ville du Havre, par l'organe du sous-préfet, affirmait sa volonté de résister à outrance, M. de Freycinet, délégué à la guerre, télégraphiait au général Briand d'abandonner la ville avec une partie de ses forces.

Le gouvernement avait alors le dessein de réunir des forces considérables à Cherbourg pour défendre les lignes de Carentan, à la possession desquelles il attachait une importance capitale. Estimant que le général Briand serait plus utile à la tête de ces troupes qu'à celle de la défense du Havre, où les derniers évènements avaient fait naître une grande défiance contre lui, il avait résolu de lui donner ce commandement, et en même temps, ce qui était plus grave, de laisser sous ses ordres une partie des troupes qu'il avait introduites dans le Havre et qu'il amènerait avec lui à Cherbourg.

« Vous vous concerterez, disait le ministre au général, avec les autorités du Havre, et vous vous inspirerez des nécessités de la défense que vous apprécierez.

» Nous nous en rapportons à votre loyauté pour ne pas céder d'un côté aux exigences du Havre, et pour ne pas compromettre non plus la défense de cette ville, à laquelle nous tenons *très particulièrement*. Toutefois, le chiffre des troupes que vous ramenerez à Cherbourg ne devra pas être inférieur à 5,000 hommes. »

Aujourd'hui que les préventions de la population havraise au sujet de l'intention qui dictait ces ordres se sont dissipées, on reconnaîtra que le Gouvernement n'avait pas absolument tort de les donner. Fortifié et armé comme il l'était, le Havre n'avait pas besoin de 40,000 hommes derrière ses lignes de défense pour repousser une attaque.

Néanmoins, le moment était on ne peut plus mal choisi pour opérer le retrait de 5,000 hommes.

Le corps d'armée de Rouen, arrivé au Havre en déroute, était à peine entré dans la période de réorganisation, et la marche de l'ennemi semblait se dessiner dans le sens d'une attaque très prochaine.

La présence d'une avant-garde prussienne était signalée à Yvetot le 7 Décembre, et il ne fallait pas plus d'un jour pour que l'ennemi apparût en vue du Havre. De tous côtés on signalait des mouvements de l'armée allemande dans la direction de cette ville.

En de pareilles circonstances, faire partir une quantité si faible que ce fut des troupes qui gardaient la place, c'était sinon affaiblir la défense au point de vue matériel, c'était du moins l'affaiblir au point de vue moral, décourager les autres troupes et alarmer la population qui, surtout depuis Metz, acceptait avec tant de facilité la pensée d'une trahison.

Dans la matinée du 9, les éclaireurs ennemis se montrèrent. Les éclaireurs à cheval du commandant Grosos revenant d'une reconnaissance sur la gare d'Etainhus, rencontrèrent, au-dessus d'Epretot, une patrouille d'une quarantaine de dragons prussiens avec laquelle ils échangèrent des coups de feu sans résultat.

Dans la soirée, le colonel Mocquard fit connaître au commandant supérieur qu'il commençait à sentir le Prussien de tous les côtés. Les mouvements des divers détachements ennemis semblaient indiquer l'intention de profiter du défaut d'organisation existant parmi les troupes chargées de la défense, pour tenter d'enlever par surprise un des points fortifiés. Le colonel demandait donc des renforts, surtout de l'artillerie, pour couvrir la voie du chemin de fer.

Malgré ces graves nouvelles, le général Briand, se conformant aux ordres de Tours, formait une division avec les hussards, la légion des mobilisés de Rouen, les deux bataillons de marche et cinq bataillons de mobiles, et commençait à l'embarquer pour la transporter le soir même à Cherbourg.

La foule assistait mécontente, inquiète, agitée, à ces préparatifs de départ auxquels elle ne comprenait rien. On parlait de défection, de capitulation. « On veut livrer le Havre, disait-on dans les groupes, comme on a livré Rouen. »

Cependant, lorsque les dernières nouvelles des avant-postes furent parvenues aux autorités, celles-ci, c'est-à-dire le sous-préfet et le maire, décidèrent de se rendre auprès du général Briand et de faire les protestations les plus énergiques contre son départ.

Il était neuf heures du soir. Une foule énorme stationnait dans la rue de Paris, devant l'*Hôtel de l'Europe*, où résidait le général, manifestant ses impatiences et ses alarmes avec la plus grande vivacité. Enfin, après quelques moments d'attente, les mandataires de la ville sortirent de l'hôtel, annonçant que les troupes seraient maintenues au Havre. On cria aussitôt : « vive Guillemard ! vive Ramel ! » et la foule rassurée reconduisit en triomphe, à l'Hôtel-de-Ville, le sous-préfet et le maire.

Une proclamation de M. Guillemard fit connaître à la population que le général Briand, forcé d'obéir à des ordres précis, et placé entre son devoir, qui était d'obéir et le désir de satisfaire aux demandes d'une population dont il appréciait le patriotisme, avait décidé de partir seul, sauf un faible corps déjà embarqué (1).

---

(1) Voir le texte de cette proclamation :

» Citoyens,

» Au moment où l'ennemi approche du Havre à marches forcées, la municipalité, fidèle interprète de la population tout entière, s'est émue à l'idée que des troupes s'embarquaient pour Cherbourg, alors que l'ennemi était à nos portes.

» Le sous-préfet, le maire et ses adjoints se sont rendus à 9 heures

Parmi ces troupes se trouvait le 3e hussards, moins un escadron qui restait au Havre avec le lieutenant-colonel de Beaumont. Elles partirent ainsi que le général, le 10, avant le lever du jour, à bord des transports de l'état *Souffleur* et *Hermione*, qu'on avait tout exprès envoyé de Cherbourg pour ramener la division désignée pour quitter le Havre.

Par décision du 9, le Gouvernement avait chargé M. Mouchez du commandement supérieur de la division militaire de la Seine-Inférieure et de la défense du Havre. Une autre décision gouvernementale avait investi M. le sous-préfet Ramel de tous les pouvoirs civils dans l'étendue de l'arrondissement du Havre.

M. le préfet Desseaux, qui avait suivi l'armée de Rouen dans sa retraite, s'était arrêté à Honfleur. Le secrétaire-général de la préfecture de la Seine-Inférieure, M. Leplieux, était seul venu s'installer au Havre, mais, par suite de la décision du ministre, son rôle devait uniquement se borner à l'expédition des affaires concernant le département, moins l'arrondissement du Havre.

Le même jour, on apprit dans cette ville que le gouvernement était transféré de Tours à Bordeaux. Les motifs de cette translation étaient exposés dans la dépêche officielle de M. Gambetta, dans les termes suivants : « Ne soyez pas inquiets de cette translation qui a uniquement pour but d'assurer la parfaite liberté des mouvements stratégiques des deux armées, composées avec l'armée de la Loire. Patience et courage, nous nous tirerons

---

du soir auprès du brave général Briand, pour lui exposer les sentiments de la population, et le prier de suspendre l'embarquement des troupes qu'il devait conduire à Cherbourg.

» Le général, forcé d'obéir à des ordres précis, était placé entre son devoir, qui était de partir, et le désir de satisfaire aux demandes d'une population dont il apprécie le patriotisme.

» En conséquence, il n'a pu différer son départ, mais il a consenti à laisser au Havre *toutes les troupes, sauf le faible corps déjà embarqué.*

» La défense est donc pleinement assurée et la municipalité est heureuse d'en prévenir la population.

» *Le Maire,* GUILLEMARD. »

d'affaire : ayez de l'énergie, réagissez contre les paniques, défiez-
vous des faux bruits, et croyez en la bonne étoile de la France. »
(9 Décembre).

# CHAPITRE X

Progrès de l'invasion dans la Seine-Inférieure après la prise de
Rouen. — Tentative pour surprendre le Havre. — Combat
de Gonfreville-l'Orcher. — On se prépare au Havre a repousser l'attaque. — L'investissement parait complet. —
Nouveaux ordres du ministre de la guerre pour l'embarquement d'une partie des troupes. — Agitation populaire. —
Retraite des Prussiens. — Faux bruits d'une victoire extraordinaire sous les murs de Paris. — Préparatifs d'un mouvement en avant qui n'a pas lieu. — Évacuation complète de
l'arrondissement du Havre par l'ennemi. — Motifs de cette
retraite.

La nouvelle de l'entrée des Prussiens à Rouen fut à peine
connue de l'état-major général ennemi, à Versailles, que l'ordre
en partit de poursuivre nos troupes du côté du Havre (6 Décembre) (1).

Le général de Manteuffel porta immédiatement son avant-
garde de Barentin sur Yvetot, mais elle s'arrêta dans cette ville
en apprenant que la retraite du général Briand s'était effectuée
par la rive gauche (7 Décembre).

Le même jour, le commandant en chef de la première armée
allemande forma, à Clères, une brigade combinée de 2 régiments
de cavalerie, 2 bataillons d'infanterie et une batterie, sous le général Dohna, pour se porter sur Dieppe. Elle y entra, le 9, sans
trouver aucune résistance, et se distingua par une saisie de
25,000 cigares à la manufacture des tabacs et un auto-da-fé des
fusils de la garde nationale.

----

(1) V. Warstensleben. *Opérations de la 1re armée, etc.*
(Traduction Niox).

D'autres colonnes, lancées des environs de Rouen sur la rive gauche de la Seine, occupèrent Louviers et Vernon (le 8), Evreux (le 9) ; Bourg-Achard et Pont-Audemer, sur la route qui avait été suivie quelques jours auparavant par le général Briand. Le détachement, qui occupa Pont-Audemer, poussa une pointe de cavalerie dans la journée du 9 jusque sur les hauteurs de Fatouville et de Fiquefleur qui dominent Honfleur. Les hussards prussiens y reçurent des coups de feu des quelques traînards de l'armée de Rouen, qui se trouvaient encore dans le pays et se hâtèrent de rétrograder. Le département de l'Eure presque tout entier ne s'en trouvait pas moins aux mains de l'ennemi. Les troupes du commandant Gaude, sans essayer la moindre résistance, s'étaient repliées derrière la Risle, puis derrière la Touques.

Le général de Manteuffel prépara également une expédition contre le Havre, qui fut dirigée par le général de Brandenburg, avec une brigade du premier corps. Ses instructions portaient qu'il devait désarmer les populations, occuper provisoirement les villes ouvertes, et briser toute résistance.

La colonne se mit en route le 8 Décembre et atteignit Bolbec le 9, d'où elle envoya reconnaître les deux principales routes du Havre par St-Romain et Montivilliers. Ce sont ces reconnaissances qui furent rencontrées par les éclaireurs à cheval du Havre près d'Etainhus, et que le colonel Mocquard signalait le 9 au soir, comme menaçant tout particulièrement la ligne de défense vers la voie du chemin de fer.

Dans la nuit, on lui envoya les renforts qu'il avait demandés avec une batterie d'artillerie ; mais au matin, les têtes de colonnes ennemies étant signalées à St-Romain, à Angerville-l'Orcher, à Montivilliers, à Criquetot, à Gonneville, le commandant supérieur prescrivit un mouvement en arrière pour appuyer les troupes sur les batteries d'Harfleur. La ligne des avant-postes se trouva ainsi reculée de deux kilomètres, de Gainneville à Gonfreville-l'Orcher. En avant de cette dernière localité, un engagement eut lieu entre les dragons prussiens et la 1re compagnie des francs-tireurs d'Elbeuf (capitaine Stévenin) ; ceux-ci démontèrent plusieurs cavaliers ennemis.

La nouvelle de cet engagement coïncidant avec des dépêches de Beuzeville, de Goderville, de Bolbec, annonçant que des colonnes d'infanterie, de cavalerie, d'artillerie, avec un matériel de ponts, de voitures, d'ambulances, etc., avançaient par toutes les routes convergeant vers le Havre, donna à penser que l'attaque générale était imminente.

Une proclamation du sous-préfet annonça aux citoyens du Havre que l'ennemi venait d'attaquer nos avant-postes et que l'heure était venue de montrer à la France que les cités républicaines ne capitulent pas (10 Décembre) (1).

D'autre part, les diverses autorités prirent toutes les dispositions que paraissaient imposer les nécessités de la défense et qui rentraient dans leurs attributions respectives.

Ainsi, un arrêté du commandant supérieur Mouchez mit en interdit la navigation de la Basse-Seine.

---

(1) Voici le texte de cette proclamation :

« RÉPUBLIQUE FRANÇAISE. — LIBERTÉ, EGALITÉ, FRATERNITÉ.

» Citoyens,

» L'ennemi vient d'attaquer nos avant-postes : nous allons enfin pouvoir venger l'honneur de la Normandie et montrer à la France que les Cités Républicaines ne capitulent pas.

» Bien armés, ayant derrière nous la mer, devant nous l'ennemi, il faut résister jusqu'à la Mort !

» Nous l'avons maintes fois promis : soyons dignes des espérances que fonde sur nous le pays.

» Je viens de jurer au Gouvernement de la Défense Nationale que je répondais de la Victoire.

» Il a pris acte de mon serment.

» Je sais que je puis compter sur vous.

» Comptez sur moi !

» Car je suis fort du concours des dignes représentants de notre cité, du dévouement de nos chefs militaires et de l'enthousiasme républicain de la garde nationale et de notre population tout entière.

» J'attends donc avec confiance l'heure prochaine où la République décrétera que le Havre, comme Châteaudun, a bien mérité de la Patrie !

» AUX ARMES !

» *Vive la République, Une et Indivisible !*

» Le sous-préfet, E. RAMEL. »

Le commandant du génie (lieutenant-colonel Meurdra), fit sauter le pont du chemin de fer nº 32, sur la Lézarde, et barrer le tunnel par un mur crénelé en briques et en ciment.

Enfin, en prévision d'un bombardement, le maire du Havre réclama les pompes à incendie appartenant aux particuliers et invita les citoyens non compris sur les rôles de la garde nationale à faire le service de pompiers volontaires.

Néanmoins, malgré toutes les apparences de l'attaque que l'on attendait d'un moment à l'autre, les journées du 10 et du 11 se passèrent sans autre incident notable.

Le 12, les rapports officiels annonçaient que l'ennemi continuait à se masser autour du Havre et tâtait, avec prudence, les positions fortifiées que nous occupions. Mais bien que nos grand'gardes touchassent, pour ainsi dire, à celles de l'ennemi, il n'y avait eu encore que quelques coups de feu sans importance, notamment du côté d'Octeville, où les Prussiens avaient semblé faire une pointe plus sérieuse.

Tout à coup un mouvement se produisit de notre côté. Les troupes, qui avaient dû partir deux jours auparavant avec le général Briand, quittèrent derechef leurs positions et rentrèrent en ville. C'était le résultat de nouvelles instructions du délégué au ministre de la guerre, qui, n'approuvant pas la décision prise par le général Briand de partir seul, avait insisté pour que l'ordre précédemment donné à celui-ci fut exécuté et qu'un corps de 4,000 hommes fut immédiatement embarqué pour Cherbourg.

Quand cette colonne apparut en ville, une vive et douloureuse émotion s'empara de la population. Une députation d'officiers de la garde nationale se rendit auprès du commandant Mouchez, pour le prier de donner contre-ordre. En même temps, le conseil municipal se réunit d'urgence et prit à l'unanimité une délibération ainsi conçue :

« Le conseil, considérant qu'un départ de troupes en présence de l'ennemi aurait pour effet immédiat de faire croire à une défaillance ;

» Considérant que la garde nationale et toute la population veulent se défendre à outrance ;

» Proteste à l'unanimité contre tout embarquement de troupes et adjure le commandant supérieur d'empêcher ce départ, le conseil assumant sur lui toute la responsabilité de ce fait. »

Cependant des rassemblements tumultueux se formaient sur divers points, parlant de s'opposer par tous les moyens, même par la force, à l'embarquement des troupes. Vers neuf heures du soir, une manifestation imposante, précédée d'un drapeau tricolore, se portait vers la sous-préfecture et envoyait une délégation dans le cabinet du sous-préfet, pour savoir si, oui ou non, l'autorité laisserait distraire 4,000 hommes de l'armée du Havre.

Le sous-préfet se présenta et promit de résister, autant qu'il pourrait, aux instructions du Gouvernement, mal renseigné sur la situation de la ville.

« Citoyens, dit-il, n'êtes-vous pas disposés à une défense héroïque?

— « Oui! oui! nous vous le jurons, répond la foule. »

— » Alors, reprend-il, comptez sur moi comme je compte sur vous. »

Déjà le commandant Mouchez, fort de l'appui du conseil municipal et redoutant une émeute s'il exécutait les ordres du ministre, avait décidé que les troupes ne partiraient pas, et, d'accord avec M. Ramel, avait fait afficher une proclamation annonçant cette détermination. (1) Mais cette proclamation n'avait

_______________

(1) Voici le texte de cette proclamation :

« Habitants du Havre,

» Le ministre de la guerre a donné aujourd'hui l'ordre formel d'envoyer à Cherbourg au moins 4,000 hommes des troupes actuellement au Havre.

» Le Conseil municipal, dans une délibération fortement motivée, la garde nationale, de nombreux délégués de la population sont venus suc-

pas encore eu le temps d'être connue, et c'est pourquoi la foule voulait que le sous-préfet et le maire donnassent leur parole d'honneur qu'ils ne laisseraient partir ni un soldat, ni un canon, tant que le Havre serait menacé.

A l'Hôtel-de-Ville, tandis que M. Guillemard s'efforçait de calmer l'agitation populaire, on cria qu'on enlevait subrepticement les armes de la ville. Dans une cour de derrière, en effet, on chargeait une voiture de vieux fusils à pierre, qu'on allait embarquer pour être transformés, dans les manufactures de l'Etat, en fusils à tabatière. En un clin-d'œil la voiture fut déchargée. La foule courut également sur le quai des bateaux de Morlaix où l'on embarquait des armes, provenant des achats de la commission d'armement et appartenant à l'Etat ou aux départements. Malgré les protestations du commandant Rallier et de ses officiers, le bateau de Morlaix fut envahi, et les armes qu'il contenait furent remontées sur le quai.

A l'Hôtel de l'Europe, l'état-major des gardes nationales mobilisées de la Seine-Inférieure, qui était venu de Rouen au Havre, fut également l'objet d'une manifestation hostile. On était persuadé que l'ordre inexplicable du ministre de la guerre lui avait été inspiré par d'anciens fonctionnaires de Rouen, ce qui n'était pourtant guère vraisemblable.

---

cessivement apporter, au nom du salut commun, les protestations les plus énergiques contre cet ordre du ministère, à leur avis, moins bien placé qu'eux pour apprécier les nécessités locales de la défense.

» En présence des circonstances dont la gravité s'accentue à chaque heure et de l'émotion légitime de la population tout entière, le commandant supérieur et le sous-préfet viennent de répondre au gouvernement que le départ des troupes du Havre, en ce moment, était inopportun et impossible.

» Que toute préoccupation étrangère à la défense disparaisse.

» Les autorités civiles et militaires du Havre sont complétement d'accord avec les citoyens pour défendre la ville à outrance.

» Les forces dont nous disposons rendront le succès facile.

» Le commandant supérieur.

Le sous-préfet.

» MOUCHEZ.

E. RAMEL. »

Cependant M. de Freycinet maintenait énergiquement ses ordres. C'était provoquer un soulèvement certain. Sur les instances de M. Ramel, il finit néanmoins par consentir à transmettre à M. Gambetta, à Bourges, l'exposé de la situation qui lui était fait, et heureusement, le ministre en personne ordonna de suspendre le départ des troupes (13 Décembre) (1).

Presqu'aussitôt, une détente se produisit sur la ligne d'investissement. De Montivilliers, on manda qu'un nombreux corps d'armée annoncé le 12, au soir, par une patrouille de cavalerie, pour le lendemain matin, ne s'était pas présenté, et le maire de Bolbec, M. Guillet, fit connaître que des quantités considérables d'infanterie, de cavalerie et d'artillerie, passaient à travers sa ville, revenant du Havre et réquisitionnant partout, sur leur passage, chevaux et voitures pour se diriger sur Fauville, Cany, St-Valery-en-Caux et Dieppe.

L'ennemi battait donc en retraite.

Une nouvelle étourdissante de bonheur se répandit en même temps en ville où elle avait été apportée par des exprès envoyés par divers maires de l'arrondissement. Cette nouvelle était conçue en ces termes :

« Paris débloqué.

» Bismark bloqué dans Versailles, avec 80,000 hommes.

» 50,000 prisonniers.

» 50 canons pris.

» 200 encloués.

» Le prince Frédéric-Charles la tête enlevée par un boulet.

» Le général Trochu vient sur Mantes avec 100,000 hommes.

» Aujourd'hui 13, le général Vinoy vient à Rouen avec 60,000 hommes. »

----

(1) Voir pièces justificatives, n° 7.

Malgré l'exagération évidente de ce ballon à sensation, sa coïncidence avec le départ précipité de l'ennemi parut à un grand nombre de citoyens un motif suffisant de s'abandonner à la confiance et à la joie.

Chose extraordinaire, des gens sérieux prétendaient non pas seulement avoir entendu raconter ces étonnants faits d'armes, mais en avoir vu la confirmation de leurs yeux. Ainsi, le maire d'Hocqueville mandait que M. le marquis de P..., revenant d'un voyage à Rouen, avait vu les Prussiens évacuer cette ville, le 12 au matin. Celui d'Angerville-Bailleul faisait connaître qu'une dame de sa commune certifiait avoir vu le général Vinoy, le lundi 12, sur les hauteurs de Rouen, qu'il avait fait sommation aux Prussiens de se rendre. Enfin, M. Guillet lui-même, le maire de Bolbec, dont les informations avaient toujours un caractère absolument digne de foi et étaient des plus sûres, faisait savoir que l'on avait entendu le canon dans la direction nord de Rouen.

Avec un tel concours de renseignements, il était difficile que l'administration ne s'y laissât un peu prendre. Le maire, M. Guillemard, communiquant la dépêche à plusieurs compagnies de la garde nationale, provoqua une vive démonstration d'enthousiasme. Le sous-préfet, de son côté, crut devoir envoyer, mais sous toutes réserves, le résumé des renseignements qui lui étaient parvenus à Bordeaux, tout en mettant la population en garde contre ces bruits.

Ce n'était pourtant qu'une mystification. Les Prussiens eux-mêmes avaient répandu cette fausse nouvelle en se retirant, dans le but d'attirer au dehors l'armée qui s'était concentrée dans les lignes de défense du Havre, et de la battre en pleine campagne. A la même heure, ils tentaient une manœuvre pareille auprès de divers généraux, notamment près du général Chanzy, qui recevait sous la forme d'un télégramme portant la fausse signature du sous-préfet du Havre des bruits non moins extraordinaires.

Au Havre, cette tactique faillit réussir. A l'irritation populaire qui avait signalé la tentative d'embarquement des 4,000 hommes de Cherbourg avait succédé, par le fait de la retraite de l'ennemi, un débordement d'enthousiasme. Des groupes de gardes nationaux demandaient que l'armée se mît à la poursuite de l'ennemi.

Le 14, au matin, le sous-préfet télégraphiait à Bordeaux que l'ennemi se retirant à marches forcées, en manifestant les plus vives inquiétudes, le commandant militaire et lui étaient non-seulement disposés à laisser partir les 4,000 hommes réclamés pour Cherbourg, mais qu'ils allaient envoyer dès à présent vers Rouen une colonne de 10,000 hommes. Le ministre répondit que le Gouvernement verrait avec une extrême satisfaction qu'on exécutât ce mouvement, et qu'il donnait l'ordre aux troupes du Calvados et de l'Eure de l'appuyer.

Le commandant Mouchez réunit à cet effet quelques bateaux à vapeur; il ordonna à la flottille de se préparer à les escorter; et à la nuit l'embarquement de quelques troupes commença. Mais au matin ces troupes reçurent contre-ordre et débarquèrent. Dans l'intervalle, en effet, un aéronaute du Gouvernement de Paris, descendu près de Neufchâtel, était arrivé au Havre porteur de dépêches officielles. Il avait dissipé les illusions qu'on conservait encore au sujet des merveilleux succès de Paris. D'autre part, une concentration de forces considérables avait été signalée entre Dieppe et St-Valery-en-Caux et entre Yvetot et Caudebec. Sur les hauteurs qui encaissent la Seine depuis cette dernière localité jusques en amont, près de Rouen, l'ennemi mettait de l'artillerie en batterie. Toutes ces nouvelles arrêtèrent les dispositions prises par le commandant supérieur.

Le sous-préfet télégraphia à Bordeaux : « L'ennemi qui paraissait se retirer avec précipitation, semble vouloir se concentrer avec des forces considérables dans les environs. Il se prépare à établir un camp retranché à Yvetot et des communications entre les deux rives de la Seine. En même temps, Wolff, messager du Gouvernement, arrivé par ballon, annonce que les bruits de grands succès mentionnés dans ma précédente dépêche sont controuvés. Il y a eu seulement des combats heureux sous Paris. Les succès de Faidherbe ne sont pas confirmés non plus. Dans cette situation notre mouvement en avant paraît devoir être différé jusqu'à ce que les intentions de l'ennemi se dessinent bien. Le Havre me semble aussi menacé qu'il y a trois jours. » (15 Décembre).

Pour s'éclairer sur la position exacte de l'ennemi, des reconnaissances par eau et par terre furent faites le jour même.

La canonnière l'*Etendard,* commandée par le lieutenant de vaisseau Maire, remonta la Seine jusqu'à Caudebec sans rencontrer un ennemi. A Caudebec, elle reconnut la présence d'un détachement Prussien, dont les soldats, à sa vue, se cachèrent dans les maisons. Elle leur envoya plusieurs coups de canon, puis redescendit sur le Havre. Un remorqueur de la Basse-Seine, l'*Abeille,* put remonter le fleuve jusqu'à Duclair, où il constata l'existence de batteries.

Sur terre, on rétablit les communications par la voie ferrée, et une locomotive traînant un fourgon avec une vingtaine d'hommes, poussa jusqu'à Yvetot, sous la direction de M. Julien, commissaire du Gouvernement, et de M. Lucas, chef de section au chemin de fer de l'Ouest. Jusqu'à Alvimare, ils ne trouvèrent aucune trace prussienne, mais au-delà de cette gare et près de celle d'Yvetot, le petit convoi tomba au milieu d'une patrouille de cavaliers ennemis. Il put se retirer sans encombre, mais en abandonnant à terre un homme qui était descendu pour reconnaître la plaine. Cet homme, heureusement, put se soustraire aux cavaliers ennemis et regagner Bolbec à pied.

Deux jours après, une autre exploration par chemin de fer fut faite sur la ligne de Beuzeville à Fécamp, et constata la disparition absolue de l'ennemi dans tout l'arrondissement du Havre (17 Décembre). Une dernière patrouille de trois dragons avait paru, le 15, aux environs de Lillebonne. Elle semblait égarée. Un groupe d'ouvriers l'enleva et la conduisit victorieusement prisonnière au Havre.

L'opinion générale recueillie dans le pays, c'est que le Havre avait dû échapper à une attaque formidable, car partout il était passé des forces considérables marchant sur cette ville. Pour quelles raisons cette attaque n'avait-elle pas eu lieu? Pourquoi l'ennemi avait-il tout-à-coup disparu? C'est ce que les relations allemandes de la guerre en Normandie, notamment celle de Wartensleben, nous ont postérieurement appris.

Nous avons vu le général de Brandenburg diriger, le 9 Décembre, de Bolbec des reconnaissances sur le Havre. Ces reconnaissances trouvèrent les routes barricadées à Gainneville et occupées par de l'infanterie. Le 10, le général de Brandenburg s'avança encore plus à l'ouest sur Angerville-l'Orcher, et fit de nouveau reconnaître les positions défensives du Havre vers Criquetot et Gonneville. Les divers points reconnus furent jugés infranchissables. La ligne de la Rouelle, entre Harfleur et Bléville, était solidement fortifiée, et derrière cette ligne des troupes étaient rassemblées, dont le chiffre variait entre 25 et 40,000 hommes.

Sur ces entrefaites, le général de Moltke avait envoyé de Versailles au général Manteuffel, à Rouen, des instructions ainsi conçues :

« Le gros des forces de la première armée doit continuer les opérations offensives contre les troupes ennemies qui sont encore en rase campagne, et Sa Majesté juge nécessaire de poursuivre d'abord celles du général Briand, qui se sont retirées sur le Havre. Le commandant en chef de la première armée jugera si la ville même peut être enlevée par un coup de main ; mais Sa Majesté ne veut pas que la première armée se laisse entraîner devant le Havre dans une entreprise de longue durée..... Il n'est pas impossible d'avoir à reprendre les opérations contre les troupes battues à Amiens, aussitôt qu'elles quitteront la position de rassemblement qu'elles occupent actuellement près d'Arras, pour se porter de nouveau en avant. » (9 Décembre).

Or, la veille du jour où le général Manteuffel avait reçu ces instructions, le général Faidherbe s'était remis en campagne et il reprenait Ham, le 9.

Il fut décidé, en conséquence, à Rouen, que le premier corps, sous le général de Bentheim, resterait dans cette ville pour la garder et surveiller la rive gauche de la Seine, tandis que le général de Gœben, avec le 8e corps, se porterait sur Amiens pour protéger l'investissement de Paris vers le Nord.

« En se portant sur Amiens, disait l'ordre du jour du 9 Décembre du général de Manteuffel, le général de Gœben fera avec le gros de ses forces un mouvement de reconnaissance du côté du Havre, pour voir si cette place ne pourrait être enlevée par un coup de main. Si cela ne lui paraît pas possible, il n'entreprendra contre elle aucune opération sérieuse ou de longue durée, et se dirigera vers Amiens en suivant la côte. »

Le 10 Décembre, le général de Gœben se mit en marche, et dès le lendemain, ses têtes de colonne atteignirent les environs d'Angerville-l'Orcher et de St-Romain. Lui-même porta son quartier-général à Bolbec. Ralliant le même jour la brigade du général de Brandenburg, il put se convaincre, d'après les renseignements de celui-ci et d'après les reconnaissances qu'il fit opérer de son côté, qu'une attaque contre les lignes fortifiées du Havre était fort aventureuse.

Renonçant donc à cette attaque et se conformant aux instructions qu'il avait reçues, il transporta son quartier-général à Fauville, le 12, et par Cany, St-Valery, Dieppe, Neufchâtel et Crèvecœur, se porta sur Amiens, qu'il atteignit le 20 Décembre. La brigade de Brandenburg se replia de son côté sur Yvetot, Pavilly et Barentin pour rejoindre le premier corps auquel elle appartenait.

C'est vraisemblablement ce détachement qui, en se retirant, avait répandu le bruit des succès extraordinaires des armées de Paris, pour attirer les troupes du Havre en rase campagne et les exposer à une attaque du général de Bentheim. Les instructions données à celui-ci portaient en effet que : « si Rouen venait à être menacé, soit du côté du Havre, soit par le Sud, il ne devait pas s'y défendre ; il devait, au contraire, se porter à la rencontre de l'ennemi et chercher à le battre. Pour cela, il était nécessaire que le gros de ses forces restassent concentrées, etc., etc. »

En résumé, si le Havre n'eût pas été enveloppé d'une formidable ceinture de retranchements, couverte par une puissante artillerie, il aurait eu le 11 ou le 12 Décembre le sort qu'avait eu Rouen cinq ou six jours auparavant. L'énergie et l'activité déployées par les autorités depuis les premiers jours de Septembre et les subsides, fournis sans compter, par la population à ceux qui avaient entrepris de mettre la ville en état de sérieuse défense, avaient donc eu pour effet de la faire considérer comme inattaquable par une armée de campagne. « En effet, dit la relation allemande, après avoir attaqué les positions de défense avancées, on ne pouvait poursuivre les opérations contre la place du Havre, et l'ennemi eût tiré parti de cela au moins comme d'un succès moral. »

Les Allemands ne s'étaient pas attendus à ce résultat. Soit illusion, soit forfanterie, le général de Brandenburg et les officiers de son état-major, marchant sur le Havre, disaient à Yvetot, à des voyageurs qui leur demandaient un laissez-passer pour entrer dans la première de ces deux villes, de prendre la queue de la colonne, qu'ils entreraient avec elle dans deux jours comme elle était entrée à Rouen, sans tirer un coup de canon.

Le 7 Décembre, le correspondant du *Times*, à Versailles, le docteur Russell, dont les correspondances passaient pour être inspirées par l'entourage du roi de Prusse, écrivait : « Manteuffel a reçu l'ordre d'occuper le Havre, il y sera avant que cette lettre n'arrive à Londres. » Il ajoutait d'un ton plaisant : « Les ports de Dieppe et du Havre doivent être immédiatement germanisés par Manteuffel. Les huîtres et le poisson frais reçus au quartier-général sont au nombre des avantages qui résulteront de cette occupation.... » Toutefois, aussitôt cette réflexion faite, le correspondant anglais, se ravisant à l'idée que des canonnières françaises se trouvaient dans les eaux du Havre, disait encore : « Il est curieux de voir ce qu'elles pourront faire si les Français savent s'en servir, ils pourront bien nous empêcher d'avoir du poisson frais à notre déjeûner. »

Une autre correspondance du *Times* dépeignit la surprise

qu'avaient éprouvé les Prussiens en trouvant le Havre si bien préparé à leur résister : « J'ai été étonné de la force des travaux, écrivait-on à ce journal, le 19 Décembre, et de la manière dont toutes les approches de la ville sont commandées. Défendus par des hommes exercés et résolus, si ces ouvrages ne sont pas imprenables, ils sont au moins à l'abri des attaques d'une force dépourvue d'artillerie de siége. Il n'y a aucun point accessible à l'ennemi, d'où il pourrait tirer sur la ville avec des canons de campagne. » Si l'on en croit, au surplus, les rapports parvenus aux autorités du Havre, après la retraite des Prussiens, ceux-ci auraient vainement essayé de faire monter leur artillerie de Bolbec sur le Havre, ils en auraient été empêchés par le verglas.

On sait qu'une vive polémique s'est élevée après la guerre, lors de l'apparition de l'ouvrage du général Faidherbe : « *Campagne de l'Armée du Nord* » entre lui et le général de Gœben, au sujet de l'opération contre le Havre, du 10 au 13 Décembre.

Le général Faidherbe avait dit que son mouvement en avant du 8 au 23 avait eu pour résultat de dégager le Havre en attirant sur lui le général de Gœben. Celui-ci répondit dans la *Gazette militaire allemande*, de Darmstadt (1872), que le mouvement du général Faidherbe n'avait été pour rien dans sa retraite.

L'opinion du général Faidherbe a été généralement admise en France. Elle a été même partagée par la municipalité du Havre, qui, depuis la guerre, a voté des remercîments à l'illustre général, et a voulu consacrer le service qu'il avait rendu à la ville, en inscrivant son nom sur la façade de l'Hôtel-de-Ville. Néanmoins, tout en rendant la plus grande justice aux intentions et aux efforts du plus populaire des généraux de la dernière guerre, il semble résulter de l'examen des faits, que c'est bien à lui-même, au patriotisme de sa population, à l'énergie de ses chefs que le Havre doit son salut.

En effet, l'ordre de porter le 8ᵉ corps de Rouen sur Amiens, était parti de Versailles, le 7 Décembre, avant que le général Faidherbe n'ait commencé son mouvement, qui n'eut lieu que le 8. L'ordre du général de Moltke et les instructions de Manteuffel qui suivirent, prescrivaient de tenter, en passant, l'enlèvement du Havre. Or, cette tentative, ou du moins les reconnaissances préliminaires de cette tentative, eurent lieu les 9, 10, 11 et 12 Décembre. Le 12, le général de Gœben avait déjà renoncé à enlever le Havre, et cependant ce n'est que deux jours après, le 14, qu'on lui transmit de Rouen à Dieppe, où il était en train de lever une imposition de guerre de 75,000 fr., l'avis que le général Faidherbe faisait sur la Fère une expédition très alarmante pour la ligne d'investissement Nord de Paris, et que son armée devait hâter son mouvement vers Amiens.

Le 15, en effet, le général de Gœben prit la route de Neuf-châtel, où il n'était précédemment annoncé que le 17. Manteuffel quitta Rouen lui-même, le 17, avec un régiment de dragons et rejoignit Gœben à Amiens, le 20.

# CHAPITRE XI

Réorganisation des troupes réunies au Havre. — Formation d'une colonne mobile pour opérer en avant. — Reconnaissance de la colonne mobile sur la route de Rouen. — Combat de St-Romain. — Craintes des Prussiens a Rouen. — Barrage établi a Duclair avec des navires anglais. — Combat de Bolbec. — Retraite précipitée du lieutenant-colonel de Beaumont. — Sa démission et son départ pour Cherbourg. — Le commandant Mouchez ramène les troupes en avant. — Situation de la défense nationale. — Campagne de Faidherbe dans le Nord. — Le général Roy sur la rive gauche de la Seine. — Le commandant Mouchez lui promet son concours. — Etat dans lequel se trouve l'armée du Havre. — Le général Peletingeas.

Après la retraite des Prussiens, l'opinion générale était qu'on allait utiliser les 40,000 hommes environ, rassemblés dans la zone défensive du Havre, à expulser l'ennemi du département et à tenter au moins de lui reprendre Rouen. Mais il fallait plusieurs semaines pour réorganiser ces troupes, arrivées dans l'état le plus complet de démoralisation et de harrassement, après la déplorable campagne de Buchy, les rééquiper, les armer, les embrigader, les pourvoir d'un service de vivres et de transports qui ne fut pas improvisé comme celui dont on avait été réduit à faire usage jusqu'ici.

La discipline s'était également fort relâchée par suite de la déroute. Une grande partie des hommes, au lieu de rejoindre leurs compagnies dans les positions où on les avait établies au dehors, étaient restés en ville. Ces hommes, officiers aussi bien que soldats, remplissaient les cafés, les cabarets et les mauvais lieux. Puis, quand le soir venait, ils erraient par la ville, avec leurs armes, leur fourniment, mendiant des billets de logement, quelques-uns même pris de boisson, se querellant avec les habitants ou déchargeant leurs armes dans les rues. Un de ces traînards, ivre, ne s'avisa-t-il pas de tirer sur le factionnaire qui était à la porte des Magasins-Généraux, où était caserné le 3e bataillon des mobilisés rouennais.

Pour réprimer ces écarts et faire rentrer les insoumis dans les rangs, le commandant Mouchez prit des mesures énergiques. Tous les cafés et établissements publics durent fermer à huit heures du soir (10 Décembre).

Tout militaire isolé fut averti de se présenter à la place, sous 24 heures, sous peine d'être traité comme déserteur et déféré à la cour martiale (10 Décembre).

Même décision contre tout officier qui, sans autorisation ou motif valable et urgent, aurait quitté son poste (11 Décembre).

La cour martiale siégea en permanence. Le 19, elle condamna à la peine de mort un soldat du 2e bataillon de marche, pour désertion, et cet arrêt reçut son exécution le 21, au matin, devant les troupes, à l'extrémité du boulevard de Strasbourg, vers la mer.

Par un ordre du jour, en date du 17 Décembre, le commandant Mouchez divisa les troupes en deux commandements.

Le commandement de droite, confié au lieutenant-colonel de Beaumont, s'étendait de la batterie de la Lézarde à celle des Acacias ; le commandement de gauche, confié au capitaine de frégate Olry, s'étendait de la batterie des Acacias aux Phares.

L'artillerie des lignes de défense était divisée en deux secteurs correspondant à ces commandements. Le secteur de droite devait être commandé par le capitaine de frégate Lehelloco ; celui de gauche, par le chef d'escadron d'artillerie Sauvé.

Le commandant Rolin, du 2ᵉ bataillon des mobiles de la Seine-Inférieure, devait commander le fort de Sainte-Adresse ; le commandant Rousset, du 2ᵉ bataillon d'infanterie de marche (41ᵉ et 94ᵉ de ligne), celui de Tourneville.

Le capitaine de gendarmerie Meny était nommé grand prévôt de l'armée, avec mission d'organiser le service de prévôté. Un prévôt avec un détachement de dix hommes devait être attaché à chacun des deux commandants des corps de l'armée.

L'artillerie de la garde nationale sédentaire du Havre était appelée à fournir le complément d'hommes nécessaires au service des batteries des secteurs.

Le régiment des éclaireurs de la Seine, colonel Mocquard, devait continuer le service d'éclaireurs de l'armée, sous les ordres directs du commandant de la division. Le jour même, il reçut l'ordre de prendre son poste, jusqu'à nouvel ordre, en avant des lignes, dans la forêt de Montgeon.

D'après un état dressé à cette époque par les ordres du commandant supérieur de la division, le nombre des forces réunies pour la défense du Havre était, d'après les contrôles de chaque corps, c'est-à-dire sur le papier, de 42,390, dont 8,786 appartenant à la garde nationale sédentaire.

Ces forces se subdivisaient ainsi :

Infanterie : 2ᵉ bataillon de marche (commandant Rousset) ; 5ᵉ bataillon de marche (commandant Barreau) ; demi-bataillon

d'infanterie de marine (lieutenant Larnuder) ; 40 gendarmes de
marine.

14 bataillons de mobile : 1er, 2e, 3e de l'Oise (formant le 53e
régiment mobile, lieutenant-colonel de Canecaude), 4e de l'Oise,
2e et 6e de la Seine-Inférieure, 1er et 2e des Landes, 1er et 2e des
Hautes-Pyrénées, 1er et 8e du Pas-de-Calais, 1er de la Loire-
Inférieure, 2e de la Marne.

17 bataillons de mobilisés : 6 bataillons du Havre (lieutenant-
colonel Hocquart) ; 7 de Dieppe et Yvetot (lieutenant-colonel de
Cornebize) ; 4 de Rouen, 1er, 2e, 3e, 6e (lieutenant-colonel Lapé-
rine) ; le 5e de Rouen était avec les troupes de l'Eure, les 4e, 7e
et 8e à Carentan.

Quinze corps francs : régiment Mocquard, bataillons des
francs-tireurs du Nord (commandant Rondot); du Havre (commandant Jacquot); compagnies de Rouen (cap. Desseaux); d'Elbeuf, 1er et 2e (cap. Stévenin et Métot) ; de l'Orne (cap. de Bautot);
des Andelys (cap. Desestre); de Caen (cap. Bitouzé) ; vengeurs
du Havre (cap. Marcel Deschamps); guérilla parisienne (cap.
Vacquerel); éclaireurs d'Elbeuf (cap. Julien); compagnie de
marche de Dieppe (cap. Angot); fusiliers marins de Dieppe (cap.
Godart); chasseurs-éclaireurs de Bolbec (cap. Pimont); détachement des chasseurs du Havre garibaldiens (cap. Dupon-
tavisse).

Six bataillons de la garde nationale sédentaire du Havre
(colonel Huchon).

Cavalerie : 2 escadrons du 3e hussards (chef d'escadron de
Barbançon) ; 30 gendarmes.

Escadron des éclaireurs à cheval du Havre (commandant
Grosos).

Artillerie : 1re batterie du 10e (cap. Leuhardt), 6 pièces.

Batterie d'artillerie de marine, no 31 (cap. Croisier), 6 pièces.

Batterie mobilisée de Rouen (cap. Waddington), 6 pièces.

Batterie mobilisée du Havre (cap. Rebuffet), 6 pièces.

Deux sections d'artillerie volontaire d'Elbeuf et de Rouen (commandant Richer), 8 pièces.

2 batteries de la garde nationale sédentaire du Havre, 12 pièces (lisses).

En outre 270 canonniers-marins de la ville du Havre pour le service des pièces de position, et une 2e batterie du 10e, une batterie no 31 bis d'artillerie de marine, la 2e batterie des Basses-Pyrénées, la section de Dieppe, toutes sans matériel).

Génie : compagnie sédentaire du Havre (cap. Quinette de Rochemont); compagnie mobilisée de Rouen (cap. Oursel).

Les divers services de l'intendance étaient dirigés par M. l'intendant auxiliaire Gueswiller. Il avait à fournir 33,000 rationnaires environ.

Si l'effectif de l'ancienne armée de Rouen, devenue l'armée du Havre, était respectable, ces troupes étaient loin de présenter des corps de qualité égale, et l'armement était des plus défectueux. Le calibre et le système des fusils et des canons variaient de bataillon à bataillon et de batterie à batterie (1).

Cependant, avec les meilleurs éléments de ce corps d'armée, le commandant Mouchez, dès qu'il fut investi du commandement supérieur de la division, s'occupa de former une colonne mobile pour opérer en avant des lignes de défense. Il prescrivit d'exercer le reste, et tant pour occuper les hommes que pour rendre les ouvrages du Havre plus solides en cas d'une attaque ultérieure, il fit exécuter de nouveaux travaux de Bléville, près des Phares, aux bois de Montgeon.

Ces travaux étaient destinés à empêcher le bombardement de la ville des hauteurs d'Octeville à Fontaine-la-Mallet et d'empêcher l'occupation des fonds de Rouelles et de Fontaine-aux-

---

(1) V. Pièces justificatives, no 8.

Cailloux. Ils devaient consister en batteries enterrées, préparées pour recevoir le canon de campagne de l'armée, en fermes organisées defensivement, et en tranchées sans fossés.

Le 18 Décembre, la colonne mobile s'élevant à 8,000 hommes et 3 batteries, le commandant Mouchez prescrivit au lieutenant-colonel de Beaumont de faire une reconnaissance sur la route de Rouen. Il devait pousser jusqu'à Bolbec pour couvrir les limites de l'arrondissement et attendre dans cette position que le commandant Mouchez vint le rejoindre avec de nouvelles troupes, afin de porter la colonne mobile de 20 à 25,000 hommes.

Une patrouille de six hussards, sous la conduite du maréchal-des-logis Bertrand, éclairait en avant la colonne. Elle se rencontra aux Trois-Pierres, avec un détachement d'une cinquantaine de dragons prussiens venus d'Yvetot pour réquisitionner entre St-Romain et Lillebonne, et qui avait surpris et enlevé dans la première de ces localités les bagages d'une compagnie de francs-tireurs (la guérilla parisienne).

Malgré leur infériorité numérique, nos hussards soutinrent le choc, comme à Brémulle, et luttèrent pendant près d'une heure sans se laisser tourner par les cavaliers ennemis. Ils donnèrent ainsi le temps à la guérilla parisienne d'accourir à leur aide et de les dégager. Les dragons se retirèrent, abandonnant sur le terrain un mort et leurs réquisitions. Un de leurs officiers avait été grièvement blessé. Les nôtres avaient eu un tué, un blessé et un prisonnier.

La nouvelle du combat de St-Romain et de l'approche de la colonne de Beaumont jeta une vive alarme dans l'état-major prussien, à Rouen. Dans le même temps nos canonnières remontaient la Seine et l'une d'elles venait inquiéter les troupes prussiennes jusque vers Duclair. Or, à ce moment le général de Bentheim recevait de Manteuffel l'ordre d'envoyer des renforts sur Amiens, fortement menacé par l'armée de Faidherbe, et sur la rive gauche, le commandant de Guilhermy, des troupes de l'Eure, reparaissait sur la Risle et menaçait l'importante position de Serquigny.

Le général de Bentheim pensa que Rouen allait être attaqué par les deux rives et qu'il allait être pris entre deux feux. Il en référa au général en chef, qui lui répondit que dans le cas où il serait attaqué par des forces supérieures, il devrait évacuer Rouen et se retirer sur Beauvais avec les dix mille hommes environ qui lui restaient.

En attendant, il partagea ses troupes en deux lignes, l'une sur la rive gauche, de Pont-de-l'Arche à la Bouille, faisant face aux troupes de l'Eure; l'autre, sur la rive droite, de Clères à Duclair, par Barentin et la vallée de l'Austreberthe, barrant la route du Havre à Rouen, sur laquelle il fit sauter le pont du chemin de fer entre Motteville et Yvetot. Au centre de cette ligne, entre St-Paër et Bouville, il établit une sorte de camp retranché.

En outre, pour prévenir une agression par la Seine, le général de Bentheim saisit six navires anglais qui se trouvaient en aval de Rouen, les amena près Duclair à un point où la Seine a environ 280 mètres de large et 11 mètres de profondeur, les coula bas à coups de canon, et pour commander ce barrage établit une batterie à la Fontaine, en face des épaves (20-21 Décembre) (1).

A la suite de cet outrage fait au pavillon britannique, on crut en France que le cabinet anglais allait se décider à intervenir. Il protesta, en effet, contre l'acte du général prussien, mais M. de Bismark ayant écrit à l'ambassadeur du roi Guillaume, à Londres, M. de Bernstorff : « Dites à lord Granville que nous regrettons sincèrement que nos troupes, pour détourner un danger imminent, aient été obligées de saisir des navires britanniques. Nous admettons toutes les réclamations et nous paierons la valeur des navires. » Le gouvernement de la reine Victoria se contenta de cet offre (6 Janvier).

---

(1) Les navires coulés s'appelaient : *Ann*, de South-Shields, cap. Hodge ; *Jane-Tindell*, de Sunderland, cap. Adams ; *Sally-Gale*, de New-castle, cap. Bishop ; *Jessamine*, de Colchester, cap. Shead ; *Alice*, de Sunderland, cap. Embleton : *Mac-Laren*, de Sunderland, cap. Hodgson.

Cependant les autorités du Havre avaient eu vent de la situation précaire dans laquelle se trouvaient les Prussiens de Rouen. Le sous-préfet et le secrétaire-général de la préfecture de la Seine-Inférieure engagèrent vivement le commandant Mouchez à se porter hardiment sur le chef-lieu du département. Un conseil de guerre eut lieu le 21 pour délibérer sur ce mouvement important.

Le lieutenant-colonel de Beaumont le déclara impraticable, tant en raison de l'incertitude dans laquelle on était sur les forces et les dispositions réelles de l'ennemi que de la mauvaise qualité de ses troupes. Le conseil à l'unanimité, moins la voix du sous-préfet, lui donna raison. Le commandant Mouchez se contenta de prescrire au commandant de la colonne mobile de tenir dans ses positions actuelles pendant deux ou trois jours encore, après quoi il prendrait lui-même le commandement et aviserait.

Le 23, la colonne mobile était échelonnée depuis Beuzeville jusqu'à St-Antoine-la-Forêt, le lieutenant-colonel de Beaumont ayant son quartier-général à Mélamare. Dans cette position, Bolbec n'était point couvert. Aussi un détachement de cavalerie prussienne vint l'occuper et eut un engagement, à la Mare-Carel, avec les éclaireurs Grosos. En se retirant, les dragons prussiens annoncèrent l'arrivée à Bolbec d'un corps de 6,000 hommes.

Le maire, M. Guillet, se hâta d'avertir le colonel de Beaumont et de lui demander du secours.

Le 24, de grand matin, celui-ci fit partir les francs-tireurs d'Elbeuf en reconnaissance en avant de Bolbec. Ils ne tardèrent pas à rencontrer les éclaireurs ennemis, en avant de cette ville, vers Roncherolles, et engagèrent l'action avec eux. On les fit aussitôt appuyer par les deux premières compagnies mobilisées du 1er bataillon du Havre (cap. Marchal et Ducret), tandis que le colonel Mocquard, à gauche de la ligne, se portait de Beuzeville sur Nointot avec ses éclaireurs et les vengeurs, et qu'au centre, le colonel de Beaumont, avec le gros de ses forces et de l'artillerie, se dirigeait sur Bolbec. Une colonne de 2,000 hommes environ, infanterie et cavalerie, avec trois pièces de canon, sous le lieutenant-colonel Plœtz, avançait en sens inverse pour reconnaître les forces qui étaient en avant du Havre.

L'engagement fut bientôt général.

Au centre, une section de notre artillerie établie sur les hauteurs de la Jolie, au-dessus de Bolbec, soutint avec avantage le feu de l'artillerie ennemie et lui démonta une pièce. Elle plongeait dans Nointot au milieu des troupes prussiennes et faisait dans leurs rangs de nombreuses victimes. Les obus prussiens, au contraire, tombaient dans Bolbec où ils blessèrent plusieurs personnes.

Cependant sur la droite, les francs-tireurs d'Elbœuf et les mobilisés du Havre avaient rencontré des forces supérieures, ils avaient résisté pendant longtemps ; quinze mobilisés, commandés par le sous-lieutenant Puy, avaient défendu pendant une heure la barrière d'une ferme contre une centaine d'ennemis ; mais n'étant pas soutenues, ces troupes durent évacuer Roncherolles.

Sur la gauche, le colonel Mocquard, se croyant menacé d'être tourné, se replia sur la Mare-Carel. L'ennemi occupa Bolbec. Il était alors onze heures du matin.

Nous avions perdu dix hommes tués ou disparus et seize blessés.

De son côté, l'ennemi avait fait des pertes sensibles. Outre ceux qu'il avait enlevés, il laissait sur le terrain sept ou huit tués ou blessés, et nous lui avions fait un prisonnier.

A cette heure, le commandant Mouchez avait quitté le Havre et amenait de nouvelles troupes par chemin de fer, à Beuzeville.

Il croyait tomber en pleine action.

Mais en arrivant à cette station, il reconnut que la colonne de Beaumont était en pleine retraite. Le colonel, sur le simple avis que 10,000 Prussiens venaient de Dieppe pour le tourner sur sa gauche, avait donné l'ordre de se replier en toute hâte sur les lignes de défense du Havre, et cet ordre s'exécutait presque avec la même précipitation et le même désordre qu'après Buchy.

Pour s'assurer de l'exactitude des bruits qui couraient, le commandant Mouchez avança jusqu'à Saint-Antoine-la-Forêt, où il fut très surpris de trouver la 1re et la 2e compagnies de francs-tireurs havrais et les francs-tireurs de Bolbec qu'on y avait oubliés. Ces hommes n'étaient d'ailleurs nullement inquiets et se plaignaient qu'on leur eût refusé un renfort avec lequel ils auraient pu disperser une colonne ennemie qui avait un moment occupé le plateau de Lanquetot.

Quant au mouvement tournant qui avait provoqué la retraite, il était purement imaginaire, ainsi que n'avait cessé de l'affirmer le sous-préfet, d'après tous les renseignements qu'il avait recueillis. Pour en démontrer l'exactitude, il resta avec une compagnie jusqu'à une heure avancée de la nuit à Beuzeville et à St-Romain, où une locomotive envoyée à sa recherche vint le prendre.

Les Prussiens n'étaient même pas restés à Bolbec. Après s'être assurés que nos troupes s'étaient retirées, ils avaient évacué la ville, reprenant la route d'Yvetot et emmenant avec eux le maire, l'un de ses adjoints, le curé et son vicaire qu'ils relâchèrent du reste au haut de la côte. A Nointot, ils avaient menacé de pendre l'adjoint Mulat et de brûler le village, s'ils trouvaient une seule arme à feu. Un conseiller municipal avait été couché en joue, puis on l'avait laissé libre, après lui avoir volé 70 francs. Dans leur retraite, les Prussiens avaient également fait sauter le pont du chemin de fer, à Bolleville, au-dessus de la route de Bolbec à Fécamp (24 Décembre).

M. le commandant Mouchez s'empressa, dès le lendemain, de faire occuper Beuzeville par quatre bataillons et prescrivit au reste de la colonne d'avoir à se préparer à reprendre ses positions en avant. Le surlendemain, en effet, il la rétablit de Goderville à Bolbec (26 Décembre).

Quant au lieutenant-colonel de Beaumont, il avait manifesté, depuis plusieurs jours déjà, le désir de se démettre de son commandemement et d'aller rejoindre le reste de son régiment à Cherbourg. M. Mouchez lui donna satisfaction immédiate et chargea le commandant Rousset, du 2e de marche, de le remplacer.

A ce moment, le gouvernement pressait vivement les autorités militaires du Havre de prendre l'offensive, d'attaquer vigoureusement l'ennemi dans la direction de Rouen, de façon à diviser ses forces et à dégager les armées françaises, qui, dans l'Ouest, et surtout dans le Nord, menaçaient sérieusement les conquêtes allemandes.

Le général Chanzy, avec la deuxième armée de la Loire tenait en échec le prince Frédéric-Charles depuis la prise d'Orléans. Il avait déjoué les manœuvres tournantes des stratégistes prussiens et réussi à gagner les lignes du Mans, donnant le temps à Bourbaki de reformer la première armée de la Loire, entre Bourges et Nevers. Celle-ci était prête à reprendre la campagne.

Dans le Nord, le général Faidherbe semblait à la veille de prendre la revanche des prises d'Amiens et de Rouen.

Après la prise de Ham (9 Décembre), il avait marché sur La Fère ; mais ayant reconnu que l'enlèvement de cette ville lui prendrait trop de temps et permettrait à l'ennemi de le couper d'Arras, sa base d'opérations, il s'était tout-à-coup rabattu sur Amiens (15 Décembre).

Telle fut la terreur des Prussiens, que ceux-ci s'empressèrent d'évacuer la ville, et nul doute que, si le général en chef de l'armée du Nord avait commandé des troupes plus solides et plus exercées, et s'il n'eût été contrarié par le froid et par la neige, il fût rentré dans Amiens avant que Manteuffel n'ait eu le temps d'y parvenir. Malheureusement, l'armée du Nord ne put arriver que le 18, en vue d'Amiens, et déjà des forces considérables accourant de Beauvais, de Rouen, et même des lignes d'investissement de Paris, où le général Trochu ne faisait rien pour les retenir, se concentraient autour du chef-lieu de la Somme.

Renonçant à un coup de main sur Amiens, qui était devenu trop dangereux, le général Faidherbe s'établit fortement sur la Somme, de Bray à Corbie, observant les mouvements de l'ennemi. Celui-ci grossissait chaque jour en face de lui. Il recevait ses renforts avec d'autant plus de facilité que, dans les derniers jours, il avait rétabli la circulation sur le chemin de fer du Nord, de Rouen à Amiens et d'Amiens jusqu'à Creil, avec le concours, il est cruel de le dire, d'un personnel en partie français (1).

Lorsqu'il se crut assez fort, Manteuffel attaqua les positions du général Faidherbe, entre la Somme et son affluent L'Hallue. Ce fut la bataille indécise de Pont-Noyelles (23 Décembre).

L'armée du Nord comptait environ 30,000 hommes dont plus des deux tiers n'étaient que des mobiles et mobilisés, 60 pièces de canon et seulement de quatre à cinq cents cavaliers, dragons et gendarmes.

Manteuffel avait réuni de son côté à peu près 33,000 hommes avec 100 pièces de canon et cinq régiments de cavalerie. Malgré la disproportion du nombre et de la qualité, tous les efforts des Prussiens pour déloger nos troupes de leurs positions furent inutiles. Les deux armées gardèrent leurs lignes.

Mais ce que l'ennemi n'avait pu faire, le froid devenu excessivement rigoureux s'en chargea. Le lendemain de la bataille, le général Faidherbe abandonna volontairement la ligne de la Somme pour cantonner ses troupes derrière la Scarpe, d'où il était parti au commencement de la campagne, en attendant que la saison plus clémente rendit de la vigueur à ses jeunes soldats (24 Décembre).

Sur la rive gauche de la Seine, un grand mouvement mili-

---

(1) On lit dans le *Moniteur Officiel* des Prussiens à Rouen, du 15 Décembre, cet avis signé du maire de la ville :

« Tous les employés du chemin de fer de Rouen à Amiens sont » invités à se rendre immédiatement à l'Hôtel-de-Ville de Rouen, pour » recevoir les ordres à l'effet de reprendre leur service. »

taire se faisait également. Un décret du gouvernement avait nommé le colonel Roy, de la 1ʳᵉ légion des mobilisés du Calvados, commandant en chef des forces de l'Eure, en remplacement du commandant de Guilhermy, qui, en se repliant sans aucun motif de Serquigny sur Bernay, avait amené une sédition populaire dont il était tombé victime (19 Décembre).

Le colonel Roy, devenu général quelques jours après, pensa qu'au lieu de battre toujours en retraite devant les Prussiens, il était possible de les faire reculer à leur tour en marchant résolùment contre eux, de les rejeter au-delà de la Seine et de délivrer le département de l'Eure. Il avait sous son commandement les trois bataillons des mobiles de l'Ardèche, trois bataillons de l'Eure, deux des Landes, un de la Loire-Inférieure, le 5ᵉ des mobilisés de la Seine-Inférieure (Elbeuf); la 1ʳᵉ batterie mobile des Basses-Pyrénées (4 pièces Armstrong, offertes par M. Estancelin); une batterie mobile des Côtes-du-Nord (4 pièces de montagne de 4); la batterie mobilisée du Calvados (6 pièces de même calibre), et des francs-tireurs ou éclaireurs du Calvados, de Normandie, du Puy-de-Dôme, de Saintonge, de l'Eure, de Dreux, de Lisieux, d'Evreux, de Louviers, de Seine-et-Oise, et la guérilla rouennaise, en tout à peu près 9,000 hommes, 14 pièces de canon, sans cavalerie, sauf une centaine de gendarmes.

Le 25 Décembre, le général Roy fit passer ses troupes sur la rive droite de la Risle et les établit du Bec-Hellouin au Neubourg, quartier-général à Brionne. Le 27, il occupait Bourgtheroulde, et, s'étant entendu avec le général de Lauriston, qui commandait les forces du Calvados, pour qu'il fît occuper la ligne de la Risle, il résolut de chasser les Prussiens de leur ligne de défense entre Pont-de-l'Arche et la Bouille, de manière à couper leurs communications par Rouen et la presqu'île de Rouvray avec le Sud du département de l'Eure.

Le 30 Décembre, il attaqua les postes ennemis de Château-Robert, à Orival, et les enleva. Si ces troupes avaient été plus nombreuses, il aurait débusqué également l'ennemi de Grand-Couronne et l'aurait refoulé dans Rouen.

Mais, pour conserver les avantages de cet heureux début, le général Roy avait besoin de l'appui des forces qui l'environnaient, surtout de celles du Havre qui devaient maintenir l'ennemi autour de Rouen et l'empêcher de se reporter sur la rive gauche. En quittant Bernay, le général Roy avait fait part de ses intentions au commandant Mouchez en l'invitant à combiner ses mouvements avec les siens.

Cet ordre arriva au Havre au moment où la panique de Bolbec ramenait la colonne mobile sous le canon d'Harfleur. Lorsque le commandant Mouchez reprit ses positions en avant, il répondit au général Roy : « Nous avons 8,000 hommes sur la route de Bolbec à Goderville ; nous en aurons demain 12,000. » (26 Décembre).

Malheureusement le commandant Mouchez, malgré tout son bon vouloir, était paralysé par la force d'inertie qui l'environnait. Les officiers auxquels la force des choses imposait le périlleux honneur de faire office de généraux dans le corps d'armée du Havre, ne se souciaient nullement d'exercer leur commandement et laissaient voir leur découragement.

L'un, brave comme un lion dans le combat, offrait sa démission plutôt que de prendre la responsabilité d'un mouvement en avant de Bolbec ; un autre demandait sa retraite ; un colonel des mobilisés refusait d'exposer sa légion hors des lignes de défense, etc., etc.

D'autre part, les hommes manquaient de tout. L'intendance avait traité pour ses fournitures avec des industriels qui s'occupaient avant tout de réaliser des bénéfices, et ne voulaient, bien entendu, rien laisser fournir en dehors d'eux. Le commandant supérieur avait voulu acheter des objets d'équipement et des chevaux dans le commerce : défense formelle lui en fut faite par le ministre de la guerre. Il ne fut pas plus heureux quand il voulut construire des barraquements pour y mettre ses mobiles à l'abri d'une saison exceptionnellement rigoureuse.

A Bordeaux, d'ailleurs, on eut souhaité voir le corps d'armée

du Havre se montrer plus actif, et M. Leplieux, le secrétaire-général
de la Seine-Inférieure, qui entretenait une correspondance par-
ticulière avec le ministre de l'intérieur et de la guerre (1), tendait
à faire porter sur le commandant Mouchez la responsabilité de
l'état d'inertie dans lequel ce corps d'armée était maintenu.

De son côté, le commandant Mouchez se plaignait qu'on fît
peser sur lui une responsabilité effrayante ; lui, marin, ne pouvait
diriger seul les manœuvres d'une armée de terre, et, pour utiliser
spécialement l'armée du Havre, la présence d'un général de division et de deux généraux de brigade, au moins, était nécessaire.

M. Mouchez envoya le commandant Olry à Bordeaux pour faire
toutes ces représentations au ministre. Mais celui-ci se contenta
de maintenir le commandant supérieur dans ses pouvoirs pour la
défense du Havre et de donner le commandement de la colonne
mobile au colonel de gendarmerie Peletingeas, promu à cette occasion général de brigade (27 Décembre).

## CHAPITRE XII

Suite de la campagne du général Roy sur la rive gauche. —
Arrivée du général Peletingeas au Havre. — Combat de
Bolleville. — Nouvelle marche en avant et nouvelle retraite de la colonne mobile. — Conseil de guerre du 3 Janvier. — Défaite du général Roy. — Campagne de Bapaume.
— Nouveaux ordres pour l'évacuation du Havre par une
partie des troupes. — Canonnade de Gainneville. — Triste
état dans lequel se trouve l'armée du Havre. — Combat
d'Orcher. — Le général Loysel, commandant en chef l'armée
du Havre, et M. Sadi Carnot, préfet de la Seine-Inférieure
et commissaire extraordinaire de la République.

Le mouvement du général Roy avait naturellement augmenté
les alarmes de l'état-major prussien, à Rouen. Une attaque si-

---

(1) V. Pièces justificatives, n° 9.

multanée de cette ville, par les deux rives de la Seine, lui semblait imminente, et il n'avait pour se défendre que tout au plus
quatre bataillons, une demi-brigade de dragons et deux batteries
dans la ligne de Clères-Duclair, et tout autant sur la rive gauche.

De ce côté, le général de Bentheim fit évacuer par ses troupes
la ligne de Pont-de-l'Arche à la Bouille, afin de rapprocher la
défense de Rouen, et les fit repasser sur la rive droite, à Elbeuf,
en faisant sauter le pont du chemin de fer à Orival, le pont de
Saint-Aubin et le pont suspendu. Toutefois, il conserva le pont
d'Oissel pour ses communications avec la forêt de Rouvray, dans
la boucle de la Seine, seul point de la rive gauche qu'il continua
à garder fortement.

A peine les Prussiens eurent-ils quitté Elbeuf que cette ville
fut occupée par les francs-tireurs de Normandie (cap. Trémant),
qui, avec les autres compagnies franches du corps d'armée de
Roy, tenaient déjà la forêt de la Londe. Ils furent reçus aux
acclamations de la population, qui, tout entière, demandait des
armes pour combattre (26-30 Décembre).

Sur la rive droite, entre le Havre et Rouen, on remarquait un
continuel mouvement des troupes ennemies en avant de cette
dernière ville, soit effet d'inquiétude et pour reconnaître les dispositions de l'armée du Havre, soit pour faire croire à l'existence
de forces plus considérables.

Ainsi, le 26 Décembre, au moment même où la colonne mobile du Havre commençait à se reporter en avant, les patrouilles
de dragons prussiens vinrent inspecter Saint-Romain et s'avancèrent jusqu'aux Trois-Pierres. Le lendemain, 150 ennemis environ pénétrèrent dans Bolbec, mais se replièrent sur Yvetot, en
apprenant l'arrivée de nos troupes à la Mare-Carel et à Gruchet-
le-Valasse (27 Décembre).

Deux jours plus tard, les éclaireurs à cheval du Havre poussèrent jusqu'à Fauville, traversèrent le bourg et rencontrèrent
sur la route d'Yvetot un détachement de dragons prussiens qu'ils
mirent en fuite en lui tuant un homme (29 Décembre).

Cependant, le général de Manteuffel, rassuré du côté d'Amiens contre la tentative de l'armée du Nord, avait commencé à renvoyer vers Rouen les troupes du 1er corps d'armée qu'il avait précédemment appelées à coopérer à son mouvement contre Faidherbe. Les premières arrivèrent le 26; mais ce fut surtout à partir du 31 que les renforts parvinrent en force. Ce jour-là même le général de Manteuffel, fort inquiet des dernières nouvelles qu'il avait reçus de son lieutenant à Rouen et qui lui annonçaient les succès du général Roy sur la ligne d'Elbeuf à la Bouille, arriva en personne au chef-lieu de la Seine-Inférieure.

Déjà tranquillisé par l'approche de ces renforts, le général de Bentheim en était sorti pour tenter de reprendre les positions de Château-Robert, la Maison-Brûlée, la Londe et Orival. L'attaque principale eut lieu sur Moulineaux, au centre de la ligne française. Elle faillit réussir. Les Prussiens reprirent Château-Robert; mais ils échouèrent à Orival et à la Londe, et Château-Robert lui-même leur fut repris après un combat de quatre heures (31 Décembre).

Après ce nouveau succès, le général Roy sollicita encore un appui énergique de l'armée du Havre sur la rive droite de la Seine.

En raison du petit nombre d'hommes dont il disposait et de la fatigue de ces hommes, il redoutait une nouvelle attaque, surtout avec les renforts considérables que l'ennemi recevait d'Amiens. A ce moment, le général Peletingeas venait d'arriver au Havre (29 Décembre).

Il avait été accueilli comme un sauveur par la population, à l'œil vigilant de laquelle n'échappaient pas les tiraillements de la direction militaire et qui était vivement affligée par ce spectacle. Acclamé à sa descente du bateau d'Honfleur et sous les fenêtres de l'*Hôtel de l'Europe*, il avait paru à l'une d'elles et, aux applaudissements de la foule, avait prononcé quelques paroles qui confirmèrent l'espoir qu'on avait mis en lui : « Je ne faillirai pas, avait-il dit, à la tâche qui m'est confiée, et je jure que, moi vivant, les Prussiens n'entreront pas au Havre. »

Dans une proclamation aux habitants qui fut affichée sur les murs de la ville, le général Peletingeas, après avoir expliqué qu'il venait prendre le commandement de la colonne mobile et qu'il espérait avant peu la rendre utile au pays, ajoutait : « Vous avez trop de sagesse pour ne pas comprendre tous les inconvénients qu'il y aurait à ce que j'indique ici le programme que je me propose de suivre. Je compte encore sur votre discrétion la plus complète, si, à un moment donné, vous aviez connaissance de mes projets. » (1).

------

(1) Proclamation du général :

« RÉPUBLIQUE FRANÇAISE.

» Habitants du Havre !

» J'arrive pour commander la colonne mobile du Havre. Je sais que je peux compter sur votre patriotisme éprouvé, et le premier appel que je lui fais, c'est pour lui demander une confiance entière.

» J'en ai besoin, pour moi-même d'abord, et je la réclame, parce qu'elle est la condition indispensable du succès de nos efforts communs.

» Vous avez trop de sagesse pour ne pas comprendre tous les inconvénients qu'il y aurait à ce que j'indique ici le programme que je me propose de suivre.

» Accordez-moi tous votre concours le plus dévoué ; je sais qu'il y a ici plus d'ardeurs à modérer que de cœurs froids à échauffer ; je vous demande donc encore de me laisser le soin absolu d'apprécier l'opportunité des opérations à faire. Vous pouvez, d'ailleurs, être assurés que jamais je n'agirai sans m'être entouré des lumières et des conseils de ceux auxquels votre confiance est si justement acquise.

» Je compte encore sur votre discrétion la plus complète, si, à un moment donné, vous aviez connaissance de mes projets.

» Il faut que nos ennemis sachent bien que nous sommes décidés à nous tenir tous comme un seul homme et à ne lui fournir nous-mêmes aucun moyen de nous diviser.

» Enfin, et puisque vous êtes tous déterminés à prendre les armes (j'en vois la preuve dans les résultats déjà obtenus par le brave commandant Mouchez), donnez-moi vous-même un accroissement considérable de forces, en étant dès aujourd'hui des soldats parfaitement disciplinés et remplis de toutes les vertus militaires qui font une armée invincible.

» *Vive la France ! vive la République !*

» Le Havre, le 29 Décembre 1870.

» Le général de brigade commandant la colonne mobile<br>du Havre,

» E. PELETINGEAS.

Chacun garda de cette lecture la conviction que le général apportait un plan, mystérieux comme celui du général Trochu, mais dont l'exécution devait être à un moment donné non moins étonnante. Dans sa séance du 30 Décembre, le comité central républicain du Havre, plein de confiance, s'empressa de lui voter une adresse pour « saluer le chef qui manquait à la cité et qui allait compléter l'œuvre d'organisation de ses forces militaires. »

Le lendemain de son arrivée, le général Peletingeas prit à Bréauté le commandement en chef de la colonne mobile (30 Décembre).

Dans la réunion qui avait eu lieu la veille au soir avec les autorités civiles et le commandant Mouchez, on l'avait engagé à faire un vigoureux effort pour seconder le général Roy. Dans la journée du 29, le bruit du canon avait été entendu dans la direction de la Seine, à la hauteur d'Heurteauville. On pensait qu'il s'agissait d'une tentative des Prussiens pour établir sur ce point un passage sur la rive gauche, afin de tourner l'armée de Roy; il devait s'opposer à ce passage. Toutefois, renseignements pris, le feu qu'on avait entendu n'était que celui de la batterie prussienne qui, de la rive droite, avait démoli sur la rive gauche une maison d'où les francs-tireurs avaient tiré la veille sur les Prussiens.

Néanmoins, une reconnaissance fut envoyée sur la route de Caudebec et une autre vers Fauville. Elles apprirent, par les indications du toujours dévoué M. Guillet, maire de Bolbec, qu'une colonne ennemie se disposait à se porter d'Yvetot sur Bolbec.

Le 31 Décembre, avant le jour, le général Peletingeas ordonna au 5e bataillon de marche, qui était depuis quelques jours sous les ordres du commandant Dornat, le héros de Formerie, de se porter en avant de Bolbec, avec deux pièces de canon, pour déjouer la tentative de l'ennemi.

Le commandant Dornat s'embusqua dans les fermes de Bolleville avec l'intention de laisser l'ennemi s'engager dans le village de Lanquetot, de manière à l'envelopper et à faire la colonne prisonnière. Malheureusement, l'ennemi fut averti par quelques hommes trop pressés de sortir de leur embuscade; il s'arrêta à temps; mais vigoureusement attaqué par nos troupes, il ne se retira qu'en déroute, avec une perte de 55 hommes, dont 12 prisonniers.

De notre côté, nous n'avions eu qu'un caporal tué.

Ce petit succès ayant notablement relevé le moral des troupes, le général Peletingeas ordonna un mouvement général en avant pour le 2 Janvier.

Le 2, en effet, la colonne dépassa Bolbec et se porta dans la direction d'Yvetot. L'avant-garde parut à Fauville et à Alvimare, et, en avant de cette commune, entre elle et Valliquerville, presque aux portes d'Yvetot, une rencontre eut lieu entre un détachement de nos hussards et un détachement de dragons prussiens. Les hussards chargèrent vigoureusement l'ennemi, le mirent en fuite, en lui tuant un homme, et lui enlevèrent un convoi de réquisition qui fut amené au quartier-général.

Nos éclaireurs rapportèrent en même temps des bruits suivant lesquels l'ennemi massait des forces considérables à Yvetot. Là-dessus que se passa-t-il dans l'esprit du général Peletingeas? Sans doute, les influences militaires qui n'avaient cessé d'ébranler tous les généraux, depuis le mois d'Octobre, agirent sur le général Peletingeas à son tour. Il faisait un froid de douze degrés; la neige couvrait la terre; les troupes souffraient; les rapports sur la position de l'ennemi étaient contradictoires. Le général Peletingeas se crut perdu, et, le soir même, changeant ses ordres, prescrivit aux troupes de se replier sur la ligne de Goderville à Beuzeville.

En même temps, il envoya au Havre les nouvelles les plus alarmantes, déclarant que d'importantes résolutions devaient être prises dont l'exécution exigeait le concours de la population havraise. En conséquence, il demandait qu'on réunît pour le lendemain en une conférence le comité de défense, le conseil municipal, la chambre de commerce, le comité central républicain, les officiers supérieurs de la garde nationale et de l'armée (2 Janvier).

Cette demande étonna singulièrement les autorités havraises. Trois ou quatre jours auparavant, le général Peletingeas avait réclamé le secret le plus absolu sur ses projets, et maintenant il voulait en faire confidente la ville presque toute entière. D'autre part, un débat entre tant d'éléments divers ne pouvait produire qu'une agitation stérile sinon dangereuse, et, quant aux résolutions à prendre, il n'appartenait qu'au commandant en chef de la colonne mobile de les arrêter sous sa propre responsabilité.

Le commandant supérieur de la division, M. Mouchez, et le sous-préfet décidèrent donc qu'il n'y aurait le lendemain qu'un conseil de guerre, auquel assisteraient les commandants des corps d'armée, des secteurs, les directeurs de l'artillerie et du génie, les officiers supérieurs de la flotte, et le sous-préfet, comme représentant du Gouvernement.

Ce conseil se tint, en effet, le 3 Janvier.

Le général Peletingeas déclara qu'il lui était impossible de tenir en avant avec des troupes mauvaises, sans cohésion, manquant d'artillerie et surtout de cavalerie, faute de laquelle elles n'étaient jamais éclairées et toujours à la veille d'être surprises par des *forces supérieures ;* qu'en conséquence, la plus vulgaire prudence lui conseillait de se replier et de se tenir sous les canons des lignes de défense.

Il fut objecté cependant au général, que la marche en avant pouvait seule aguerrir ses troupes, qu'elle était nécessaire pour soustraire aux rapines des Prussiens les riches campagnes du département, d'où ils approvisionnaient à leur gré leurs armées devant Paris, et faire une utile diversion en faveur des généraux Faidherbe et Roy. Pour ce dernier, surtout, l'armée du Havre devait se faire un point d'honneur de tenter un effort. Mais le général, se renfermant dans les instructions qu'il prétendait avoir reçues, et qui auraient borné sa mission à couvrir le Havre, fort d'ailleurs de l'appui de la plupart des officiers présents, notamment de ceux de l'artillerie, déclina toute velléité de se compromettre pour un *collègue imprudent.*

M. Mouchez offrit sans plus de succès de porter 6 ou 7,000 hommes des meilleures troupes, sur la rive gauche, pour renforcer le général Roy.

Bref, la conclusion de cette discussion fut que la retraite serait opérée et que le ministre de la guerre serait invité à envoyer les éléments jugés indispensables pour constituer une armée capable de prendre une offensive sérieuse, ou à en distraire une quinzaine de mille hommes qui n'étaient pas nécessaires à la défense de la place et qui rendraient, au contraire, service à l'une des armées du Nord ou de l'Ouest.

Le lendemain, le commandant Mouchez partit seul pour avertir le général Roy que l'armée du Havre n'était pas en état de lui prêter son concours ; que, dans ces conditions, il devait se reporter en arrière, afin d'échapper à un retour offensif des Prussiens avec des forces très supérieures, et attendre qu'on ait reçu au Havre les renforts qu'on allait demander. Mais il arriva trop tard (4 Janvier).

Après les combats des 30 et 31 Décembre, le général Roy, en même temps qu'il s'était adressé au Havre pour solliciter un concours énergique, avait demandé au général Lauriston, commandant les forces du Calvados, de lui envoyer une partie de ses treize bataillons de mobilisés et le 12e chasseurs à cheval, le régiment qui avait fait la campagne de l'Andelle avec l'armée de Rouen. Le général de Lauriston, qui voulait conserver une attitude purement défensive, refusa ce secours.

Le général Roy s'en plaignit au ministre de la guerre. Celui-ci l'avisa, dans la nuit du 1er au 2 Janvier, qu'il réunissait, sous ses ordres, les troupes du Calvados à celles de l'Eure, et qu'il congédiait le général de Lauriston « pour raison de santé. » Immédiatement, le général Roy télégraphia à son ancien collègue l'avis du ministre, ajoutant que, vu l'urgence, il prenait le commandement de son corps d'armée à l'heure même. Mais le général de Lauriston ne voulut se démettre de ses fonctions que le 3 Janvier, au soir.

Or, le 4, à cinq heures du matin, et à la faveur d'un brouillard qui ne permettait pas de voir à dix pas, le général de Bentheim avec 20,000 hommes environ se portait en trois colonnes sur les positions du général Roy, de Château-Robert à Orival.

A gauche, Château-Robert fut enlevé par les Prussiens après une héroïque résistance des mobiles de l'Ardèche (colonel Thomas), qui ne se retirèrent qu'en disputant le terrain pied à pied, défendant avec énergie, la Maison-Brûlée, St-Ouen-de-Thouberville, et empêchant l'ennemi de leur couper la retraite sur Pont-Audemer.

Au centre, une colonne de plusieurs milliers d'hommes avec 12 pièces de canon se porta sur Bourgtheroude qu'elle occupa après une résistance honorable de deux bataillons des mobiles de l'Eure, qui se replièrent sur Brionne.

A droite, l'ennemi fut tenu en échec toute la journée devant la Londe, et les défenseurs de ce poste ne le quittèrent qu'à la nuit, sur l'avis qu'ils allaient être cernés, pour se retirer également, sans être inquiété, vers Brionnes.

Les troupes engagées de notre côté n'étaient tout au plus qu'au nombre de 8,000 hommes, avec une artillerie insignifiante auprès de celle de l'ennemi. Elles lui avaient néanmoins infligé des pertes au-delà de toute proportion avec les leurs. Longtemps encore après, les Prussiens, qui avaient été engagés dans la journée du 4 Janvier avec les mobiles de Château-Robert, de la Maison-Brûlée et les francs-tireurs de la Londe, ne parlaient qu'avec terreur de cette sanglante affaire.

Le commandant Mouchez rencontra au-delà de Pont-Audemer les troupes du colonel Thomas qui arrivaient en désordre. Il continua sa route pour voir le général Roy, mais à Bourg-Achard, les obus pleuvaient. Un fourgon d'artillerie fit explosion près de sa voiture. Le cocher refusa d'avancer. Il dut revenir à Honfleur sans avoir vu le commandant des troupes de l'Eure.

Sur la rive droite, les troupes du général Peletingeas qui avaient commencé leur mouvement de retraite sur le Havre, entendirent toute la journée le canon avec une telle violence que plusieurs fois elles pensèrent être attaquées elles-mêmes et s'arrêtèrent pour faire face à un ennemi qui ne parut pas.

Le même jour, dans le Nord, l'armée de Faidherbe, reprenait ses positions dans les lignes d'Arras après une seconde campagne aussi infructueuse que la première. Elle s'était portée en avant, le 2 Janvier, pour dégager Péronne, bloquée et bombardée depuis le 28 Décembre. Cette place avait pour elle une grande importance stratégique, car elle commandait la vallée de la Somme et par suite les routes d'Amiens et de La Fère.

A la glorieuse journée de Bapaume (3 Janvier), le général Faidherbe avait forcé le général de Gœben, affaibli d'ailleurs par les renforts envoyés à Rouen, à battre en retraite devant ses jeunes troupes, après avoir perdu de son propre aveu plus de 1,100 hommes. Mais les vainqueurs, accablés par la fatigue et le froid, n'étaient pas en état de recevoir un second choc : de là la retraite du 4.

Deux jours après, les Prussiens recommencèrent l'attaque de Péronne, et avec d'autant plus d'énergie que de Rouen on put leur réexpédier à grande vitesse, par chemin de fer, les troupes qu'ils y avaient précédemment envoyées, pour écraser le général Roy. Toute inquiétude avait d'ailleurs disparu relativement à une attaque immédiate, sur la rive droite, par l'armée du Havre.

Conformément à ce qui avait été décidé dans le conseil de guerre du 3 Janvier, le sous-préfet avait envoyé à Bordeaux un télégramme suivi d'un rapport détaillé sur la situation de l'armée du Havre (1).

Dans ces divers documents, le délégué du Gouvernement demandait au ministre de la guerre de modifier ou de compléter les instructions qu'il avait précédemment données. Ou l'armée du

_______

(1) V. Pièces justificatives, n° 10.

Havre, disait-il, devait sinon chasser les Prussiens de la Seine-Inférieure, du moins les harceler sans trève dans les environs de Rouen, ou destinée à couvrir simplement la ville, elle était trop nombreuse pour cette mission.

Que si le ministre de la guerre ne pouvait perfectionner les moyens d'attaque dont elle disposait, en envoyant de l'artillerie et de la cavalerie, il devait l'utiliser ailleurs : le patriotisme des Havrais ne pouvait admettre que 30.000 hommes puissent rester plus longtemps l'arme au bras sans profit pour la grande cause.

A ces dépêches, il fut répondu par le télégramme suivant :

« Bordeaux, 4 Janvier 1871.

» Je forme avec les éléments pris dans les troupes du Havre une division qui opèrera avec le 19e corps d'armée.

» *Pour le ministre de la guerre,*

» Haca. »

A l'heure où ce télégramme arrivait, le général Peletingeas donnait l'ordre à son armée de poursuivre en toute hâte son mouvement de recul pendant la nuit, comme si elle eût été serrée de près par des forces supérieures. Or, la grande concentration de troupes qui avait tant effrayé le général Peletingeas, le 2 Janvier, consistait en un bataillon, un escadron et une batterie, expédiés précipitamment de Barentin sur Yvetot, à la suite du combat de Bolleville ! Et cette faible colonne avait détaché DEUX CENTS HOMMES avec DEUX CANONS sur Bolbec, où ils étaient entrés le 5 au soir !!

Le lendemain 109 cavaliers prussiens avec les deux pièces de canon continuèrent la route de Bolbec au Havre, traversèrent St-Romain où ils commandèrent à déjeûner à la municipalité, avancèrent jusqu'à St-Aubin-Routot, et, après avoir impunément envoyé une vingtaine de coups de canon sur Gainneville, s'en revinrent à St-Romain consommer leur déjeûner le plus tranquillement du monde. Ensuite ils regagnèrent Bolbec, emmenant avec eux des voitures chargées de réquisitions et gouaillant la pusillaminité des défenseurs du Havre (6 Janvier).

Pendant ce temps, le général Peletingeas prenait activement ses mesures pour exécuter les ordres du ministre et former la division qu'il devait conduire à Caen. Il ne devait laisser au Havre que les mobiles et mobilisés de la Seine-Inférieure.

Mais cette décision rencontrait une vive opposition de la part du commandant Mouchez, de la municipalité et aussi des officiers de la mobile et de la mobilisée. Ceux-ci, réunis à Epremesnil, le 7 Janvier, protestèrent énergiquement contre l'abandon dans lequel allaient les laisser les corps de troupes les mieux organisés et les plus solides de l'armée. Néanmoins le 8, les troupes étaient concentrées au Havre et le matériel pour l'embarquement de 15,000 hommes était prêt. Cette opération avait été fixée pour le 9, au matin.

Toute la journée, la population qui voyait la troisième répétion, depuis les premiers jours de Décembre, de ce spectacle écœurant, était dans une effervescence extraordinaire. Des députations des divers comités et groupes administratifs et politiques se croisaient de la mairie à la sous-préfecture, pour inviter les autorités à user de toute leur influence afin d'empêcher le départ du général Peletingeas. Après l'audacieuse tentative de Gainneville, on se demandait si même les fortifications du Havre mettraient la ville à l'abri d'un coup de main. Le commandant Mouchez déclarait qu'avec les forces qu'on lui laissait, il ne répondait plus de la défense.

M. le maire Guillemard se décida à signaler cette situation au ministre de la guerre. Il lui adressa en conséquence le télégramme suivant :

« Le Havre, 8 Janvier 1871, 2 h. 40.

» Le départ de la moitié de nos troupes, comprenant les seules en état de marcher, cause au Havre une émotion indicible. L'administration municipale adjure le Gouvernement de laisser au Havre une force jugée suffisante par le commandant supérieur pour la défense, sinon ce qui vaudrait mieux, envoyer la cavalerie nécessaire pour compléter notre corps d'armée qui pourrait marcher sur Rouen et le chemin de fer d'Amiens.

» GUILLEMARD. »

Cette dépêche ne put être portée à Honfleur le soir même, à cause de l'état de la mer, et l'embarquement devait se faire le lendemain matin. Cependant, grâce aux représentations énergiques du sous-préfet, le général Peletingeas consentit à attendre jusqu'à ce que la réponse du ministre fut parvenue.

Elle arriva dans la journée et était ainsi conçue :

« En raison des circonstances majeures et par suite de votre dépêche d'hier, 2 h. 40 soir, le mouvement de la division Peletingeas sur Caen est ajourné. Faites-lui reprendre ses positions en avant du Havre. »

En raison de ces nouveaux ordres, les troupes reprirent leurs cantonnements le lendemain (10 Janvier).

La matinée du 10 fut signalée par un brillant fait d'armes. La colonne volante qui était venue canonner Gainneville dans la journée du 6, revint encore tâter nos avant-postes. Elle parvint de nouveau jusqu'aux environs de Gainneville et recommença le bombardement de cette localité. La 4e compagnie du 2e bataillon mobilisé de Rouen (cap. Lecerf), était de grand'garde ce jour-là. Les mobilisés se déployèrent bravement en tirailleurs derrière les murs et les fossés et tinrent jusqu'à leur dernière cartouche. Leurs munitions épuisées, ils se retirèrent en bon ordre sur Orcher. Mais leur résistance avait donné l'éveil à la compagnie du génie, à la batterie mobilisée de Rouen et au reste du 2e bataillon. Ceux-ci reprirent aussitôt l'offensive et refoulèrent l'ennemi sur St-Romain.

Dans ce combat, deux mobilisés avaient été blessés, ainsi qu'une femme de Gainneville.

Sans la courageuse conduite du capitaine Lecerf et de sa compagnie, il est probable que la reconnaissance prussienne aurait pénétré dans les lignes de défense et peut-être jusqu'aux barrières du Havre. Aussi le commandant Mouchez s'empressa-t-il de porter ces braves gens à l'ordre du jour de l'armée.

Le combat d'Orcher rendit quelque confiance aux troupes,

mais les marches et les contre-marches auxquelles on les avait soumises, les souffrances que lui avaient fait endurer la température glaciale et le mauvais temps de cet horrible hiver, enfin les privations que lui avaient imposées l'incurie de l'administration militaire, les avaient réduites à un état pitoyable.

Mal nourries, mal vêtues, mal chaussées, elles étaient décimées par la variole. Deux mille varioleux au moins encombraient les ambulances, les hôpitaux et la grande caserne de Strasbourg, transformée en hôpital spécial pour soigner cette cruelle maladie. Des tombereaux découverts amenaient chaque matin, par un froid rigoureux et sous la neige battante, des malades horriblement défigurés, grelottant de fièvre et de froid. Quelquefois les tombereaux trouvaient la porte des ambulances fermée, faute de place, et devaient promener d'hôpital en hôpital leur triste chargement, sous les yeux de la population.

La démoralisation n'était pas moins grande dans les rangs qu'après Buchy, et les habitants se laissaient aller insensiblement au découragement général.

Dès le 8 Janvier, le sous-préfet télégraphiait au ministre de l'intérieur et de la guerre : « Si des ordres formels ne sont pas donnés, si un général énergique et intelligent ne marche pas résolûment en avant, la démoralisation sera complète, ou il y aura un soulèvement terrible, funeste pour la défense et pour la République.

» Que le Gouvernement avise au plus vite, et s'il a sous sa main un homme à la hauteur d'un rôle important, qu'il le nomme Commissaire civil avec pleins pouvoirs pour la défense de la *Normandie*, et qu'il vienne sur le champ. »

Sur ces instantes demandes, le Gouvernement annonça qu'il envoyait au Havre le général Loysel, avec mission d'y organiser rapidement un corps d'armée de 25,000 hommes, chargé d'opérer sous sa direction en avant du Havre. Ce corps serait composé de deux divisions, dont l'une serait commandée par le général Pelctingeas (10 Janvier).

Trois jours plus tard, M. Sadi-Carnot, ingénieur des ponts-et-chaussées, petit-fils de celui qui avait organisé la victoire en 93, et fils de l'ancien ministre de l'instruction publique de 1848, était nommé préfet de la Seine-Inférieure et commissaire extraordinaire de la République dans les départements de la Seine-Inférieure, de l'Eure et du Calvados (13 Janvier).

Le général Loysel arriva au Havre, le 12 Janvier. A ce moment, le Gouvernement de Paris et la Délégation de Bordeaux jouaient, pour l'honneur du pays, la dernière carte de la défense. Il eût fallu à la tête des dernières armées de la France, des hommes actifs, audacieux, téméraires.

Le général Loysel était précédé d'une excellente réputation. Officier d'état-major à l'armée du Rhin, il s'était évadé après la capitulation de Metz. On le disait organisateur. Il avait rempli au Mexique, auprès de l'empereur Maximilien, les fonctions de ministre de la guerre, et tout récemment il avait contribué à l'organisation de l'armée du Nord et à la formation du 21ᵉ corps d'armée, au Mans. La population se sentit soulagée en apprenant qu'elle allait enfin avoir à sa tête un véritable militaire, habitué à manier des troupes, et disposé sans doute à laisser de côté les hésitations, l'indécision, la mollesse avec lesquelles le commandement avait été jusqu'alors exercé.

Mais, si le général Loysel était un savant administrateur, un organisateur habile, était-il bien l'homme d'action nécessaire à un pareil moment, où il fallait surtout faire vite?

# CHAPITRE XIII

Bombardement de Paris. — Villersexel, le Mans, Saint-Quentin.
— Les Prussiens font sauter le viaduc de Mirville. — Combat de St-Romain. — Mort de Frédéric Bellanger. — Exactions des Prussiens a Bolbec. — Triste situation faite a
l'arrondissement du Havre par la retraite de la colonne
mobile. — Blocus des côtes. — Défaillances des populations
rurales. — La colonne mobile du commandant Dornat. —
Réorganisation de l'armée du Havre. — Marche du grand-
duc de Mecklembourg sur Rouen. — L'armistice.

La nouvelle du bombardement de Paris, connue du 10 au
12 Janvier, émut douloureusement le pays. On se faisait encore
illusion néanmoins sur le dénouement qui attendait cette longue
et glorieuse épreuve du siége de Paris. Ne connaissant des évènements qui s'agitaient autour et dans la capitale que les récits
officiels ou officieux, on comptait toujours sur une suprême e
décisive opération du général Trochu et de son principal lieutenant, Ducrot, le général de la grande sortie du 29 Novembre-2
Décembre. On ne se doutait guère, par conséquent, que cette
grande bataille de Champigny n'avait été qu'une grande mystification ; que le 21 Décembre, une nouvelle sortie n'avait été
tentée que sous la pression de l'opinion irritée et n'avait été suivie
que par une plus cruelle déception, l'évacuation du plateau
d'Avron (29 Décembre), le bombardement des forts de l'Est et du
Sud, enfin celui de la partie de Paris, située sur la rive gauche
de la Seine (5 Janvier).

C'était le feu d'artifice sanglant qui allait célébrer la restau-
ration de l'empire d'Allemagne, proclamée par M. de Bismark,
dans la salle des Glaces du palais de Versailles, devant tous les
princes et les généraux des armées germaniques (18 Janvier).

En attendant l'effort décisif du général Trochu, les armées
de la Défense Nationale, en province, brûlaient leurs dernières

cartouches pour sauver Paris du bombardement et de la capitulation.

Dans les derniers jours de Décembre, le général Bourbaki avait commencé, avec la première armée de la Loire, son grand mouvement vers l'Est, destiné à faire lever le siége de Belfort et, en s'établissant dans les Vosges, à couper les communications des armées envahissantes avec l'Allemagne. A son approche, Dijon et Gray avaient été évacuées ; il avait refoulé l'ennemi retranché à Villersexel (9 Janvier), mais il n'avait pu réussir à entamer les lignes de la Lizaine, d'Héricourt à Montbéliard, et déjà il commençait sa retraite de Besançon (18 Janvier).

En même temps, le général de Moltke avait fait venir de tous côtés, d'Allemagne et de France, des troupes de renfort pour faire échouer l'entreprise capitale de Bourbaki. Il en avait donné le commandement au général de Manteuffel, et celui de la première armée avait été remis au général de Gœben. La nouvelle en arriva au Havre à l'heure où le général Loysel prenait de son côté le commandement de l'ancienne armée de Rouen (9-12 Janvier).

Tandis que ces évènements se passaient dans l'Est, de graves évènements se déroulaient également dans l'Ouest. Le prince Frédéric-Charles, voyant l'armée de Bourbaki s'éloigner de la Loire, avait repris l'offensive avec le grand-duc de Mecklembourg, contre les lignes du Mans, où se tenait le général Chanzy. Malgré tous leurs efforts, ils n'avaient pu l'envelopper. Mais le 11 Janvier, à la bataille du Mans, où ils amenèrent 180,000 hommes et une innombrable artillerie, ils l'obligèrent à reculer. La retraite de la deuxième armée de la Loire fut une déroute, dont le général Chanzy réussit pourtant à rallier les débris autour de Laval, derrière la Mayenne (16 Janvier).

A la première nouvelle de la défaite du Mans, le ministre de la guerre prescrivit aux troupes de l'Eure et du Calvados un mouvement en arrière, pour protéger la retraite du général Chanzy (12 Janvier).

Ces troupes n'étaient plus sous le commandement du général

Roy. On en avait fait une division, rattachée au 19e corps d'armée (général Dargent), qui formait l'extrême gauche de l'armée de la Loire.

Le commandement de cette division avait été donné au général Saussier, précédemment colonel du 41e de ligne. Quant au général Roy, malgré le courage et l'énergie dont il avait fait preuve, on ne lui avait pas pardonné son échec du 4 Janvier, on l'avait relégué au commandement d'une simple brigade de la division.

Le général Saussier avait pris son commandement à Brionne, le 5 Janvier, et, depuis ce jour, il se maintenait dans la ligne de la Risle contre les attaques du général de Bentheim, quand il reçut l'ordre de se porter par Lisieux sur Mézidon pour couvrir sur ce point important l'embranchement des lignes de Paris à Cherbourg, Argentan au Mans, Lisieux à Honfleur. Il se mit en marche le lendemain (13 Janvier).

Aussitôt qu'il fut parti, les Prussiens se portèrent en avant et menacèrent Pont-Audemer. Mais, appuyée sur la forêt de Brotonne, l'arrière-garde de la division Saussier fit assez bonne contenance et arrêta l'ennemi au combat de Bourneville. Elle n'abandonna la ligne de la Risle, de Corneville à Montfort, que lorsque le reste de la division eût atteint Mézidon. Cependant les populations de l'Eure et du Calvados, ne comprenant rien au mouvement de retraite des troupes françaises, s'imaginèrent qu'on les abandonnait de parti pris, et il en résulta une panique qui se fit sentir jusqu'au Havre (14 Janvier).

Ici on laissait échapper, au même moment, la dernière occasion qui était offerte aux chefs de l'armée d'être utiles à la défense nationale en faisant diversion aux efforts des Prussiens contre l'armée du Nord.

Dans le même temps où le général de Manteuffel avait laissé à Gœben le commandement de la première armée, la place de Péronne avait capitulé (10 Janvier).

Cette capitulation livrait à l'ennemi la ligne de la Somme,

faisait perdre au général Faidherbe l'avantage qu'il comptait obtenir de l'occupation de cette ligne, par laquelle il menaçait à la fois Amiens et La Fère, c'est-à-dire toute la ligne d'investissement Nord de Paris. Alors le commandant en chef de l'armée du Nord songea à tenter un dernier effort contre cette ligne par St-Quentin.

Reprenant ses opérations (12 Janvier), il réoccupa Bapaume, prit Albert et se porta sur St-Quentin.

Pour déjouer le plan de son infatigable adversaire, le général de Gœben appela à lui non-seulement les troupes naguère envoyées par Manteuffel à Bentheim pour écraser Roy, mais tout ce que le commandant du 1er corps put lui envoyer de ses propres troupes. Plus de 10,000 hommes et de 60 pièces de canon furent successivement expédiés de Rouen sur Amiens, par le chemin de fer, du 9 au 14.

Il ne resta bientôt au général de Bentheim que 7,000 hommes au plus avec 40 pièces en état de servir, pour garder les deux rives de la Seine. Sa position eut été extrêmement critique si le général Loysel avait vigoureusement marché en avant.

Dans la crainte que cette attaque ne se produisît, le général prussien fit barricader toutes les routes en avant et en arrière d'Yvetot et porta son quartier-général à Saint-Jean-de-Cardonnay, au château de Polignac, sur la hauteur qui sépare la vallée de Barentin de celle de Maromme. C'était le dernier point sur lequel il comptait disputer Rouen à l'armée du Havre. 7 bataillons, 4 escadrons et 3 batteries gardaient, sur la rive gauche, la presqu'île de Rouvray; sur la ligne Clères-Duclair il avait réuni le reste de ses forces : 4 bataillons, dix escadrons et 4 batteries.

Afin de s'assurer des mouvements que le Havre pouvait faire, le général de Bentheim lança en avant reconnaissances sur reconnaissances, prescrivant à ses détachements de ne point perdre de vue les côtes, comme s'il eût craint un débarquement de troupes venant du Nord ou de Cherbourg, pour le tourner sur sa droite, pendant qu'il soutiendrait de front l'attaque du Havre.

C'est ainsi qu'à partir du 11 Janvier, Dieppe, St-Valery, Fécamp, Etretat furent sans cesse visitées par des corps de troupes prussiennes.

Contre l'attaque de front de l'armée du Havre, le général de Bentheim entreprit de rompre la ligne du chemin de fer, à un point aussi rapproché que possible des lignes françaises. En conséquence, il chargea le capitaine de cavalerie Frantzius, avec un détachement composé d'environ 300 hommes d'infanterie, 200 de cavalerie et 2 pièces de canon, d'aller faire sauter le viaduc de Mirville, ouvrage d'art considérable entre Nointot et Beuzeville.

Le 14, de grand matin, l'avant-garde de cette colonne occupait Bolbec. Au même moment, les francs-tireurs du Havre qui étaient postés à St-Antoine-la-Forêt et avaient été avertis la veille au soir de l'approche de l'ennemi, se glissaient jusqu'aux premières maisons de la ville et ouvraient tout-à-coup une fusillade des plus vives sur les éclaireurs prussiens. Un lieutenant, commandant le détachement de dragons ennemis, fut tué en sortant de l'*Hôtel-de-Fécamp*, où il était descendu. Son ordonnance fut pris. Quelques heures plus tard, la colonne Frantzius arriva. Les francs-tireurs havrais essayèrent un instant de l'empêcher d'entrer, mais n'étant pas soutenus, ils battirent en retraite, laissant l'ennemi s'établir dans la ville qu'il prétendit rendre responsable de l'agression dont son avant-garde avait été victime et où il exerça des actes de représailles barbares.

A peine maître de Bolbec, le capitaine Frantzius envoya des pionniers appuyés par de l'infanterie et de la cavalerie, à Mirville, pour miner le viaduc. Mais il échoua ce jour-là dans son opération. A quelques kilomètres de là, à Beuzeville, stationnait une reconnaissance d'éclaireurs à cheval, sous les ordres du capitaine de la Villeurnoy, un vétéran des chasseurs d'Afrique. Apprenant ce qui se passait, celui-ci courut à fond de train, suivi d'une douzaine de cavaliers, à Mirville, et chargea si vigoureusement les ennemis, en train de miner le viaduc en chantant, que ceux-ci, quoique cinq ou six fois plus nombreux, prirent la fuite, abandonnant leurs outils. Le capitaine de la Villeurnoy ramena triomphalement aux avant-postes ces trophées de sa brillante charge (14 Janvier).

Cependant, le lendemain, les Prussiens revinrent en plus grand nombre au viaduc, tandis que pour distraire l'attention de l'armée du Havre, le capitaine Frantzius dirigeait une reconnaissance offensive sur St-Romain.

Le général Loysel devait être averti par les éclaireurs à cheval de ce qui se passait. Il se contenta néanmoins d'envoyer vers St-Romain, les francs-tireurs et les vengeurs du Havre, ceux du Nord, d'Elbeuf, des Andelys et de Rouen, et le 2e bataillon des éclaireurs Mocquard, le tout sous les ordres du commandant Mabille, de ce dernier corps.

Mais les commandants des autres corps francs, sans doute parce qu'ils se considéraient comme les égaux du commandant Mabille, ne voulurent pas lui obéir. Il en résulta une grande confusion au moment où les Prussiens attaquèrent vigoureusement, avec du canon. Les vengeurs qui reçurent les premiers coups se crurent trahis et tournés ; ils se débandèrent et prirent la fuite, entraînant avec eux une partie des autres corps francs jusqu'aux lignes du Havre. A la vue de cette déroute, le colonel Mocquard se porta en avant avec deux bataillons des mobilisés du Havre et de l'artillerie, mais les Prussiens s'étaient de leur côté repliés sur Bolbec et les éclaireurs Mocquard avaient réoccupé St-Romain.

Tandis, en effet, que le capitaine Frantzius attaquait nos troupes à St-Romain, l'explosion du viaduc de Mirville avait eu lieu, entre trois et quatre heures de l'après-midi, et ceux qui avaient accompli cette œuvre de destruction s'étaient également retirés sur Bolbec, incendiant sur leur passage la ferme Dodelin (15 Janvier).

Le lendemain matin, le colonel Mocquard n'en reçut pas moins l'ordre, au Fontenay, de rassembler tout ce qu'il y avait de troupes à Montivilliers et aux environs, pour empêcher la destruction du viaduc de Mirville ! L'expédition se mit en marche sous les ordres du lieutenant-colonel Halbout; mais elle n eut pas la peine de dépasser Graimbouville. Elle apprit que ce qu'elle allait empêcher était accompli depuis la veille (16 Janvier).

La première arche du viaduc, vers Rouen, avait été entièrement détruite, et les deux suivantes étaient assez endommagées pour être hors de service.

Le 17, le capitaine Frantzius dirigea une nouvelle attaque sur St-Romain, avec encore plus de vigueur que l'avant-veille. Elle se fit sur trois points à la fois. Sur la gauche, les francs-tireurs du Havre, après une énergique défense dans la ferme Duparc, durent évacuer cette position. Par suite, les défenseurs de St-Romain étaient menacés d'être débordés. Mais le capitaine Janssens, des francs-tireurs du Nord, reprit la ferme à la baïonnette. Ce Janssens était un ancien adjudant de l'armée belge, accouru en France pour se battre contre les Prussiens; il portait encore l'uniforme de cette armée; en chargeant l'ennemi, il avait eu un cheval tué sous lui.

Repoussés à la fin sur toute la ligne, les Prussiens se retirèrent sur Bolbec, laissant sur le terrain quatre morts, plus cinq chevaux tués, et emmenant avec eux plusieurs voitures de blessés, parmi lesquels un officier mortellement atteint. De notre côté, nous avions fait des pertes sérieuses. Parmi les morts se trouvait Frédéric Bellanger, lieutenant aux francs-tireurs du Havre, commandant la 2e compagnie, frappé d'une balle en couvrant la retraite de ses compagnons d'armes, à la sortie de la ferme Duparc.

Cette nouvelle fit au Havre une douloureuse impression. Frédéric Bellanger y était fort aimé et c'était un de ces hommes qui honoraient leur patrie. Fils d'ouvrier et ouvrier lui-même, il était parvenu par le travail et l'étude à diriger un atelier de mécanicien d'une certaine importance. Il s'était dévoué en même temps à l'instruction des ouvriers, au point de vue professionnel, et avait fondé la Société d'Instruction Mutuelle du Havre. Deux fois élu membre du conseil municipal de la ville, il n'avait encore que trente-deux ans. Il avait été l'un des organisateurs et des premiers engagés de la 1re compagnie des francs-tireurs du Havre.

Tel était l'homme qu'une balle prussienne venait d'enlever à ses concitoyens et à l'humanité! Relevé et conduit au Havre par ses camarades, ses obsèques eurent lieu, avec une grande pompe, aux frais de la ville. Le commandant Mouchez, le sous-préfet, le maire et le conseil municipal en entier, la franc-maçonnerie, la garde nationale, les corps d'état et une foule énorme d'amis conduisirent à la tombe ce noble citoyen, tombé au champ d'honneur (19 Janvier).

Après le deuxième combat de St-Romain, le capitaine Frantzius étant assuré que l'armée du Havre restait sur la défensive et ne bougerait pas, abandonna Bolbec et regagna la ligne de Duclair. Mais cette fois l'ennemi laissait de son passage dans cette partie de l'arrondissement des traces terribles.

Nous avons dit que le 14, en occupant Bolbec, le capitaine Frantzius avait rendu la ville responsable de l'attaque des francs-tireurs. Pour la punir, il la frappa d'une contribution de 50,000 fr. qu'il réclama sur le champ, sous menace de bombardement et de deux heures de pillage.

A force de supplications et de remontrances, le maire, M. Guillet, parvint à faire réduire la demande du commandant prussien, à 27,000 fr., versés comptant. Mais le général de Zglinitzki, qui commandait à Roumare, ne voulut pas ratifier cette concession, et porta même la contribution à 100,000 fr., sur lesquels les 27,000 fr. déjà versés étant imputés, il restait à trouver 73,000 fr.

Ne croyant pas pouvoir suffire à cette exigence, le maire et les conseillers municipaux s'offrirent comme otages. L'officier prussien en choisit quatre, le maire et trois notables citoyens, MM. A. Desgenétais, Forthomme et Cottard, qu'il envoya à Roumare.

Les otages représentèrent en vain au général de Zglinitzki

que la ville de Bolbec ne pouvait être responsable des mouvements de troupes qui se faisaient autour d'elle. Le Prussien répondit brutalement qu'il les jugeait si peu responsables, que s'il arrivait quelque nouvelle complication à Bolbec, pendant qu'ils étaient entre ses mains, il les ferait fusiller sur l'heure. Il maintint en outre énergiquement son amende, et fit conduire les prisonniers à Duclair, d'où M. Guillet fut seul renvoyé pour trouver les 73,000 fr., avec menace, si dans 48 heures il n'était revenu avec la somme exigée, d'être envoyé en Prusse avec ses compagnons, comme prisonniers de guerre ou même fusillés. La somme fut en effet réunie et payée jusqu'au dernier sou.

Mais malgré la soumission de la population, les Prussiens n'en continuèrent pas moins leurs exactions. Dans la soirée du 15 Janvier, sous prétexte qu'on leur avait tiré un coup de fusil du château de Tous-Vents, appartenant au propriétaire du *Courrier du Havre*, ils le livrèrent aux flammes et firent feu sur les pompiers qui se portaient au secours. Dans la même nuit, ils allumèrent un incendie dans Bolbec qui brûla huit maisons.

Et cependant, ces scènes de destruction, d'incendie et de pillage se faisaient sous les yeux d'une armée nombreuse, par quatre ou cinq cents allemands qui n'avaient derrière eux qu'un appui des plus médiocres.

Le général de Gœben avait encore fait venir de Rouen cinq bataillons et une batterie. La ligne de défense de la ville était de plus en plus découverte. Si le général Loysel avait jeté sur la route une dizaine de mille hommes seulement, ils seraient rentrés dans Rouen presque sans coup férir (18 Janvier).

En effet, les instructions envoyées le 14 au général de Bentheim par le général de Gœben lui prescrivaient d'évacuer la ville, s'il était attaqué, et de battre en retraite sur Paris par la rive droite, à moins que des circonstances extraordinaires ne l'obligeassent à se retirer par la rive gauche (1).

_______________

(1) V. Schell, *Opérations de la 1ʳᵉ armée sous le général de Gœben, etc.* Librairie Dumaine, 1873.

C'était la seconde fois que les Prussiens de Rouen recevaient de semblables instructions, et la seconde fois que les chefs de l'armée du Havre laissaient échapper l'occasion de chasser l'ennemi du département.

Comme toujours, l'occasion ne pouvait être de longue durée. A la bataille de St-Quentin, le général Faidherbe, après avoir héroïquement résisté toute la journée, avec une trentaine de mille hommes, avait été écrasé par des forces deux ou trois fois supérieures, amenées contre lui, par chemin de fer, de Rouen, de Paris, de Reims. L'armée du Nord était définitivement refoulée dans les places fortes de la frontière belge (19 Janvier).

Au cours des évènements que nous venons de rapporter, le nouveau préfet et commissaire extraordinaire du Gouvernement, M. Sadi Carnot, était arrivé au Havre (16 Janvier).

Il trouvait la région dans laquelle il devait exercer ces fonctions dans un état d'occupation à peu près général. Le département de l'Eure était au pouvoir de l'ennemi, sauf une partie de l'arrondissement de Bernay, au sud-ouest du département, la partie septentrionale et orientale du Calvados avait été évacuée par nos troupes, et dans la Seine-Inférieure son autorité devait se borner à la ville du Havre.

Derrière ses retranchements et ses canons, la population havraise, unie par une étroite communauté de sentiments patriotiques avec le commandant Mouchez, le sous-préfet Ramel, le maire Guillemard et le conseil municipal, continuait à se tenir prête pour le combat, si l'ennemi se décidait à menacer ses murs. N'oubliant pas que la victoire, dans les temps modernes, doit rester définitivement aux derniers écus, et que, malgré ses succès, l'Allemagne userait plutôt ses ressources que la France, elle ne cessait de grossir, sans hésitation et sans regret, le capital de la défense.

L'emprunt du 8 Décembre, qui avait porté à 2 millions le chiffre des sommes demandées par la ville pour les besoins de la défense, avait été souscrit à moitié du 10 au 16 Décembre, et

couvert du 31 Décembre au 13 Janvier. Dans l'intervalle, du 16
au 31 Décembre, le conseil municipal avait suspendu la souscription, en raison de ce que la retraite de l'ennemi avait rendu
les circonstances moins pressantes.

Et à côté des souscriptions officielles, de la confiance accordée
au crédit communal, combien d'œuvres de guerre continuaient à
s'alimenter de la pure générosité des citoyens ! Une des plus
touchantes libéralités de ce genre avait été, assurément, l'abandon consenti par les familles, par les clients, par les personnes
unies entre elles par les relations d'amitiés ou d'affaires, des
cadeaux, des visites, des fêtes du premier de l'an pour acheter
des mitrailleuses, fabriquer des canons, des obus et des cartouches, équiper les gardes nationaux indigents, soigner les malades
et les blessés. Le monde officiel avait donné l'exemple en versant,
au profit de ces œuvres, le montant des dépenses personnelles
qu'entraînent d'ordinaire, pour les fonctionnaires, les réceptions
du 1er Janvier, supprimées en ces tristes circonstances.

Mais en dehors des fortifications du Havre, tout était tris-
tesse, misère, désolation matérielle et morale.

Les fabriques ne travaillant pas, les ouvriers chômaient.
Les mairies étaient assiégées par les familles nécessiteuses des
mobiles et des mobilisés, demandant des secours. En quelques
jours, les communes avaient épuisé leurs ressources et les populations ouvrières étaient réduites à mendier. Beaucoup, malheureusement, exaspérés par la misère et les privations, se laissaient
aller au vol, et les bois surtout, par ce long et terrible hiver,
étaient exposés à de continuels ravages.

Un décret du 13 Décembre avait mis toute la côte, entre la
Somme et la Seine, sauf le port du Havre, en état de blocus, et
les instructions du Gouvernement prescrivant de faire le vide
dans les pays occupés, l'administration de cette ville ne laissait
rien sortir des barrières : ni matières premières, ni charbon pour
l'industrie, ni denrées, de quelque nature qu'elles fussent, pour
l'alimentation publique. Il en résultait qu'au défaut de travail
s'ajoutait l'extrême cherté de la vie.

14

Des denrées d'une consommation presque nécessaire, tels que le sucre et le café, étaient introuvables. Il en était de même du tabac, objet d'une consommation si active, surtout dans les ports. Faute de houille, beaucoup de villes manquaient de gaz.

Un tel état de choses ne subsistait pas naturellement sans provoquer de nombreuses protestations. Dieppe, St-Valery, Fécamp réclamaient contre le blocus, Fécamp surtout qui, le 21 Décembre, date à laquelle il lui fut notifié, n'était pas occupé par l'ennemi, et dont le port était libre.

Un instant, la chambre de commerce de Fécamp faillit gagner sa cause. Elle provoqua de la part du Gouvernement une dépêche interprétative du décret du 13 Décembre, aux termes de laquelle le blocus ne devait être appliqué qu'aux points où l'envahissement'empêchait le service des douanes de fonctionner (6 Janvier).

Cependant, la douane n'avait point encore abandonné Dieppe et Fécamp, lorsque, le 11 Janvier, les corvettes de l'Etat vinrent de Cherbourg pour maintenir le blocus dans toute sa rigueur devant ses ports. Mais les nouvelles protestations des chambres de commerce, furent presque aussitôt rendues inutiles par l'arrivée de l'ennemi. C'étaient sans doute la présence des corvettes qui avait fait croire au général de Bentheim à la possibilité d'un débarquement de troupes, menaçant ses positions de Rouen.

De toutes parts, les municipalités demandaient avec instance qu'au lieu de fermer les ports et les centres manufacturiers à tout commerce extérieur, on se contentât d'un droit de visite sur les navires et les voitures, afin d'empêcher seulement l'entrée des objets pouvant servir à l'ennemi, lorsque M. Carnot arriva.

Ses pouvoirs extraordinaires lui permettaient de tempérer les rigueurs de l'état de guerre, et il s'agissait d'empêcher une innombrable population ouvrière de mourir de faim. Il autorisa l'expédition des matières premières et des houilles à destination des fabriques de Bolbec, Lillebonne et Fécamp, villes qui n'étaient occupées que d'une façon intermittente, à condition que ces expéditions seraient accompagnées d'un laissez-passer qui devait être retourné au Havre, dans les 24 heures, avec un visa du maire du lieu de destination, constatant que ces marchandises avaient été déposées dans sa commune et qu'elles y seraient employées (20 Janvier).

Faut-il s'étonner si, dans cet état de souffrance atroce, les habitants des campagnes se soient laissés aller à de coupables défaillances envers l'ennemi? Parlant des opérations de Manteuffel, en Normandie, le colonel de Wartensleben dit : « Partout les populations se montraient prévenantes pour nous. »

Malheureusement ces prévenances dépassaient toute borne. Beaucoup trop de paysans ne se faisaient pas scrupule de se mettre au service de l'ennemi pour lui fournir des renseignements sur nos forces, sur nos positions, pour tromper nos officiers sur celles des Prussiens, et pour pourvoir ceux-ci de subsistances jusqu'au superflu, alors qu'ils refusaient le nécessaire à nos soldats. Sur les marchés des petites villes il se faisait pour l'ennemi des trafics de fourrages, de grains et de bestiaux aussi inquiétants que scandaleux, à ce point que plusieurs fois les maires demandèrent au Havre s'il n'était pas possible d'envoyer des gendarmes pour mettre un terme à ce spectacle.

Au milieu de ces tristes circonstances, la plupart des maires donnaient l'exemple du patriotisme et du dévouement au devoir. Tel était surtout M. Guillet, maire de Bolbec, qu'on était toujours sûr de rencontrer partout où il y avait des services à rendre, infatigable dans ses recherches sur les desseins de l'ennemi, indomptable devant lui, et qui mourut plus tard des suites de ses fatigues et de ses émotions pendant cette douloureuse période. Après lui une mention toute spéciale doit être faite pour le maire de Fécamp, M. Legros.

Malheureusement il y eut aussi des exceptions parmi ces fonctionnaires, et l'administration fut obligée de sévir contre quelques-uns pour donner des exemples aux autres.

Ainsi, le maire d'Etretat fut révoqué pour avoir aidé l'ennemi à détruire les communications télégraphiques de sa commune avec le chef-lieu d'arrondissement. Pour le même fait, le conseil municipal fut également dissous.

Le maire d'Yébleron fut arrêté sous l'accusation d'avoir voulu compromettre notre armée, en donnant des renseignements sur elle à un officier français qu'il prenait pour un officier prussien. Traduit en conseil de guerre, il fut acquitté par 4 voix contre 3, mais il fut blâmé et révoqué de ses fonctions.

Ces maires étaient-ils réellement coupables des défaillances qui leur étaient reprochées? Il ne nous appartient pas de nous prononcer à cet égard, mais il est certain qu'ils rencontraient une excuse facile dans la situation qui leur était faite.

Que pouvait-on attendre d'eux, dont les communes, entièrement désarmées, étaient livrées à la discrétion d'une bande de 5 à 600 ravageurs qui parcouraient le pays en tout sens, réquisitionnant, pillant, avec les menaces de mort et d'incendie sans cesse à la bouche, alors qu'il y avait sous le Havre de 25 à 30,000 hommes qui ne pouvaient arriver à les couvrir et à les protéger?

« Il est temps d'en finir avec ces visites qui effraient la population, écrivait le maire de Fécamp, le 14 Janvier; nous sommes désarmés et l'armée que vous avez au Havre ne sert à rien dans l'arrondissement. »

« Quand l'armée du Havre sera prête à sortir, écrivait un autre, elle n'aura plus rien à sauver : tout sera ruiné. »

L'opinion publique dans l'arrondissement s'égara jusqu'à confondre dans les mêmes reproches l'armée et la ville du Havre. Mais rien n'était plus injuste que ces accusations contre la population havraise.

Celle-ci était indignée et frémissante de l'inaction dans laquelle on tenait les troupes. Les journaux de toute opinion demandaient chaque jour qu'on agit. Dans une délibération prise à l'unanimité, le conseil municipal protesta contre les imputations dirigées contre la ville et manifesta hautement, au contraire, le désir qu'elle éprouvait de voir l'armée marcher vigoureusement contre l'ennemi (**16 Janvier**).

De son côté, le sous-préfet répondait au maire de Fécamp : « L'armée du Havre est complètement en dehors de mon action. Je déplore beaucoup plus que vous la situation actuelle, et je pourrais vous prouver qu'elle est l'objet de ma sollicitude de tous les instants. » (14 Janvier).

Mais que pouvaient faire la population, la presse, la municipalité, le sous-préfet contre une telle situation? D'ailleurs, en envoyant le général Loysel, au Havre, le ministre de la guerre avait complètement séparé le corps d'armée de la défense de la place dans les termes suivants : « Le général Loysel ne relèvera à aucun degré des autorités civiles et militaires du Havre. Il jouira à leur égard des prérogatives ordinaires des commandants en chef de corps d'armée. »

Au surplus, il serait injuste de dire que le général Loysel resta constamment sourd à tant de plaintes si fondées. Il forma une colonne mobile, avec un bataillon de ligne, un bataillon de mobiles, six compagnies d'éclaireurs et 4 pièces de canon, et en donna le commandement à l'énergique commandant Dornat, qu'on regrette de ne pas avoir vu appelé plutôt par ses chefs et à une situation plus importante, quoiqu'il eût donné la mesure de sa résolution, à Formerie et à Bolleville (22 Janvier).

Cette colonne réoccupa aussitôt Criquetot, Goderville, Beuzeville. Le 24, elle lançait sur Bolbec un détachement d'éclaireurs à cheval, qui en chassait une patrouille de dragons prussiens en lui faisant un prisonnier ; deux jours après, elle occupait fortement Bolbec, et le commandant Dornat allait s'établir en avant de la ville sur le plateau de Lanquetot (26-27 Janvier).

Cette fois l'arrondissement du Havre était délivré des fourrageurs prussiens et bien gardé contre eux.

Si le général Loysel n'avait pas pris dès son arrivée des mesures aussi énergiques qu'on aurait pu le désirer, il s'était du moins activement employé à la réorganisation du corps d'armée du Havre.

Deux divisions furent formées. La première, commandée
par le général Peletingeas; la seconde, par un officier que le
général Loysel fit venir à la fin de Janvier, le colonel Berthe, du
86e de ligne, promu général de brigade à cette occasion.

On manquait de cavalerie et les attelages de l'artillerie
étaient insuffisants. Sur la demande du général Loysel, le sous-
préfet requit tous les propriétaires de l'arrondissement d'amener
leurs chevaux sur le Champ-de-Foire du Havre, où l'intendance
choisit ceux de ces chevaux propres au service (23 Janvier). En
même temps, 2 escadrons de chasseurs furent distraits du 19e
corps d'armée, et formèrent le noyau d'un régiment de cavalerie
de marche qu'on compléta avec des hommes pris dans la mobile
et la mobilisée, connaissant un peu le maniement du cheval.

Pour l'artillerie, on pourvut d'avant-trains les pièces qui en
manquaient. L'industrie privée construisit des fourgons. Pour
servir des mitrailleuses Gatling acquises par la ville, on organisa
une batterie de mitrailleuses, et on put donner quelques pièces
rayées, livrées à la fin de Janvier par les ateliers des Forges et
Chantiers de l'Océan, aux batteries de mobiles qui n'étaient pas
encore armées. On obtint ainsi 8 batteries complètes avec toutes
pièces perfectionnées.

Le personnel de l'intendance fut également réorganisé et
complété; un corps du train des équipages auxiliaires fut créé
de toutes pièces, avec un matériel réquisitionné parmi les chariots
et les voitures des propriétaires de l'arrondissement, comme on
avait fait pour les chevaux de la cavalerie et de l'artillerie.

En même temps, les troupes étaient exercées et manœuvraient
tous les jours; des mesures sévères étaient prises pour rétablir
la discipline. On fit une chasse très vive aux isolés et aux traînards qui ne sortaient pas des cabarets et des mauvais lieux, et
une surveillance sévère fut faite autour des cantonnements pour
arrêter les rôdeurs et les insoumis.

Les corps francs furent épurés. Certains qui s'étaient fait
une déplorable réputation pour leurs habitudes d'indiscipline, de

maraudage et de mauvaise conduite furent dissous. Tels furent le bataillon des francs-tireurs du Nord et la compagnie des vengeurs du Havre. Quarante-neuf hommes de cette dernière compagnie furent déférés à la cour martiale avec le capitaine Marcel Deschamps. Celui-ci fut acquitté, mais la plupart des autres furent condamnés à des peines diverses.

Au moment où la réorganisation de l'armée du Havre prenait cette tournure, le corps d'armée du grand-duc de Mecklembourg arrivait à Rouen.

En effet, après avoir occupé Alençon, le 16 Janvier, le grand-duc avait reçu l'ordre de se porter rapidement sur Rouen et d'y rallier la première armée, dont la plus grande partie continuait à observer les places fortes du Nord, craignant d'en voir encore sortir le glorieux vaincu de St-Quentin. La mission du grand-duc de Mecklembourg devait consister à couvrir Rouen et les deux rives de la Seine, et à agir contre l'armée du Havre.

Son mouvement avait commencé le 18. Le 21, il occupait Orbec. Le même jour son avant-garde apparaissait aux portes de Bernay.

Réunis au son du tocsin, trois cents gardes nationaux environ de la ville et des campagnes environnantes marchèrent bravement à l'ennemi, quoique armés seulement de mauvais fusils à piston et d'un vieux canon qui n'avait jamais servi qu'à tirer des salves aux jours de fêtes publiques. Néanmoins, cette troupe courageuse arrêta l'avant-garde ennemie toute la journée du 21 Janvier, et ne recula, le lendemain, que devant un déploiement de plusieurs milliers d'hommes avec une artillerie formidable.

Cet acte héroïque eût mérité la considération d'un vainqueur ayant le moindre sentiment de l'honneur et du patriotisme malheureux. Tel n'était pas le noble grand-duc de Mecklembourg-Schwerin. Plein de dépit d'avoir été tenu en échec par une poignée de gardes nationaux et de sapeurs-pompiers de campagne, il embellit son blason en faisant fusiller quelques-uns de ces braves gens pris après le combat et en imposant à la ville de

Bernay une contribution d'*un million*. Cependant, devant l'impossibilité manifeste d'obtenir une pareille somme, le grand-duc daigna réduire ensuite cette réquisition à 100,000 fr.

Le 25 Janvier, il était à Rouen, et le 27, tout son corps d'armée était concentré en avant de cette ville, partie sur la rive gauche, se portant sur la rivière de la Risle, partie sur la rive droite, entre Pavilly, Duclair et Caudebec, l'avant-garde à Yvetot qu'elle ne dépassa pas, ayant en face d'elle la colonne Dornat, solidement établie à Lanquetot.

On apprit en même temps au Havre que le grand-duc, craignant un mouvement offensif des troupes de cette ville par la Basse-Seine, et non content du barrage établi à Duclair, faisait immerger des torpilles à Guerbaville, à la pointe de l'un des coudes de la Seine, entre Duclair et Caudebec.

Les canonnières *Oriflamme* et *Alerte* (commandants Pic-Paris et Masson), furent chargées d'aller faire une reconnaissance sur ce point. Elles remontèrent le fleuve jusqu'à Guerbaville, où elles trouvèrent les pionniers prussiens en train de procéder à l'immersion de leurs torpilles. L'*Oriflamme* leur envoya quelques coups de canon qui tuèrent ou blessèrent sept ou huit hommes et firent prestement jouer des jambes au reste du détachement. Puis es deux canonnières reprirent le chemin du Havre (28 Janvier).

Le lendemain elles revinrent à la rescousse. Mais elles trouvèrent Caudebec occupé en force et leur arrivée fut saluée par un feu très vif. L'*Alerte* dont le pont était découvert, revint sur Quillebeuf, mais l'*Oriflamme* passa sous le feu et remonta encore jusqu'à Guerbaville, où elle constata que l'ennemi avait enfin accompli sa besogne. En redescendant le fleuve, elle essuya encore une vive fusillade qui tua un marin et en blessa deux. Les tirailleurs ennemis étaient embusqués dans les maisons qui bordent le quai et tiraient par les fenêtres. Quelques coups de la puissante pièce de canon dont la canonnière était armée à l'avant, auraient eu vite raison de ces Prussiens. Mais le commandant ne croyant pas devoir endommager les maisons françaises avec du canon français, passa outre (29 Janvier).

A cette heure, la guerre touchait à son terme. Depuis le **26**, des bruits de négociations, en vue de la capitulation de Paris et d'un armistice général, étaient venus au Havre, par la voie des journaux anglais. On n'y croyait qu'avec peine et la Délégation de Bordeaux, d'ailleurs, les démentait avec énergie. Cependant, le **29**, à minuit, une dépèche de Bordeaux apporta la confirmation officielle de cette nouvelle.

Les circonstances dans lesquelles se produisit ce dénoûment sont aujourd'hui connues de tout le monde.

Tous les efforts tentés par la Délégation de la Défense Nationale pour sauver Paris avaient échoué. Ceux de Paris n'avaient pas été plus heureux, si tant est que les généraux qui avaient dirigé les opérations des armées de la capitale, les eussent conduites avec la volonté de réussir. La garde nationale de Paris, c'est-à-dire plus de 200,000 hommes pleins d'ardeur, n'avait pas été utilisée. Depuis Avron, elle avait cependant réclamé avec tant de passion l'honneur de combattre, que force avait été de lui donner satisfaction.

Ce fut l'affaire de Buzenval (19 Janvier) qui n'eut d'autre résultat que de constater l'héroïsme de la garde nationale parisienne et la mauvaise foi de ceux qui n'avaient pas encore voulu s'en servir.

Après Buzenval, il ne restait plus à Paris d'autre parti que de se rendre, car la famine était proche. Cependant le général Trochu avait dit : « Courage ! Confiance ! Patriotisme ! Le Gouverneur de Paris ne capitulera pas ! » Qu'allait-il donc faire ?

Il allait se démettre de ses fonctions de Gouverneur de Paris et passer le commandement au général Vinoy qui capitulerait pour lui (22 Janvier). Ce fut le signal d'une émeute et des premières négociations entamées par le Gouvernement.

Cinq jours plus tard une convention était signée à Versailles, aux termes de laquelle Paris capitulait, et un armistice de vingt jours était imposé aux armées belligérantes, pendant lequel la France devait procéder à l'élection d'une Assemblée Nationale (28 Janvier).

# CHAPITRE XIV



La négociation de l'armistice avait été poursuivie par M. Jules Favre, dans l'ignorance absolue, malheureusement, de la situation des armées de province. Aussi eut-elle pour celles-ci des résultats désastreux.

De tous, le plus funeste fut incontestablement l'exception faite à la discontinuation des opérations de guerre pour les départements de la Côte-d'Or, du Doubs et du Jura. C'était par là que se trouvait l'armée de Bourbaki, battant péniblement en retraite devant Manteuffel. Par la plus inconcevable des erreurs, cette malheureuse armée ne fut pas prévenue de l'exception dont elle était l'objet, et elle fut réduite à se jeter en Suisse pour éviter d'être prise toute entière par l'ennemi (1er Février).

Toutes les autres armées de la défense nationale furent plus ou moins maltraitées par la Convention de Versailles.

A l'armée du Havre, elle assignait une ligne d'occupation partant d'Etrétat jusqu'à St-Romain, alors que le général Loysel occupait tout le pays jusques en avant de Bolbec; et tandis que les armées allemandes étaient pourvues du texte de cette Convention dès le 28 Janvier au soir, au Havre, la nouvelle de l'armistice n'était bien connue que le 30 au matin, et les dispositions de la Convention ne parvinrent que plusieurs jours après.

Il en résulta les complications les plus déplorables.

Ainsi, le 30 Janvier, l'aviso le *Diamant* vint du Havre à Dieppe, et le lieutenant de vaisseau Carrey, qui le commandait, prit possession de l'hôtel-de-ville avec une compagnie de marins.

Le même jour, l'aviso *Averne* occupa le port de Fécamp, tandis qu'un détachement des éclaireurs à cheval du Havre, sous les ordres du sous-lieutenant de Beaumont, s'établit dans la ville.

A l'autre extrémité de l'arrondissement du Havre, le colonel Mocquard, posté sur les hauteurs voisines de Lillebonne, reçut l'ordre d'occuper la ville, ce qu'il fit en chassant à coup de fusil une patrouille ennemie qui s'y était installée et qui perdit deux hommes (30 Janvier).

Mais les Prussiens prétendirent que ces occupations étaient contraires au droit qu'ils tenaient de la Convention du 28 ; car ni Dieppe, ni Fécamp, ni Lillebonne n'étaient occupées d'une manière effective au moment où l'accord était intervenu à Versailles et avait fixé d'Etretat à St-Romain la ligne de démarcation de l'armée française.

Cette prétention ne fut pas tout d'abord admise par le général Loysel.

« Le commandant Harel rentre d'Alvimare, écrivit-il le 1er Février, à cinq heures du matin, au ministre de la guerre ; Délégué prussien lui a mis sous les yeux le texte Convention signée par Bismarck et Jules Favre. L'armistice qui compte du 28 pour Paris, ne commence que *trois jours* après pour départements. Il détermine lignes démarcation pour armée Havre, d'Etretat sur St-Romain. Chaque armée doit se tenir éloignée de 10 kilomètres de cette ligne.

» Ces étranges stipulations étant tout à fait en désaccord avec les instructions que j'ai données, M. Harel vient en demander de nouvelles. Occupant Criquetot, Bolbec et Lillebonne, je ne puis admettre que nous soyons rejetés sur la place. Je ne veux donc pas signer une stipulation ratifiant la ligne Jules Favre, à moins que vous ne m'en donniez l'ordre formel, et je ferai connaître par un ordre du jour que nous subissons les conditions dictées par M. Jules Favre. Réponse urgente. Harel attendra qu'elle soit arrivée; je pense que Fécamp, Dieppe et tous les ports de la côte doivent nous appartenir. »

Aucune réponse n'étant venue à cette dépêche, le général Loysel télégraphia encore dans l'après-midi.

« J'ai sous les yeux texte convention apporté par Harel.... Je ne puis admettre la ligne d'Etretat à St-Romain avec la condition de se tenir à 10 kilomètres en arrière.

» Le 28, j'occupais Goderville, Bolbec, Lanquetot et Lillebonne : la règle d'*uti possidetis* me les donne, et nul n'a le droit d'en disposer pour les remettre à l'ennemi. Les Prussiens revendiquent aussi les ports où nos croiseurs se rendaient constamment, ce qui est inadmissible. Les conditions concernant Paris sont exorbitantes, tous les corps de francs-tireurs doivent être dissous. Donnez-moi d'urgence des instructions. Je ne veux rien céder si je ne reçois ordre formel. »

Malgré ces protestations, raison resta au plus fort.

A Dieppe, le 31 Janvier, au matin, une colonne prussienne, composée de 2 bataillons d'infanterie, 2 escadrons de cavalerie et 1 batterie, était arrivée sur la côte de Rouen, dans l'intention d'entrer dans la ville. Or, dans la nuit, un détachement d'artillerie et une compagnie d'infanterie de la garde mobile étaient venus d'Abbeville renforcer les matelots du commandant Carrey. Celui-ci refusa énergiquement d'évacuer la ville, comme étant le premier occupant, et le commandant prussien insistant, M. Carrey lui offrit de se battre jusqu'à midi, heure à laquelle devait commencer l'armistice.

La colonne prussienne répondit à ce défi en remontant la côte et en s'éloignant, aux acclamations des Dieppois, que cet acte d'énergie avait électrisés.

Mais le 1er Février, au matin, le général Pritzelwitz informa le commandant Carrey, qu'il avait reçu l'ordre formel du général de Gœben d'occuper Dieppe, et, sur ces entrefaites, l'ordre d'évacuation étant venu du Havre, le commandant Carrey et ses matelots remontèrent à bord de l'aviso en pleurant.

Le lendemain, Fécamp eut le même sort. Le commandant de l'*Averne* refusait depuis la veille de remettre la ville. Le colonel de Kleist menaça de bombarder, et déjà mettait ses pièces en position sur les hauteurs, quand un ordre analogue à celui de Dieppe arriva du Havre. L'aviso et les éclaireurs à cheval s'éloignèrent chacun de leur côté, et le colonel allemand occupa Fécamp à la tête de 1,500 hommes (2 Février).

A Lillebonne, le colonel Mocquard fut également obligé de se retirer, et ce ne fut pas encore sans peine. Les éclaireurs de son régiment avaient été reçus à bras ouverts par les habitants qui leur avaient donné tout à l'abondance. Aussi ne voulaient-ils pas s'arracher à cette hospitalité réjouissante. Un certain nombre, pris de boisson, qui voulaient quand même tirer sur les Prussiens, au risque de faire brûler la ville, durent être enlevés de force par leurs camarades.

A Bolbec, les Prussiens se présentèrent également, mais ils durent céder devant l'inflexible déclaration du commandant Dornat qu'il ne se retirerait pas, attendu qu'il était là depuis le 26 Janvier (2 Février).

Enfin, dans la nuit du 2 au 3 Février, un accord définitif intervint entre les deux états-majors. La ligne d'Etretat à St-Romain fut portée de Fécamp à Lillebonne, mais avec l'obligation pour les Français de tenir leurs avant-postes à 20 kilomètres en arrière, au lieu de dix prescrits par la Convention du 28.

Sur la rive gauche de la Seine, des difficultés du même genre avaient surgi entre les commandants des deux armées et nécessitèrent également l'intervention du général Loysel.

La ligne de démarcation indiquée par la Convention de Versailles s'arrêtait à Pont-l'Evêque, dans la vallée de la Touques. Le grand-duc de Mecklembourg prétendit qu'elle devait être prolongée sur toute la longueur de cette vallée jusqu'à la mer, c'est-à-dire jusqu'à Trouville, en sorte que Honfleur se trouvait comprise dans les limites de l'occupation. De là, l'ennemi pouvait établir des batteries à 7 kilomètres de la pointe du Hoc et menacer ainsi la défense du Havre vers le Sud.

Les généraux Loysel et Dargent (commandant le 19e corps d'armée) réussirent, par des protestations vigoureuses, à faire décider que les Prussiens ne dépasseraient pas Fiquefleur. Mais en échange de sa liberté, Honfleur devait verser à l'ennemi le montant de ses contributions directes.

Une des premières conséquences de la capitulation de Paris était la faculté qui était donnée à la capitale de se ravitailler. Un décret du 30 Janvier leva, à cet effet, le blocus des côtes, et M. Jules Favre, par dépêche du 31, prescrivit au sous-préfet du Havre de prendre les mesures nécessaires pour rétablir les voies de communication. « Paris a traité parce qu'il n'avait plus de pain, écrivait le ministre des affaires étrangères ; il faut le ravitailler d'urgence. Toute facilité donnée à cet égard. Réparez de suite votre voie. Aussitôt qu'elle sera libre, vous expédierez tout le disponible en vivres et combustible par la voie de Rouen et Amiens. Agissez d'urgence. »

Le chemin de fer de Dieppe fonctionna le premier. Celui du Havre, en raison de la rupture du viaduc de Mirville, ne put envoyer des convois, d'une façon régulière qu'à partir du 11 Février. Le service des voyageurs jusqu'à Rouen reprit le 14, et jusqu'à Paris, le 26. Les voyageurs ne pouvaient circuler que munis d'un sauf-conduit délivré par les autorités françaises et visé par les autorités allemandes. Jusqu'à Nointot, le service était fait par l'administration française, et, à partir de cette station, la direction des trains appartenait aux Allemands.

On sait que le ministre du commerce, M. Magnin, se transporta à Dieppe pour mettre de l'ordre dans les marchés de fournitures et les expéditions sur la capitale, et que des navires de l'Etat anglais apportèrent dans nos ports de magnifiques cadeaux de vivres, offerts par la ville de Londres et le gouvernement britannique à la ville de Paris. Cinq de ses navires : L'*Helicon*, le *Buzzard,* le *Valorous,* le *Tamar,* le *Florence* déchargèrent au · Havre.

Le rétablissement des transports et la levée du blocus provoquèrent de grosses difficultés entre les administrations du Havre et de Rouen. Malgré la levée du blocus, l'administration du Havre prétendit que l'interdiction de sortie des matières premières à destination de Rouen et du reste du département devait persister, le décret du 30 Janvier n'ayant été rendu que dans l'intérêt de Paris. La chambre de commerce de Rouen s'émut de cette décision et, dans une séance du 10 Février, sous la présidence de M. Pouyer-Quertier, elle protesta contre cette mesure qu'elle qualifia d'arbitraire, d'injuste, d'inhumaine, accusant d'abus de pouvoir les administrations locales du Havre.

Cette protestation amena des répliques dans cette ville. Le conseil municipal déclara qu'il était absolument étranger aux mesures préjudiciables prises contre les industries du bassin de la Seine (17 Février).

Quant aux représentants du Gouvernement, ils avaient dû exécuter les instructions fort sévères qui leur avaient été adressées de Bordeaux en Décembre et Janvier, et qui avaient été jusqu'à déclarer faits à tort et non avenus les paiements des droits de régie et des contributions directes, opérés entre les mains de l'autorité allemande; depuis l'armistice, M. Carnot avait par trois fois interrogé le Gouvernement sur la conduite à tenir, sans obtenir de réponse jusqu'au 20 Février, où le Gouvernement leva l'interdiction de sortie du Havre.

D'ailleurs, l'autorité militaire n'était pas sympathique, de son côté, au rétablissement intégral des relations commerciales qui étaient de nature à favoriser la fraude, l'espionnage, les surprises de toute sorte, pendant qu'elle continuait la réorganisation de l'armée. La façon dont les Prussiens exécutaient la Convention d'armistice ne donnait que trop raison aux défiances et aux mesures de rigueur.

Ainsi, malgré l'usage constant qui suspend pendant la durée

d'un armistice le droit de lever des contributions extraordinaires, les généraux allemands frappèrent la Seine-Inférieure
d'une contribution de guerre de 24 millions. Rouen à elle seule
devait payer 6 millions 500,000 fr.

Pour venir à bout de leur demande, il n'est pas d'espèce de
violence qu'ils ne commirent. A Rouen, ils mirent pendant plusieurs heures les scellés sur les caisses et les magasins des maisons
de commerce importantes. Ils tentèrent d'enlever la caisse d'é-
pargne, qui, heureusement était vide. A Fécamp, ils occupèrent
militairement le bureau de la douane. A Dieppe, ils saisirent et
fermèrent le bureau de la poste. Partout, ils parlaient d'enlever
les notables comme otages et d'employer la force contre les personnes et les propriétés. Il ne se passait pas de jour qu'on ne
vit arriver à Rouen des maires et des notables des communes
voisines, escortés par des hommes armés, qu'on amenait s'ex-
pliquer avec le général en chef sur le non-paiement des contributions exigées de leurs communes.

Plusieurs députations de conseillers municipaux de Rouen et
de conseillers généraux du département se rendirent à Paris et
à Versailles, pour mettre fin à ces saturnales. Mais elles n'ob-
tinrent gain de cause que partiellement. Toutefois, elles firent
gagner du temps et permirent d'arriver à la fin de l'armistice,
époque à laquelle le droit de réquisition des Prussiens prit léga-
lement fin.

De toutes les violences commises par les généraux allemands,
à cette époque, aucune ne fut plus criante que celle qui fut faite
à Honfleur.

Honfleur était resté neutre d'après les conventions particulières entre les généraux français et prussiens, qui avaient suivi
la Convention de Versailles. Cependant, le 23 Février, Il fut
subitement envahi par 2,500 hommes, qui réclamèrent une
contribution de 500,000 fr. sous menace de pillage. Déjà, la ville,
conformément aux Conventions des généraux, avait acquitté ses
impôts aux mains de l'ennemi. Le maire, naturellement, protesta :

les généraux Dargent et Loysel protestèrent. Mais le grand-duc de Mecklembourg passa outre et resta à Honfleur. Heureusement, comme à Rouen, l'armistice prit fin à temps pour sauver la ville de la contribution.

Le Havre, resté libre au milieu du pays envahi, mettait ce temps à profit pour achever ses préparatifs.

Les travaux de défense, repris depuis la dernière quinzaine de Décembre, furent poursuivis avec la plus grande activité.

La deuxième ligne de Bléville à la forêt de Montgeon fut continuée de cette forêt jusqu'à la redoute de Cancriauville. La forêt de Montgeon elle-même fut fermée vers le Nord par un système de fils de fer entrelacés et des torpilles.

Une troisième enceinte fut entreprise d'Octeville à Orcher. Comme la seconde, elle consistait en tranchées, en murs crénelés, et en batteries enterrées qui dominaient les plateaux et plongeaient dans les vallons par où l'armée allemande, marchant sur le Havre, devait forcément s'engager. C'était le champ de bataille choisi par le général Loysel lui-même.

En même temps, la réorganisation de l'armée du Havre fut achevée. Les troupes furent rééquipées, chaussées, munies de capotes et de couvertures. Les bataillons de mobiles et de mobilisés furent enrégimentés, et un régiment d'infanterie de marche, le 76e, formé sur place.

De plus, les troupes composant l'armée du Nord ayant été transportées de Dunkerque à Cherbourg pour rejoindre l'armée de la Loire, le général Loysel en fit détacher pour le Havre les bataillons de marche des 66e, 72e, 88e de ligne et 4 batteries, qui furent amenés au Havre, à partir du 26 Février, par les paquebots transatlantiques *Martinique* et *Floride,* et les transports de l'Etat *Nièvre* et *Durance.*

A la fin de Février, l'armée active du Havre comprenait deux divisions d'infanterie, 8 batteries, un régiment de chasseurs à cheval de marche, deux escadrons d'éclaireurs, avec train des équipages, ambulances, etc., outre une réserve composée de quatre régiments de mobilisés ou de mobiles, quatre batteries, la garde nationale sédentaire et les marins de l'escadre.

C'est dans ces conditions que l'armistice prit fin.

On avait procédé aux élections pour l'Assemblée Nationale qui devait se réunir à Bordeaux, le 12 Février.

Il ne rentre pas dans le cadre de cet ouvrage de raconter les difficultés que souleva l'application de cette partie de la Convention de Versailles, à une époque aussi troublée et alors que l'ennemi occupait plus du tiers de la France.

Il suffira de rappeler l'antagonisme qui éclata entre le Gouvernement de Paris et la Délégation de Bordeaux, entre le décret de Paris du 29 Janvier et ceux de Bordeaux du 31, ceux-ci frappant d'inéligibilité les anciens ministres, sénateurs, conseillers d'Etat, préfets et candidats officiels de l'empire, la protestation de M. de Bismark, l'envoi de M. Jules Simon à Bordeaux pour faire respecter le décret de Paris, la rivalité des deux pouvoirs terminée enfin, le 6 Février, par la démission de M. Gambetta.

L'avant-veille de cette démission, la Délégation de Bordeaux avait rendu un décret qui autorisait l'arrondissement du Havre à constituer une circonscription de vote spéciale et à élire, par scrutin de liste, le nombre de représentants auquel la population lui donnait droit, c'est-à-dire quatre (4 Février).

A une autre époque, un décret de ce genre qui flattait l'amour-propre havrais et faisait pressentir la création du département, toujours ardemment désiré, de la Seine-Maritime, aurait réuni l'assentiment de tous les groupes de la population, sans différence d'opinion. Mais, à cette occasion, il fut combattu par les adversaires du régime républicain dont il assurait la défaite.

Sur cette question d'ailleurs, comme sur celle des décrets d'inéligibilité, le gouvernement n'était pas d'accord. Le ministre de l'intérieur, à Paris, M. Herold, qui avait désigné pour son délégué dans la Seine-Inférieure, M. Nétien, maire de Rouen, refusa de ratifier le décret de division. Au contraire, M. Emmanuel Arago, qui avait succédé, comme ministre de l'intérieur, à M. Gambetta, à Bordeaux, et qui ne reconnaissait d'autre agent du Gouvernement dans la Seine-Inférieure, que le préfet Carnot, maintint encore, la veille du scrutin, la division du département.

C'est au milieu de ces contradictions que s'ouvrit le vote du 8 Février dans la Seine-Inférieure. Les partisans de la liste réactionnaire exploitèrent la situation au profit de leurs candidats qu'ils maintinrent sur la liste départementale, en répandant dans toutes les communes que la liste des quatre noms était celle des *républicains rouges* qui voulaient la guerre à outrance, c'est-à-dire livrer le pays au pillage, au massacre et à l'incendie. Cette tactique réussit. La liste départementale et réactionnaire l'emporta à une grande majorité.

Le résultat général dans tout le pays démontra d'ailleurs, qu'il était fatigué de la guerre et voulait la paix à tout prix. Pour atteindre ce but, le suffrage universel ne regarda ni à la couleur, ni aux principes représentés par les candidats, il élut tous ceux qui lui promirent de voter pour la paix. L'Assemblée Nationale se trouva ainsi composée d'une majorité d'hommes, professant des opinions en contradiction complète avec les désirs des populations au point de vue politique, hormis sur la question de la paix.

M. Sadi Carnot fut élu dans la Côte-d'Or et M. le général Loysel dans l'Ille-et-Vilaine. M. Loysel se rendit à Bordeaux, le 13 Février, laissant par intérim le commandement en chef au général Peletingeas. M. Carnot quitta également le département, le 19.

L'armistice, qui devait expirer le 16 Février, fut d'abord prorogé au 24, et encore du 24 au 26, à minuit.

Dans la soirée du 26, on ignorait encore le résultat des négociations poursuivies à Versailles, par MM. Thiers, Jules Favre et une commission de l'Assemblée avec M. de Bismark. A minuit, les Prussiens éteignirent les phares de la côte, et le **27**, au matin, chemin de fer et bateaux à vapeur s'arrêtèrent.

En même temps, les colonnes prussiennes commencèrent à se porter en avant. Un corps de troupes occupa Bolbec, malgré les protestations du maire. Les éclaireurs traversèrent St-Romain et poussèrent une reconnaissance jusqu'à Gainneville, tandis que le gros de leurs forces s'approchait jusqu'à six kilomètres de Montivilliers.

Cependant, des dépêches étaient parvenues dans la nuit, de Bordeaux et de Versailles, au général commandant en chef l'armée du Havre et aux autorités civiles, disant : « Abstenez-vous de toute reprise d'hostilités. Ordre semblable est expédié sur toute la ligne par l'autorité militaire allemande. Il y a accord sur les préliminaires de paix. »

Le général Peletingeas envoya le chef d'escadron d'état-major Harel parlementer avec les chefs de corps allemands. Ceux-ci prétendirent n'avoir reçu que des instructions incomplètes ou contradictoires quant à la suppression des hostilités, mais ils se rendirent néanmoins aux observations du parlementaire français et convinrent que la ligne arrêtée par la Convention d'armistice serait respectée (27 Février).

Deux jours après, l'Assemblée Nationale approuvait les préliminaires de paix, par 546 voix contre 107. Parmi ces dernières, figura celle du général Loysel (1er Mars).

La guerre était finie.

Dès le **2**, le commandant Mouchez donna l'ordre de combler les tranchées, de démolir les travaux de défense, et le licenciement des troupes commença aussitôt.

M. Mouchez quitta le Havre quelques jours après, laissant le commandement de la division militaire au capitaine de frégate Rallier, lequel fut lui-même relevé à la fin de mars par le général Brahaut.

De son côté, M. le sous-préfet Ramel demanda à être relevé

de ses fonctions, mais sur les désirs du Gouvernement les conserva jusque dans les premiers jours d'Avril.

En résumé, le but ardemment désiré et poursuivi, depuis le commencement de la guerre, par la population du Havre et par ceux qui avaient été préposés à sa défense avait été atteint. Le Havre était resté Français et n'avait pas vu flotter sur ses murs le sombre drapeau noir et blanc. Ce résultat acquis au prix d'énormes sacrifices, était dû également, dans une large mesure, à l'activité et au patriotisme de ceux qui avaient présidé au fonctionnement des services militaires et civils de la cité.

Le Havre n'eut garde de l'oublier. Le conseil municipal ne laissa pas partir MM. Mouchez et Ramel sans leur envoyer un dernier témoignage d'estime, de sympathie et de reconnaissance, on ne peut plus honorable pour ceux qui en étaient l'objet (1).

Quant à la municipalité, elle eut part aussi à la gratitude de ses concitoyens, qui, lors des élections municipales d'Avril, la renvoyèrent siéger tout entière à l'Hôtel-de-Ville.

Le conseil municipal du Havre, par son empressement à sanctionner les mesures de sauvegarde proposées, méritait cette marque de reconnaissance, car collectivement et individuellement, ses membres avaient apporté un concours des plus méritoires à l'œuvre commune de préservation. A côté de ce témoignage qui s'adresse à tous, qu'il nous soit permis de mentionner particulièrement le zèle si utile d'un des honorables membres de ce conseil M. Bazan, qui siégea sans relâche, pendant toute la période de la guerre, apportant aux résolutions délicates à prendre l'aide précieuse de sa longue expérience.

M. Guillemard continua à occuper la mairie jusqu'à ce que la réaction du 24 Mai 1873 vint l'atteindre.

On a dit, pour consoler d'autres villes de leur mauvaise fortune, que le Havre n'avait échappé à l'invasion que par l'effet

---

(1) V. Pièces justificatives, n° 11

d'une sorte de complaisante indifférence des Prussiens. De pareilles assertions ne se discutent pas.

Outre l'avantage que les Allemands auraient retiré de l'occupation d'une ville de l'importance commerciale et financière du Havre, à laquelle ils auraient fait payer une riche rançon, ils avaient à prendre la place un réel avantage stratégique.

Le Havre, place forte, ayant par la mer une communication toujours assurée avec le reste du pays, était un coin dangereux enfoncé dans les flancs de l'invasion, si l'administration de la guerre avait su ou avait pu en tirer parti. Quel péril l'armée de Rouen, réfugiée dans les lignes du Havre, n'eut-elle pas fait courir à l'armée de Manteuffel et de Gœben, si elle avait été bien commandée au temps où Faidherbe était aux prises avec elle vers Amiens ? ·

D'ailleurs, les Prussiens eux-mêmes ont pris soin de réfuter les colporteurs de ce dénigrement historique. S'ils n'ont pas essayé de prendre le Havre, en Décembre, c'est qu'ils ont reconnu que l'opération leur demanderait beaucoup trop de forces, de temps, d'argent. Tout est là.

Après la défaite des armées du Nord, de la Loire et la chute de Paris, les troupes, le temps et les moyens d'exécution ne leur faisant plus défaut, auraient-ils pris le Havre ?

C'est fort possible, mais ce n'eût été que par la supériorité de l'artillerie. Encore est-il permis d'en douter, si l'on considère qu'avec tout l'appareil de leurs canons Krupp, ils n'ont pris par la force aucune place de guerre ; qu'ils n'ont pris Strasbourg, Metz et Paris que par la faim. Or, le Havre leur présentait trois lignes de défense, armées avec 137 pièces de position, servies par des marins, une garde nationale résolue, une armée réorganisée et portée à 40,000 hommes avec 72 pièces de canon de campagne, enfin une place sans cesse ouverte au ravitaillement et aux renforts par mer.

Quoiqu'il en soit, s'il n'a pas été donné aux canonniers du

Havre de mesurer la portée de leurs pièces, il restera toujours à l'actif de cette ville, pour son honneur et pour sa récompense que, pouvant être enlevée par un coup de force, le lendemain de la prise de Rouen, elle est restée maîtresse d'elle-même jusqu'à l'heure où les évènements se sont arrêtés.

Aussi, M. le commandant Mouchez a-t-il pu écrire avec raison au commandant du bataillon des canonniers-marins, en remerciant ces braves volontaires de leurs bons services :

« Vous n'avez pas eu, sans doute, l'occasion de combattre, mais vous pouvez au moins vous retirer dans vos foyers, avec cette conviction que, si l'ennemi n'a pas attaqué le Havre quand il s'est présenté devant nos lignes, c'est parce qu'il y a aperçu votre puissante artillerie et vos braves marins prêts à s'en servir (5 Mars). »

# PIÈCES JUSTIFICATIVES

I. — **Pièces relatives à la formation du comité exécutif
du Havre.**

Havre, 20 Septembre 1870.

Monsieur le Colonel,

En vue d'une attaque probable de notre territoire, il importe
que les intérêts de sa défense soient concentrés le plus utilement
possible. On cherche cette impulsion énergique, cette direction
unique si nécessaire à cette heure solennelle et on s'inquiète de
de ne pas la trouver. Malgré les pouvoirs qui vous ont été confiés, par suite de l'état de siége, vous penserez sans doute comme
moi qu'une entente préalable des diverses autorités chargées de
la direction de la défense, peut seule dégager notre responsabilité
collective en constituant cette unité d'action qui est la loi suprême
du moment.

C'est une sorte de comité local de salut public que j'ai l'honneur de vous proposer de former avec M. le maire du Havre et
moi, sans pour cela songer à empiéter sur les attributions spéciales du conseil de défense. Nous passerions en revue les principaux incidents qui se seraient produits chaque jour et nous
nous efforcerions de trouver ensemble la meilleure solution qu'ils
comportent.

Le temps presse. Il n'y a pas un instant à perdre; aussi, si
comme je me plais à le croire, vous adhérez à ma proposition,
il conviendrait que nous puissions nous réunir dès aujourd'hui,
et je vous serais reconnaissant de vouloir bien me faire savoir

dans quel local et à quelle heure vous désirez qu'ait lieu cette réunion.

Agréez, etc.,

*Le Sous-Préfet,*

E. Ramel.

M. le Colonel Massu, commandant supérieur de l'état de siége, au Havre.


Havre, le 21 Septembre 1870.

Monsieur le Sous-Préfet,

En réponse à votre dépêche du 20, j'ai l'honneur de vous faire connaître que je ne vois aucun inconvénient à établir un concert entre le commandant supérieur, le sous-préfet et le maire de la ville. Nous pouvons le faire tous les jours, si vous le jugez opportun, et nous pourrions nous réunir chaque matin, à sept heures, à mon bureau, cela nous permettrait de mettre à exécution pendant la journée les mesures qu'il nous aurait paru utile de prendre.

Recevez, Monsieur le Sous-Préfet, etc..

*Le Colonel commandant supérieur,*

H. Massu.


---

**II. — Circulaire du Sous-Préfet aux Maires, relativement aux élections municipales (Sept. 1870).**

Havre, 21 Septembre 1870.

Monsieur le Maire,

Conformément au décret du Gouvernement de la Défense Nationale, en date du 16 Septembre courant, il sera procédé, le 25 de ce mois, au renouvellement de tous les Conseils municipaux de la République.

Je saisis avec empressement cette occasion de me mettre en relation avec vous.

Vous avez déjà reçu les instructions de M. le préfet, concernant les règles à appliquer pour assurer la régularité du vote. — Il est de mon devoir, aujourd'hui, d'appeler votre attention sur le caractère particulier, exceptionnel, qui s'attache aux élections dont il s'agit.

Comme l'indique M. le ministre de l'intérieur, dans sa récente circulaire, à laquelle je vous invite à vous reporter, le scrutin du 25 est destiné à témoigner, tout à la fois, des sentiments de résistance indomptable qui animent tous les Français contre l'ennemi, et de leur résolution de fonder un Gouvernement vraiment libre.

Au milieu des épreuves suprêmes que nous traversons, le patriotisme des citoyens ne saurait s'affirmer plus virilement qu'en nommant des municipalités vraiment animées du feu sacré qui doit régénérer la France.

L'avenir du pays est entre les mains des électeurs : il dépend de leur volonté d'assurer l'affranchissement du sol national ; de protéger leurs intérêts contre les surprises de l'égoïsme servile ; et d'empêcher le retour de catastrophes semblables à celles qui nous humilient et nous ruinent, dans ces jours néfastes, sans précédents dans notre histoire.

Qu'ils se prononcent donc dans la plénitude de leur indépendance et de leur responsabilité.

Recevez, Monsieur le maire, l'assurance de ma considération très distinguée,

Le Sous-Préfet du Havre,<br>E. RAMEL.

---

### III. — Dépêche de M. Ramel à M. Desseaux, proposant la nomination de M. Mouchez comme commandant supérieur du Havre.

Sous-Préfet Havre à Préfet Seine-Inférieure

16 Octobre.

Comme délégué au Havre du gouvernement de la défense nationale au point de vue de la responsabilité qui résulte néces-

sairement pour moi de ce titre, trouvant que les forces militaires
et l'organisation de la défense de la ville ont besoin d'être concentrées en des mains plus jeunes et plus vigoureuses, je propose
de donner le commandement supérieur à M. Mouchez, commandant de la division navale.

Il remplacerait à cet égard M. le colonel Massu, dont il est
d'ailleurs l'égal au point de vue du grade et qui continuerait à
donner son concours comme officier de génie.

Je vous serais reconnaissant de transmettre d'urgence ma
proposition au gouvernement de Tours.

E. RAMEL.

---

**IV. — Dépêche de M. Ramel, sous-préfet, au ministre de la
guerre, relativement à la levée de l'état de siége.**

*Sous-Préfet à Ministre de l'intérieur et de la guerre, Tours.*

Havre, 20 Octobre 1870

« État de siége pour arrondissement du Havre avait été
décrété, il y a six semaines, pour faciliter les expropriations,
aujourd'hui terminées, des terrains nécessaires à la défense, la
levée a donc été demandée par autorités civiles du département.
Nouveau commandant supérieur du Havre se joint à elles. Prière
de statuer, bien que l'état de guerre qui vient d'être décrété pour
département paraisse entraîner la suppression de l'état de siége. »

E. RAMEL.

---

**V. — Circulaire du Sous-Préfet aux Maires, relativement à
l'adhésion des conseils municipaux au Gouvernement de la
défense nationale.**

Havre, 7 Novembre 1870.

Monsieur le Maire,

Comme vous l'avez appris, l'armistice à l'effet d'élire une
Assemblée nationale a dù être repoussé par le gouvernement.

par suite des exigences de la Prusse, qui n'a voulu accepter ni le ravitaillement de Paris, ni la participation de l'Alsace et de la Lorraine au vote. si ce n'est à des conditions humiliantes.

Au moment ou l'arrogance prussienne, après avoir essayé de nous jouer, ne nous laisse d'autre alternative que la ruine avec une paix honteuse ou une guerre à outrance, il importe que le gouvernement de la défense nationale ait la certitude qu'il répond au sentiment général, en poursuivant énergiquement son œuvre.

Déjà, l'héroïque population de Paris vient de lui manifester sa confiance par un vote solennel de près de 560 mille *oui*. Je suis certain que chaque commune de l'arrondissement tiendra à honneur d'imiter ce patriotique exemple.

Je vous prie, en conséquence, Monsieur le Maire, de réunir d'urgence votre Conseil municipal, dans les deux jours, et de l'inviter à formuler, si tel est son sentiment, son entière adhésion au gouvernement qui a accepté la grande et noble mission de relever l'honneur et la fortune du pays.

Agréez, etc.,

*Le Sous-Préfet* : E. RAMEL.

---

**VI. — Dépêches échangées entre le Sous-Préfet du Havre et le Préfet de la Seine-Inférieure, relatives à l'équipement des mobilisés.**

*Préfet Seine-Inférieure à Sous-Préfet Havre*

Rouen, 19 Novembre 1870 (3 h. 35 s.).

Je ne puis accepter les trois marchés, Levert, Mayer et Moreau Lecuyer, en raison de l'élévation des prix de 40 et de 42 demandés pour l'habillement des mobilisés.

Le prix payé à Rouen pour tuniques et pantalons ne dépasse pas 28 fixé par le Ministre.

DESSEAUX.

*Sous-Préfet Havre à Préfet Seine-Inférieure Rouen.*

Havre, 19 Novembre 1870 (5 h. 30 s.)

Impossible de se procurer au Havre des habillements (tuniques et pantalons) au prix de 28 fr. que vous me fixez (d'après les instructions ministérielles), ou ils seraient de détestable qualité, et dans la saison surtout où nous entrons, il faut du bon. Si aux conditions indiquées, c'est-à-dire à 28 fr., on peut se procurer à Rouen des effets de bonne qualité, qu'on veuille bien se charger de nous approvisionner et de passer des marchés pour nous.

E. RAMEL.

---

**VII. — Dépêches échangées entre le Sous-Préfet du Havre et le Ministre de la guerre, relativement au retrait de 4,000 hommes de l'armée du Havre.**

### DÉPÊCHE TÉLÉGRAPHIQUE

*Le Sous-Préfet à Guerre Bordeaux.*

Havre, 12 Décembre 1870.

En présence de l'attitude du conseil municipal, de la garde nationale, de la population tout entière, disposée à s'opposer par tous les moyens et même par la force au départ des troupes, il nous a paru que donner un prétexte à la guerre civile lorsque l'ennemi commence son attaque, serait criminel. Qu'un autre exécute votre ordre, je ne saurais, quant à moi, assumer une aussi terrible responsabilité. En mon âme et conscience, ce serait une action mauvaise, ce serait aussi votre sentiment si vous pouviez juger de la situation. Je ne saurais donc l'accomplir.

*Guerre à M. le Sous-Préfet, Mouchez, commandant,.*

12 Décembre 1870.

Le gouvernement entend que ses ordres soient exécutés; je suis chargé, en conséquence, de vous faire connaître que si vous n'envoyez pas immédiatement à Cherbourg un minimum de 4 mille hommes de troupes en sus des 2 bataillons amenés par le général Briand, vous engagez de la manière la plus grande votre responsabilité personnelle. Veuillez me faire connaître la suite donnée.

De Freycinet.

*Sous-Préfet à Guerre.*

13 Décembre 1870.

Les 4,000 hommes dont vous exigez le départ au moment où l'ennemi commence son attaque vont partir. Mais il est bien entendu que vous assumez l'entière et grave responsabilité des conséquences qu'un pareil ordre peut entraîner, tant au point de vue de la défense du Havre que de l'émotion et du soulèvement populaires qui vont se produire. Je dégage complètement la mienne.

E. Ramel.

*De Bordeaux, Guerre à Sous-Préfet Havre.*

13 Décembre 1870.

Je transmets à M. Gambetta, à Bourges, extrême urgence les dépêches par lesquelles vous faites valoir les considérations qui doivent s'opposer, selon vous, au départ des 4 mille hommes de troupes du Havre pour Cherbourg. Ajournez le départ de ces troupes jusqu'à décision de M. Gambetta, à qui je demande de vous télégraphier directement pour gagner du temps.

De Freycinet.

DÉPÊCHE TÉLÉGRAPHIQUE

*Le Sous-Préfet à Intérieur Bordeaux.*

Le Havre, le 13 Décembre 1870.

Un mouvement de retraite très-accentué s'opère aujourd'hui dans l'armée qui investissait le Havre et se disposait à commencer son attaque. De tous côtés on me signale une retraite précipitée. L'ennemi serait au-delà de Bolbec. Sans doute des nouvelles de Paris motivent cette opération.

Il me semble que lorsque la retraite sera suffisamment indi-

quée, nous devons poursuivre l'ennemi avec toutes nos forces
disponibles, sans toutefois dégarnir les forts et la place, afin de
prévenir tout retour offensif.

*Sous-Préfet à Guerre Bordeaux.*

Havre, 13 Décembre 1870.

L'ennemi qui se concentrait autour de nous et préparait une
attaque qui était imminente, se replie tout à coup avec précipitation, sans que nous en connaissions exactement la cause. Il est
question de grands succès obtenus sous Paris par notre armée et
en même temps d'un mouvement offensif de l'armée du Nord.
Cette dernière hypothèse paraît la plus vraisemblable.

Dans ces circonstances, non-seulement je suis prêt à faire
partir les 4,000 hommes du général Briand, mais à engager le
commandant supérieur à faire un mouvement en avant, de manière à produire une diversion à l'attaque de l'armée du Nord.
Nous attendons votre réponse avant de faire marcher en avant
un corps d'une dizaine de mille hommes.

*Le Sous-Préfet :* E. RAMEL.

*Guerre à Sous-Préfet, Mouchez le Havre, général Guilhermy Ser-*
*quigny ou Evreux, général Lauriston Lisieux, à commandant*
*général Chanzy Vernon et Gambetta Bourges.*

Bordeaux, 13 Décembre 1870.

Nous verrions avec la plus vive satisfaction qu'un corps le
plus nombreux possible sortît immédiatement du Havre et se
portât à la poursuite de l'ennemi avec la plus grande rapidité; il
serait extrêmement utile que les généraux Guilhermy et Lauriston, de leur côté, appuyassent le mouvement avec toutes les
forces régulières ou autres dont ils pourront disposer. Nous
avons tout lieu de croire qu'une attaque heureuse a été effectuée
par Faidherbe dans le Nord. Sans doute aussi des sorties de Paris
couronnées de succès et il est indispensable que de tous les points
chacun concourre au but commun.

Prière de nous informer des suites données à la présente,

DE FREYCINET.

## VIII. — État des troupes réunies au Havre après la retraite de Buchy et de leur armement.

| 1° Corps Francs | | Effectif sur le papier | Armement |
|---|---|---|---|
| Régiment des éclaireurs de la Seine (3 batail.) | Colonel Mocquard | 700 | Chassepot |
| Francs-tireurs du Nord (1 batail.) | Commandant Rondot | 416 | Minié baguette |
| Francs-tireurs de l'Orne | Capitaine de Bautot | 73 | Chassepot et Snider |
| Francs-tireurs de Rouen | » Desseaux | 150 | Minié baguette |
| Vengeurs du Havre | » Deschamps | 115 | Chassepot |
| Francs-tireurs du Havre (1 batail.) | Command. Jacquot | 450 | » |
| Francs-tireurs d'Elbeuf. | | | |
| 1re compagnie | Capitaine Stévenin | 130 | Sharp |
| 2e compagnie | » Métot | 90 | Remington |
| Guerilla Parisienne | » Vacquerel | 85 | » |
| Éclaireurs de la garde nationale d'Elbeuf | » . Julien | 80 | Spencer |
| Ce de marche de Dieppe | » Angot | 75 | Chassepot |
| Francs-tireurs des Andelys | » Desestre | 99 | Minié baguette |
| Chasseurs-éclaireurs de Bolbec | Lieutenant Pimont | 36 | Chassepot |
| Francs-tireurs de Caen | » | » | » |
| Francs-tireurs Garibaldiens | Lieut. Dupontavisse | 32 | » |
| Fusiliers-marins de Dieppe | Capitaine Godart | 46 | » |
| **2° Infanterie de ligne** | | | |
| 2e bataillon de marche (41e et 94e de ligne) | Command. Rousset | 1,137 | Chassepot |
| 5e bataillon de marche (19e et 62e de ligne) | » Barreau | 900 | » |
| Infanterie de marine | Sous-lieut. Larnuden | 200 | » |
| Gendarmerie de marine | » | 40 | » |
| **3° Garde mobile** | | | |
| 53e régiment | Lt.-Col. de Canecaude | | |
| Oise { 1er bataillon | Command. Cadet | 1,300 | Tabatière |
| Oise { 2e » | » Labitte | 1,400 | » |
| Oise { 3e » | » Leclerc | 790 | » |
| Oise, 4e » | » De Thury | 938 | » |
| S-Inférre { 2e bataillon | » Rolin | 1,052 | » |
| S-Inférre { 6e » | » Faure | 500 | Chassepot |
| Landes { 1er bataillon (3 compag.) | » Devaux | 520 | Snider |
| Landes { 2e bataillon | » Esplandes | 1,480 | » |

A reporter..... 12,834

16

*Report....* 12,834

| | | | |
|---|---|---|---|
| H-Pyrénées { 1er batail. | Command. Lafitte | 1,040 | Snider |
| 2e » | » De Blous | 900 | » |
| P-de-Calais { 1er » | » De Livois | 1,110 | Tabatière |
| 8e » | » Darceau | 1,270 | » |
| L-Inférieure 1er » | » Ginoux | 1,400 | Snider |
| Marne 2e » | » Péronnet | 1,200 | Tabatière |

**4° Garde Nationale mobilisée**

| | | | |
|---|---|---|---|
| 1re légion de la S-Infre | Lt.-Colonel Lapérine | | |
| Rouen { 1er bataillon | Commt. Poulain | 512 | Chassepot |
| 2e » | » Barbier | 450 | Albini et Chassepot |
| 3e » | » Chatain | 800 | Rayé baguette |
| 6e » | » Dieppedalle | 530 | » |
| 2e légion de la S-Infre | Lt.-Colonel Hocquart | | |
| Havre { 1er bataillon | Commt. Pornin | 773 | Snider |
| 2e » | » Deleuvre | 800 | » |
| 3e » | » Basile | 500 | Springfield |
| 4e » | » Barray | 700 | Enfield |
| 5e » | » Pardieu | 758 | Springfield |
| 6e » | » Curé | 250 | Rayé baguette |
| 3e légion de la S-Infre | Lt-Colonel Cornebize | | |
| 1er bataillon | Commt. Dutcurtre | 925 | Piston lisse |
| Dieppe 2e » | » Rivière | 1,100 | Rayé baguette |
| et 3e » | » De Folleville | 707 | Piston lisse |
| Yvetot 4e » | » Lemoine | 650 | » |
| 5e » | » Delahaye | 1,180 | Rayé baguette |
| 6e » | » Delahaye | 850 | » |
| 7e » | » Langlois | 900 | » |

**5° Garde Nationale**
Sédentaire du Havre

| | | | |
|---|---|---|---|
| | Colonel Huchon | | |
| 1er bataillon | Commt. Grasset | 1,083 | Enfield |
| 2e » | » Binet | 1,661 | » |
| 3e » | » Morin | 1,376 | » |
| 4e » | » Marteau | 1,025 | Snider |
| 5e » | » Masmann | 1,601 | Enfield |
| 6e » | » Courtine | 1,260 | » |

**6° Artillerie**

| | | | |
|---|---|---|---|
| Ligne 10e régiment | | | |
| 1re batterie (attelée) | Cap. Lenhardt | 125 | 6 pièces rayées 12 |
| 2e » (non attelée) | Lieut. Leguen | 85 | |
| Marine | | | |
| Batterie n° 31 (attelee) | Cap. Croisier | 120 | 3 pièces rayées 12 |
| » » 31bis (non at.) | S.-Lieut. D'Herbier | 80 | 3 » » 4 |
| Mobile | | | |
| B-Pyrénées, 2e batterie (non montée) | Cap. Lacomme | 85 | |

*A reporter......* 40,640

*Report....*  40.640

| | | | |
|---|---|---|---|
| Mobilisée | | | |
| Batterie du Havre | Cap. Rebuffet | 80 | 6 pièces rayées 4 |
| »   de Rouen | »   Waddington | 110 | 6 pièces Armstrong |
| »   de Dieppe (non montée) | »   Lambert | 70 | |
| Batterie mixte | | | |
| Elbeuf et Rouen (volontaires) | Comm. Richer Cap. Limet | 120 | 8 pièces Witworth (dont 4 sans avant-train) |
| Garde nationale sédentaire du Havre 2 batteries | Comm. Sutter | 300 | 12 pièces lisses 12 |
| Bataillon des Canonniers-marins | Comm. Libert | 270 | Carabines Minié |
| **7° Génie** | | | |
| Compagnie sédentaire du Havre | Cap. Quinette de Rochemont | 210 | Minié baguette |
| Compagnie mobilisée de Rouen | Cap. Oursel | 105 | » |
| **8° Cavalerie** | | | |
| 3e Hussards (2 escad.) | Comm. de Barbançon | 324 | 292 chevaux |
| Eclaireurs à cheval du Havre | »   E. Grosos | 85 | |
| Gendarmes | » | 30 | |

*Total.....*  42,344

---

**IX. — Correspondance de M. Leplieux, secrétaire-général de la préfecture de la Seine-Inférieure avec le Ministre de l'intérieur, relativement à l'armée du Havre.**

Havre, 13 Décembre 1870.

Il est nécessaire qu'un ordre de marcher en avant soit prescrit à commandant Mouchez. Le Havre est maintenant assez fortifié pour se défendre en cas d'attaque ultérieure. Rouen peut être repris immédiatement avec un général intelligent, dirigeant bien ses troupes. Artillerie est aujourd'hui suffisante pour cela, et l'on peut sauvegarder toute la Basse-Seine avec canonnières. Indispensable pour bien faire de donner la main à Faidherbe et à généraux dans Calvados et Eure. Force importante ici, mais initiative et organisation font entièrement défaut. Les erreurs de Rouen nous ont assez coûté.                     LEPLIEUX.

Havre. 14 Décembre 1870

Malgré le désir presque général ici d'une marche en avant vers Rouen, toutes les forces sont encore au Havre, faute, dit-on, d'être suffisamment éclairé sur les intentions de l'ennemi. Je ne cesse de protester contre ce qui consiste, par ici comme par ailleurs, à ne pas se faire éclairer quand les moyens sont si faciles par la Seine, par la mer et par les routes qui convergent toutes sur le Havre. Si demain ou dès ce soir rien n'est changé, et si la marche en avant sur Rouen ne s'opère pas, je me rendrai de ma personne près de Rouen, à Elbeuf, par exemple, pour vous informer de ce qui se passe au chef-lieu. — Leplieux.

Havre, 16 Décembre 1870.

Toute l'armée du Havre est encore dans la ville. Il est à craindre que la résolution du commandant Mouchez de rester dans le Havre ne cause protestation violente. Pendant ce temps, ennemi peu nombreux se fortifie sur hauteurs des deux rives de la Seine, à 7 ou 8 lieues de Rouen, et personne ne le trouble, ni à Duclair, ni dans l'Eure, ni à Tancarville-sur-Seine. Tout ceci est incompréhensible.

Leplieux.

Havre, 18 Décembre 1870.

Le Havre est toujours bien disposé pour la défense, s'il était attaqué. Malheureusement, si le patriotisme local est évident, peut-être est-il trop étroit. J'ai fait reconnaître depuis trois jours voie de fer jusqu'à Yvetot. Aucun ennemi jusqu'à cette localité. L'ennemi peu nombreux à Rouen paraît vouloir se fixer entre Duclair et Barentin. Les forces importantes portées au Havre sont toujours dans la ville. Cette inactivité me paraît incompréhensible et sans explication. Si cela dure plus longtemps, je vous prierais de m'autoriser à vous renseigner par un exprès. Le système de concentration au Havre a pour premier inconvénient de laisser l'ennemi faire des réquisitions en pays de Caux. Ce qu'il fait.

Leplieux.

**X. — Correspondance relative à la décision prise par le commandant de la colonne mobile de ne pas se tenir en avant du Havre.**

*Sous-Préfet à Ministre Intérieur et Guerre*

4 Janvier 1871.

Conseil de guerre auquel j'ai assisté a eu lieu hier. Voici la situation qui s'impose à votre sérieuse attention :

Ou l'armée du Havre est destinée à couvrir simplement la ville et alors elle est trop nombreuse, on peut en distraire quinze mille hommes au profit du général Faidherbe, par exemple.

Ou il rentre dans sa mission de prendre l'offensive, de faire diversion aux attaques de l'armée du Nord et de diviser les forces de Manteuffel, et dans ce cas elle est insuffisante, incomplète et reste impuissante, faute d'éléments indispensables, tels que la cavalerie, surtout, faute de laquelle nous ne sommes jamais éclairés.

Il faut aviser au plus vite en assignant à notre armée, soit un rôle soit l'autre, et en lui donnant le moyen de le remplir efficacement.

Dans l'état actuel de la France, près de 20,000 hommes ne peuvent plus longtemps rester l'arme au bras sans profit pour la grande cause; le patriotisme de mes concitoyens qui se manifeste hautement à cet égard ne saurait l'admettre.

E. RAMEL.

*Monsieur le Ministre (Intérieur et Guerre).*

Havre, 4 Janvier 1871

Je trouve nécessaire de vous donner sur la situation de l'armée du Havre des détails que ne comporte pas la brièveté d'un télégramme, mais sur lesquels votre attention me paraît devoir être spécialement appelée. Le sentiment de cette nécessité m'est inspiré par la discussion qui s'est produite dans un conseil de guerre tenu hier et auquel j'ai assisté.

On semble croire, en effet, que la mission du général Peletingeas se borne à couvrir le Havre et n'entraîne pas comme
moyen l'obligation de chasser ou, si c'est impossible, de harceler
sans trève l'ennemi cantonné à Rouen et dans les environs. En
conséquence, on se demande si, après l'encourageant mais peu
important succès du 31 Décembre dernier, devant Bolbec, il ne
convient pas de replier les troupes sous les canons dont le Havre
s'est entouré. Le général n'a certes pas à me livrer le secret de
ses intentions, mais si elles sont ce qu'on laisse supposer, il
ne m'est pas permis, à moi, délégué de la défense nationale,
de ne pas éclairer le Ministre de la guerre sur la situation et le
mettre ainsi à même, s'il y a lieu, de les modifier ou de les
compléter.

L'armée du Havre compte à peu près 30,000 hommes sans
compter 7,000 hommes de gardes nationales sédentaires, les forces
prussiennes qui tiennent la campagne en face d'elle autour de
Rouen et à Rouen ne sont pas parfaitement connues, mais je crois
en exagérer, peut-être en doubler le nombre, en le fixant à
15,000 hommes.

Je n'ai pas besoin d'indiquer les avantages d'une marche
en avant. Sans parler de l'utile diversion qu'elle opérerait en
faveur de Faidherbe, n'eût-elle d'autre résultat que de soustraire
aux rapines des Prussiens les riches contrées Normandes où ils
approvisionnent leur armée devant Paris, elle serait amplement
justifiée.

Voici les objections qu'elle peut rencontrer.

Les troupes sont mauvaises; elles n'ont pas de cohésion,
pas assez de discipline, elles manquent de l'artillerie et surtout
de la cavalerie suffisantes pour assurer le succès. Chacune de
ces objections a du vrai, je le reconnais, mais plus elles sont
vraies, plus néanmoins il faut se hâter de marcher en avant,
sous peine de les voir chaque jour s'aggraver.

Pour s'aguerrir il faut guerroyer. Est-ce dans la dangereuse
oisiveté d'un cantonnement plutôt que dans une action commune

et continue que les troupes acquerront la discipline et la cohésion qui leur manque? Est-ce la défiance dont elles sont l'objet
qui leur donnera la confiance en elles-mêmes qui finit par con-
jurer la fortune et dominer les succès? Certains corps ont donné
des marques de faiblesse ; comment s'en étonner quand je pourrais citer tel bataillon de mobiles dont les soldats, résolus à se
battre, se sont usés depuis 4 mois 1/2 à toujours se replier sans
avoir encore vu un seul Prussien à tirer! Qui peut dire qu'après un,
deux, trois engagements, ces hommes n'apprendraient pas à se
connaître et à s'apprécier. L'insuffisance d'artillerie et le manque
absolu de cavalerie qui ne permet même pas aux hommes de
s'éclairer à la plus faible distance, sont des choses fâcheuses
auxquelles il vous appartient de remédier, si vous le pouvez,
mais si elles sont une raison de faire moins, elles ne sauraient
être une raison de ne rien faire. Au pis aller, c'est une défaite
qui nous attend ; en sommes-nous à les compter et à les redou-
ter? Le siége ou le bombardement du Havre? Ne sommes-nous
pas prêts à le soutenir et à lutter?

Qu'importe que le Havre périsse, que l'armée succombe si
leurs ruines écrasent notre ennemi et permettent à la France de
triompher d'un autre côté. Devant cet intérêt capital, le seul
pressant pour tout vrai patriote, que sont les existences à épargner ou les réputations militaires à sauvegarder? Tout ce qui
porte les armes est aujourd'hui voué à la mort ou à la victoire et
mieux vaut la défaite que l'immobilité.

La République, avez-vous dit, ne capitulera pas, ce sera sa
gloire; c'est sa raison d'être dans le présent, sa garantie d'existence dans l'avenir; que ceux à qui elle confie ses armées
sachent le comprendre et tenir pour rien, en face du salut de la
patrie, les hésitations qui ne conviennent qu'à des temps ré-
guliers.

Telles sont, si je ne me trompe, Monsieur le Ministre, les
instructions que vous avez dû donner, et qui, je le crains, n'ont
pas été comprises dans toute leur netteté. Dans ce cas, je n'hé-
site pas à dire qu'elles sont à renouveler.

User l'ennemi même par nos défaites, si nous ne pouvons l'écraser par nos victoires, c'est le mot d'ordre de la guerre à outrance, et chacun doit y obéir. Quand Paris étonne le monde par son héroïque résistance, et que l'exemple qu'il donne est suivi par toute la France, je ne puis me faire à l'idée que le Havre soit le théâtre d'une inaction que la patrie mourante pourrait qualifier de défaillance et que l'attitude de sa population n'aurait cependant pas justifiée.

Si vous ne pouvez perfectionner nos moyens d'attaque, que l'on profite du moins de ceux que nous avons entre les mains, en les complétant par l'envoi réellement indispensable d'un corps de cavalerie, qu'on les utilise dans la mesure qu'ils peuvent servir, que nos soldats prennent la part qu'ils peuvent prendre dans cette lutte suprême dont l'honneur et le sol de la patrie sont l'enjeu, ou que si le Havre doit rester sur la défensive, la moitié des troupes consacrées actuellement à sa défense aille grossir les rangs de ceux qui n'attendent pas l'ennemi.

*Le Sous-Préfet :* E. RAMEL.

---

### XI. — Adresses du conseil municipal du Havre au commandant Mouchez, à M. Ramel et aux volontaires.

#### Conseil municipal du Havre.

*Séance du 7 mars 1871, à trois heures du soir.*

PRÉSIDENCE DE M. GUILLEMARD, MAIRE.

Sur la proposition de M. le maire, l'administration municipale et le conseil, interprètes des sentiments de la population havraise, se font un devoir de témoigner à MM. Mouchez et Rallier, commandants supérieurs des forces de terre et de mer au Havre, leurs plus chaleureux remerciements pour le zèle et le dévouement patriotiques avec lesquels ils ont entrepris et poursuivi la défense de la ville, l'activité qu'ils ont déployée pendant l'exécution des travaux et les soins incessants qu'ils ont donnés à l'armement.

Le conseil et l'administration municipale sont heureux de constater que c'est aux excellentes et énergiques dispositions prises par ces dignes officiers supérieurs que le Havre a pu se soustraire à une humiliante et désastreuse occupation par l'ennemi. Ils déclarent, en conséquence, que MM. Mouchez et Rallier se sont acquis d'une manière impérissable la profonde reconnaissance de la cité, et décident qu'une expédition de la présente délibération leur sera transmise pour en consacrer l'expression.

L'administration municipale et le Conseil, sur la proposition de M. le maire,

Considérant que M. Ramel, sous-préfet du Havre, a apporté, non-seulement dans l'œuvre de la défense, mais dans toutes les parties du service administratif dont il était chargé, pendant la durée de la guerre, un zèle et un dévouement patriotiques au-dessus de tous éloges ;

Qu'en facilitant à l'administration municipale, ainsi qu'il n'a cessé de le faire, sa lourde et douloureuse mission, il a beaucoup contribué à préserver la ville des malheurs de l'occupation étrangère ;

Expriment à M. Ramel, au nom de la population havraise, leurs vifs et sincères remerciements pour son énergique concours et décident qu'une expédition de la présente délibération lui sera transmise par les soins de M. le maire, pour lui porter le témoignage de leur profonde reconnaissance et de leur sympathie.

Sur la proposition de M. le maire, l'administration municipale et le conseil rendant hommage au courage des citoyens qui, dès le début de la campagne, se sont empressés de se dévouer avec le plus patriotique élan à la défense du pays menacé et notamment de la ville du Havre ;

Votent, à l'unanimité, de chaleureux remerciements aux divers corps de volontaires havrais, aux troupes de toutes armes et équipages de la flotte, à l'artillerie sédentaire d'Elbeuf, et enfin à la garde nationale tout entière.

L'administration municipale et le conseil sont heureux de donner à tous ce témoignage de reconnaissance pour l'utile concours qu'il leur ont prêté avec le plus persévérant patriotisme, malgré les souffrances d'un hiver exceptionnellement rigoureux.

Sur la proposition de l'administration municipale, le conseil vote, à l'unanimité, des remerciements au corps auxiliaire *suisse* qui, depuis six mois, a coopéré avec tant de zèle et de dévouement au service des secours d'incendie établi au Havre, à l'occasion de la guerre.

Avant de clore la séance, M. J.-J. O'Scanlan, représentant en France l'ambulance Irlandaise, est introduit.

Il exprime, au nom des membres de cette ambulance, ses remerciments de l'accueil sympathique qui leur a été fait par la ville du Havre à leur arrivée sur le sol français : il dit qu'une section de l'ambulance était restée pour le service de l'armée du Havre et qu'au moment du licenciement il vient offrir à la ville le matériel de cette section, chevaux, voitures, instruments, etc.

M. le maire remercie chaleureusement l'ambulance Irlandaise du concours qu'elle a prêté à la France et en particulier à la ville du Havre, ainsi que du don généreux qui lui est offert. Il prie M. J.-J. O'Scanlan d'être l'interprète de l'administration et du conseil municipal auprès de ses concitoyens, en les assurant de tous les sentiments sympathiques de la ville du Havre pour la noble nation Irlandaise.

# TABLE DES MATIÈRES

9 782013 627177